U0116093

他們改變了台灣：
13位閩籍墾台先驅的傳奇事蹟

何池　著

明清兩代閩籍墾民東渡開發臺灣路線

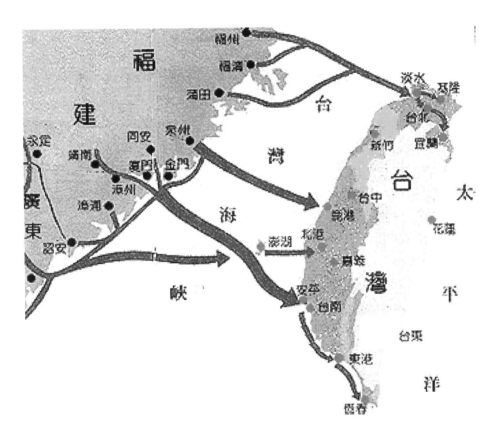

序　一

汪毅夫

在京城暑熱的季節裡獲讀何池教授的《走近閩籍開台治台名人》一書的內容提要和個別章節，頗覺爽快。

近二十年前，我在《台灣人民與日據台灣時期的閩台關係》（收拙著《中國文化與閩台社會》，海峽文藝出版社1997年4月版）一文裡曾經指出：台灣在歷史上經歷了艱難的移民開發的階段，台灣的開發主要是由福建的移民實現的；台灣建省（1885）之前隸屬福建省，稱「福建台灣府」，台灣在建省之後仍然同福建保留了若干行政上的關係，稱「福建台灣省」。顯然，從開發史和政治制度史的角度來描述和論述閩台關係，乃是一項重要的學術工作。何池教授參加此項工作並取得了成果。我有理由相信，本書兼具學術和現實的價值。

近十年前，我在《〈漳郡會館錄〉發微》（收拙著《閩台區域社會研究》，鷺江出版社2004年3月版）一文裡據文獻記載提出陳永華及其子陳夢球「氏出龍溪縣北部地區（北溪）之石尾（石美）」之說。在本書之《陳永華的故里漳州石美》一節裡，何池教授從文獻和田野兩個方面取證，確證「陳永華的故里漳州石美」之說。此一章節顯示出來的兼重文獻和田野的特點，應該也

是全書的一個特點。

　　近年，我在《台灣光復初期閩台關係的若干史實》（收拙著《閩台地方史論稿》，海峽書局2011年9月版）一文裡談及，台灣光復初期閩台關係相當密切：監察院設置「閩台監察區」，農林部設置「閩台區漁業指導處」，教育部設置「國語推行委員會閩台辦事處」。顯然，閩台關係研究尚有廣闊的拓展空間。

　　祝賀何池教授新著出版，期待何池教授及其他福建學者在閩台關係研究領域的新成果。

2012年8月11日

於北京

　　注：本序作者為福建省政府原副省長，現為中國人民大學教授、博士生導師，福建師範大學社會歷史學院博士生導師，中華全國台灣同胞聯誼會會長

序 二

林仁川

台灣自古為中國領土，海峽兩岸關係緊密，這種體現，集中反映在台灣大開發時期。

從明朝天啓元年（1621）顏思齊首次組織大陸數千墾民赴台墾殖，到光緒十一年（1885）台灣建省，前後260多年時間，是台灣大開發時期，經過這場大開發活動，台灣結束了生產力低下的漁獵和原始農業經濟，迅速地拉近了與大陸在政治、經濟和文化等方面的差距，邁入了封建社會的門檻。最近，漳州市委黨校何池教授剛完成的本書就是研究台灣這段時期的歷史。因作者盛情邀我作序，所以我能夠率先審閱書稿。

我曾經在漳州工作過一個時期，對漳州與台灣的緊密關係有所瞭解，也瞭解漳州有許多文史工作者在致力於漳台關係諸多領域的研究，並不斷有研究成果問世，比較有影響的有劉子民寫的《漳州過台灣》等，現在又有這本系統介紹為開發收復和建設台灣作出重要貢獻的閩籍名人的專著將問世，說明漳州文史工作者的努力及其成效。

本書把人們帶回300多年前的海峽對岸，再現了大陸墾民和台灣少數民族同胞一起，不畏艱難、歷盡艱辛、披荊斬棘、篳路藍縷，共同開發、收復台灣、統一台灣、建設台灣的波瀾壯闊的生動歷史畫卷。是海澄（今廈門海滄）青礁人顏思齊拉開了台灣大開發的序幕，而傳統農業地區、有著豐富農業生產經驗的閩籍墾民自然成為這場農業大開發活動無可替代的主力軍之一。在這部書中，作者以

史料爲根據，以田野調查爲輔助，以時間先後爲順序，從農業墾殖到行政管理，從治台思想到治台措施，從經濟開發到文化開發，最後闡述「台灣近代化第一人」沈葆楨開始實施台灣近代化建設的事蹟，具有全面性、系統性和邏輯性，順理成章。作者娓娓道來，如數家珍地訴說著一個個傑出的閩籍開台人物顏思齊、林甲寅、林平侯、吳沙、陳輝煌、鄭成功、陳永華、施琅、王世傑、藍鼎元、吳鳳、沈葆楨等開發台灣、收復台灣、統一台灣、建設台灣的生動事蹟，謳歌他們在各自不同領域的卓絕建樹，以及爲這場台灣開發、治理和建設所作出的重要貢獻，這就是該書要告訴世人的主要內容。

　　本書融知識性和通俗性於一體。書中以豐富的史料爲基礎，加上認眞的田野調查、深入的分析和嚴謹的科學推理，使許多論點具有客觀性，主要體現在如下幾個方面：一是本書在深入實際地點調查和考證的基礎上，實事求是地糾正了一些以前在某些重要涉台人物祖籍問題上的重大謬誤，如大多媒體和文獻資料長期記載陳永華的「同安籍」之謬，達到了正本清源之效；二是作者根據一些文獻資料的片言隻句線索，經過田野調查，在許多當地熱心人的幫助下，找到了以前鮮爲人知的陳永華、吳沙、陳輝煌、吳鳳等先賢的故居或故居遺址，爲地方政府今後開展涉台文物保護提供了重要依據；三是書中還向世人介紹了開台人物故里今天的經濟社會發展狀況，使這些涉台人物的後裔既瞭解他們先人光輝的開台事蹟，又使台灣同胞瞭解這些開台先賢大陸故里今天的發展情況，從這一點上來說，本書不僅有利於台灣同胞的尋根謁祖和兩岸宗親的往來，而且開創了這樣的一個寫作範例——把開台先賢的開台事蹟和其故里的發展狀況全面而緊密地結合在了一起。正是這些內容，使得本書在具通俗性、知識性的同時，還具有學術性與現實性意義。這正是本書的價值所在。

2012年7月

於廈門大學

　　注：本序作者係原廈門市政協副主席，廈門大學台灣研究中心原主任、博士生導師

目　　錄

前　言

　　明末清初，台灣進入了大開發時期，大陸墾民一波接一波進入台灣，與台灣少數民族一道，冒著毒蟲猛獸侵擾、自然災害頻作、瘴癘瘟疫橫行的危險，篳路藍縷，披荊斬棘，把荊棘遍野的廣袤荒原拓墾成稻穀飄香的糧倉。使得一座海上荒島，變成東南海疆人口稠密的肥饒之區。正如連橫在《台灣通史》中所嘆：「洪維我祖宗，渡大海、入荒陬，以拓殖斯土，為子孫萬年之業者，其功偉哉！」

　　歷史上大批大陸閩籍墾民跨海移居和開發台灣、建設台灣，其中有：最早組織大規模渡海墾台，拉開大規模開發台灣序幕的顏思齊；開發台中、台北、新竹、宜蘭的功臣霧峰林家、板橋林家、王世傑、吳沙和陳輝煌；驅逐荷夷、收復和開發台灣，以及完成兩岸統一大業、並成為「保台第一功臣」的鄭成功和施琅；挫敗日本占據台灣的圖謀、推行洋務運動第一人的欽差大臣沈葆楨；從文化教育上開發台灣、被台灣同胞稱之為「台灣文化教育奠基人」的陳永華，提出許多治台措施和辦法、有效對台灣行使行政和軍事管理、被稱為「籌台宗匠」的藍鼎元，和睦漢族和少數民族之間關係、被稱為「阿里山神」的吳鳳，等等。這些以閩籍為主體的先賢以自己的卓絕而感人的事蹟為台灣的開發、回歸、統一、治理、建設寫下了一頁頁光耀千秋的篇章。

　　這些寶貴的開台文化資源，是兩岸緊密歷史文化淵源的深厚積澱，是台灣自古是中國領土的歷史見證，也是今天聯繫海峽兩岸同胞民族感情和加強合

作交流的血緣和精神紐帶。目前報刊書著雖然時而有關於一些開發台灣歷史人物的介紹，但多為學術研究文章，缺乏把這些重要開台人物系統化、通俗化地匯於一本書之中的著作，尤其是缺乏介紹這些閩籍重要涉台人物的大陸故里祖地今天經濟社會快速發展與鉅大變化內容的普及性讀物，本書試圖彌補這一缺憾，期冀用通俗的語言詮釋深奧的史料，用田野調查的親聞親見，用大量歷史與現實的圖片，使今人穿越歷史，能夠近距離且直觀地瞭解明末清初大陸先賢對台灣大開發所作出的鉅大貢獻和所建立的歷史功績，能夠近距離地感受這些開台先賢在大陸故里今天鉅大變化的信息。

將傑出的開台人物開台事功重現於當今人們眼前，將他們故里經濟社會的迅猛發展展現於世人面前，這無疑對正在淡忘祖輩們為開發台灣、建設台灣所付出的艱辛、所建立的功績的兩岸青少年，尤其是對已逐漸淡漠祖籍地原鄉概念的台灣青少年，讓他們瞭解祖籍地今天經濟迅猛發展宗親生活翻天覆地變化的情況，具有十分重要的歷史和現實意義。藉此增強他們的祖籍地原鄉意識，激發他們對其祖輩開發和建設台灣功績的自豪感，是本書作者的期冀。

第一章
開台王顏思齊

　　寶島台灣自古就是中國的領土，這是從台灣開發史所得出的歷史結論。早在東漢時期，我國史書上就有大陸經略台灣的記載。而與台灣一水之隔的福建更是與台灣有緊密的「五緣」關係，這裡地緣近、血緣親、文緣廣、商緣深、法緣久。

　　從明天啟元年（1621）開始，海峽西岸的閩籍先賢大規模進入台灣進行墾殖活動，台灣進入了大規模開發時期。在這一開發過程中，閩籍墾民是這場開發活動的主力軍：台灣由南至北、從西到東的開發，到處都留下了閩籍先賢披荊斬棘的足跡、篳路藍縷、胼手胝足的足跡和汗水。可以說，在台灣的開發及經濟社會發展的每個關鍵時刻，都有閩籍先賢為之作出了重要貢獻。其中最早率領閩籍鄉親進入寶島開發的是漳州海澄人顏思齊。

一、開發前夕的台灣會

1、經濟社會情況

　　因地理位置和人煙稀少等原因，台灣的開發比大陸慢了一千多年。當中國大陸已進入漢唐鼎盛的封建社會時期，台灣仍處於原始社會的末期。島上居民

開發前夕的台灣少數民族狩獵圖

以少數民族為主，依然靠漁獵為生，也有了一些簡單粗放的原始農業。

龍溪石碼人張燮寫於明萬曆四十五年（1617）的《東西洋考》中一篇介紹台灣的「東番考」，介紹了開發前夕的台灣經濟社會情況：

深山大澤，聚落星散，凡十五社。（社或千人，或五六百），無君長、徭役，以子女多者為雄，聽其號令。四序以草青為歲首，土宜五穀，而皆旱耕，治畬種禾，山花開則耕，禾熟，拔其穗。伐竹構屋，而茨以茅，聚族以居。無曆日文字，有大事集而議之。冬，鹿群出，則約百許人即之，鏢發命中，所獲連山，社社無不飽鹿者。

從上述介紹可見，此時台灣社會依然徘徊在封建社會大門之外。

2、台灣少數民族概況

台灣最早的居民被台灣同胞稱為「原住民」，行政部門在90年代成立「原住民族委員會」來管理這些少數民族。根據其先後確認，台灣共有14個少數民族，具體如下：

泰雅族、排灣族、魯凱族、卑南族、布農族、曹（鄒）族、阿美族、雅美（達

歷史上含台灣的福建省政區圖

悟）族、賽夏族、邵族、噶瑪蘭族、太魯閣族、撒奇萊雅族、賽德克族

　　根據台灣行政部門統計處2008年統計數字，至2007年底，台灣少數民族人口有48萬人，占台灣總人口的2.1%。其中阿美族人最多，有17.3萬人，泰雅族與排灣族人口居第二，各有8萬人。花蓮縣有少數民族9萬人，數量最多，台東有8萬，居第二。若從占當地總人口百分比來看，台東縣最高，占33.8%，花蓮居第二，占26%。

3、早期管理台灣的情況

　　三國，吳、黃龍二年（230），吳國孫權曾遣衛溫、諸葛直率兵萬人浮海征夷洲，這是中國人到達台灣的最早記載。（《三國志·吳書·孫權傳》）

　　隋朝有三次涉台記載。第一次是《隋書·流求傳》載：大業三年（607），羽騎尉朱寬和海師何蠻受命入海求訪異俗，到達「流求國」，因「言不相通，掠一人而還」；第二次在大業四

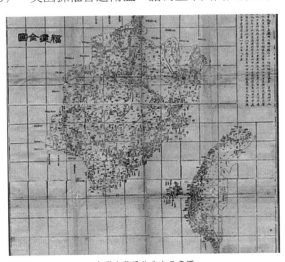

台灣少數民族分布示意圖

年，「帝復命（朱）寬往（流求）慰撫之，流求不從，寬取其布甲而還。」；第三次是《隋書·陳稜傳》載：

　　大業六年，帝遣虎賁中郎將陳稜與朝靖大夫張鎮洲發東陽兵萬餘人，自義安（郡）泛海，擊流求國，月餘而歸。流求人初見船艦，以為商旅，往往詣軍貿易。稜率眾登岸，遣鎮洲為先鋒，其主渴剌兜遣兵拒戰，鎮洲頻擊破之。虜

男女數千而歸。

宋人王象之《輿地記勝》卷二百三十引宋宣和二年（1120）泉州太守陸藻《修城記》稱：

泉距京師五十有四驛，連海外之國三十有六島。

該記載說明：宋宣和年間，號稱「三十六島」的平（澎）湖已屬泉州管轄。

宋朝宣和年間不僅將平湖劃歸福建泉州晉江縣管轄，並派兵戍守。明泉州人何喬遠在所著的《閩書》中收錄《宋志》關於平（澎）湖嶼的紀錄：

嶼為泉州、興化門戶。有汛兵守焉。宋志：澎湖嶼，在巨浸中，環島三十六，⋯⋯王忠文為（泉州）守時，請添屯永寧寨水師守禦。

王忠文（即王十朋）任泉州太守是在宋乾道四年（1168）。

這是台灣澎湖地區隸屬大陸的最早記載。

至正二十年（1360）元政府在澎湖設置巡檢司，管轄澎湖、琉球（台灣），負責巡邏、查緝罪犯，併兼辦鹽課。此為中央政府正式管理台灣之始。

4、早期閩人遷台情況

泉州人遷台，最早可追溯至唐貞元年間。唐德宗貞元十九年（803），福建觀察使柳冕奏設「萬安牧馬監」於泉州，牧馬監陳淵率同安十二姓氏（陳、蔡、許、翁、李、張、黃、王、呂、劉、洪、林）屯居金門，在金門今庵前村豐蓮山一帶牧馬，廣興水利，發展農業，人口因之日漸繁盛。陳淵去世後，鄉

人感其恩德，為其塑像，逐漸成為金門
的守護神。後代金門子民遂尊稱陳淵為
「開浯（洲，即金門）恩主」。今豐蓮
山下庵前村的牧馬侯祠就是民眾紀念陳
淵開發金門功績的祠廟。

　　而後是在宋元時期，因宋元時期泉
州港是與埃及亞歷山大港齊名，被譽為
「東方第一大港」，對外貿易很繁榮。
現在已發現有文字（族譜）記載宋代遷
居台灣的，就是宋代泉州德化縣使星坊
南市蘇氏和上湧賴氏族人。

金門最早的庵廟：庵前村的牧馬侯祠

　　漳州人入台是在宋末元初。據詔安、東山、雲霄三縣的縣志記載，南宋祥
興二年（1279）就有三批漳州人去流求（台灣）：

　　文獻記載的廈門人最早遷台時間，是晚至鄭成功占據思明州之際。順治七
年(1650)，鄭成功奪取廈門作為自己的軍事基地。鄭氏占據廈門30來年，若從
1662年收復台灣，到康熙二十二年(1683)台灣歸清，亦有20年時間，這段時間因
軍事需要，有大批廈門人隨鄭氏到台灣。

　　福州建城於西元前202年，迄今2200多年，既是中國東南沿海重要的貿易
港口和海上絲綢之路的門戶。早在漢代，福州的「閩越人」就已經靠著一片片
的木帆船或是獨木舟渡過海峽到台灣去了。這裡有一個故事：西元前334年的戰
國時期，東南的越地，其中有個叫無諸的人在福州成立「閩越國」，當了「閩
越王」。所率族人稱「閩越族」，或稱「閩越人」。後來無諸的後裔郢和余善
等反漢，漢武帝派大軍入閩，滅了「閩越國」。「閩越人」一部分被迫遷移到
「江淮」的地方去，另一部分藏匿於山林之中，還有一小部分乘船逃到台澎及
海外去。

據說，現代流布於福建、廣東沿海江河上的「疍民」，便是「閩越人」的後裔。所以連橫的《台灣通史》說：「或曰楚滅越，越之子孫遷於閩，流落海上，或居澎湖。」

宋代移民海外的閩人漸多，流求（台灣時稱)、日本、南洋諸島和越南等國都成為了移民的目的地。

在台灣大開發前夕，台灣一些沿海平原已開始有零星漢民族居住，台灣戚嘉林著《台灣史》稱：「1620年，在台灣北端雞籠已有漢人聚落，在台灣西部部平原亦有1,500名漢人。」

由上可見，儘管大規模開發之前已有漢族人口入島定居墾殖，但由於人員太少，且零星分散，對台灣的經濟社會影響不大。

二、拉開台灣大開發序幕的人

從明天啟元年（1621），台灣進入了大開發時期，拉開台灣大開發序幕的是海澄人顏思齊。

顏思齊，字振泉（又名樞泉），明神宗萬曆十七年（1589)出生於漳州府海澄縣海滄青礁村（1958年後為廈門海滄區青礁村）。因為他是大規模組織大陸墾民赴台墾殖第一人，故被台灣同胞稱之為「開台王」。

顏思齊自幼資質聰穎，勤奮好學，練就了一身好武藝，還學會了一手裁縫

開台王顏思齊

好功夫，是月港一帶出名的裁縫匠。他性格開朗豁達，俠義心腸，好打抱不平。萬曆四十年（1612），他因打死一名為非作歹的衙役而遭緝捕，逃亡日本長崎平戶避難，從事中日海上貿易。他在平戶照樣仗義疏財，樂於幫助有困難的鄉親，深受旅日華人擁戴。天啟元年（1621）6月，他與楊天生、陳衷紀、張弘、洪昇、陳勛、楊經、林福、李英、鄭芝龍等28人結為兄弟，因顏思齊年紀最大，其豪爽和樂於助人又為大家所稱道，最有威望，於是被推為大哥。而後顏思齊日愈成為旅日華人中的領袖人物，被當地政府任命為管理漢人的「甲螺」。

　　顏思齊生活的年代正是倭患熾烈的時期，從小他目睹了倭寇對我國東南沿海的燒殺搶掠及其給民眾帶來的禍害，也深切瞭解明政府實行海禁政策的根源就是倭患，親身感受禁海對沿海百姓生產生活帶來的嚴重影響。所以，在日本生活了一段時間的他，萌發出這樣的一種大膽想法，期望有一天能在日本舉大事，徹底消除倭患對中國的危害，促使中國海上東西洋貿易能夠更加無障礙地發展起來。

　　當時的日本國內，正是德川家族經過「關原戰役」擊敗豐臣秀吉的太閣政權，建立起以江戶為政治根據地的「幕府政權」初期，德川派和秀吉派新舊政治勢力的突衝十分激烈，加上幕府新政權實行高壓統治、血腥鎮壓

日本長崎縣鳥瞰

和經濟上的高稅制，百姓怨聲載道，社會動蕩不安。日本慶長十九年（1614）

冬，聚集在大阪城中的太閣派軍隊憑藉三道堅固的城牆和防守力量正式向德川幕府宣戰。這場戰爭歷經半年之久，最後以德川軍隊攻破大阪城大獲全勝結束。大阪城戰役結束後，日本各地反對幕府專制統治的鬥爭仍此起彼伏。

長崎的唐人街

　　日本元和七年（1621，即明朝天啟元年），是顏思齊舉事並率眾進入台灣開發的時間。當年，日本時局動蕩，各地反對德川幕府的鬥爭潛流洶湧澎湃，顏思齊感到實現他心中理想的機會已經來臨，便積極融入這場席捲日本全國的政治鬥爭運動中，他先是殺了當地為非作惡的稅官，焚燒了收稅所，得到平民百姓的擁護。接著與結拜兄弟28人共謀倒幕起義。他親自制訂起義計劃，派人購置武器，準備在日本成就一番大事。沒想到功敗垂成，在舉事前夕拜把兄弟李英因喝醉回到家中向日本家眷洩露了舉事消息，惶恐的內人王氏向地方官府報告了此事，於是引起了一場大搜捕。顏思齊沉著應對，指揮眾兄弟殺開一條血路，率領舉事的二百多名漳泉籍人士分乘13艘帆船下海逃亡。當船駛至九州西海岸的外島洲仔尾時，究竟欲向何處，有人建議到舟山，陳衷紀認為到舟山不好，還是到琉球（時台灣已稱「東番」，因顏思齊在日本數年，還以之前「琉球」之稱）為好：

　　衷紀曰：「舟山何用？若到舟山，人都散了。人散則孤立，難以濟事。依小弟管見：將此十三隻船，乘此秋風，直駛琉球安頓。」

　　顏思齊採納了衷紀的建議。在海上漂流了八天之後，於農曆8月22日抵達「琉球」，在南部笨港（今雲林縣北港和嘉義縣新港一帶）沿山疊溪水漆林後

顏思齊率部眾從笨港溪後寮灣的土厝大排到達水林地帶開墾。圖為土排大厝今貌

寮灣土厝大排登陸，當時這裡的山疊溪兩岸是一片豐茂的水漆林（水漆是生長於沼澤地的草本植物，今天的雲林縣水林鄉名即由此而來）。登岸後的顏思齊看到這裡地肥水美，一望無際的荒野尚未開墾，於是決定長期駐紮下來，開疆拓土，做一番事業。

　　由於笨港溪流域沃野千里，顏思齊深感墾殖人手不夠，就派人返回閩南故里招募貧民到台灣開墾，先後有3批青壯年計3,000多人應募到台灣，思齊建了10個寮寨安置從家鄉投奔他而來的墾民，這10個寮寨按照職能的不同分別稱為：主寨、前寨、後寨、左

當年顏思齊率眾開墾的笨港溪流域，就是今日雲林縣與嘉義縣交界的北港溪

寨、右寨、海防寨、糧草寨、哨船寨、撫番寨、北寨。他把帶來的二、三百人分別安置到10個寮寨中去，按照各寮寨劃定的土地，齊心協力、共同開墾這片沃土。這10個寮寨就是台灣最早的漢人村落，其中有5個寮寨在今天的北港鎮，它們是：前寨，即先鋒營，在興化

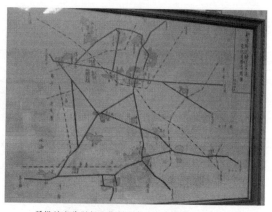

懸掛於嘉義縣新港鄉新港奉天宮思齊閣中的顏思齊開發笨港古蹟分布示意圖

店，村子已毀於洪水，位於今北港扶朝里旁的北港溪河床；後寨，即訓練營，位於今考試潭；哨船寨，即航隊營，位於今北港鎮船頭埔；撫番寨，即安撫笨港之平埔族營，位於北港鎮府番里；北寨在今北港鎮大北里，是後衛營兼防衛在附近海上游弋的劉香等海盜。大北門往西都是一連串番仔名，如番仔厝、車巷口，這些駐點本來是為防止附近「番社」少數民族的襲擊而設立，繼而是防衛隨後而來的荷蘭人。顏思齊為維護墾民安全，規定荷蘭人進行通商時，「（商）船需由牛尿港沿牛挑灣（北港溪支流）進出」。

另有5個寮寨在今水林鄉境內，主寨（大本營）就在今水北村顏厝寮；第二寨左寨是護衛營，在今土厝村的王厝寮；第三寨右寨，也是護衛營，在今土厝村的陳厝寮；第四寨是海防寨，即海口鎮守營，在今水林鄉後寮村；第五寨是糧草寨，即屯糧處，在今土厝村的土間厝。

天啟五年（1625）9月，思齊與部眾一起到諸羅山上捕獵，感染瘧疾，醫治無效而逝，年僅36歲。臨終，他召集眾兄弟說：「不佞與公等共事未幾，本期建立功業，揚中國聲名，今壯志未遂，中道夭折，公等其繼起。」言罷而逝。顏思齊去世後葬於諸羅山三界埔尖，即今嘉義縣水上鄉與中埔鄉交界處的三界埔尖山頂。墓碑上沒有刻文字，只有一道劍痕，民間傳說，當年鄭成功曾到

這裡祭拜其父之故交，並在墓碑上畫一道劍痕為記，有意重修墓地，無奈不久病逝，修墓之事不了了之。後來，人們在其陵墓前豎起一座石碑，碑記記載了這位開台先賢的簡單生平：

座落在嘉義縣水上鄉三界埔尖山的顏思齊墓

顏公字振泉，海澄人，賦性任俠，雄偉過人，因避仇遠渡日本，天啟元年窺德川幕府，密謀倒幕，事洩渡海來台，鄭芝龍附之入笨港，築寨、練兵、撫番、墾荒、橫行闖海，歸附者三千餘人，歃血同盟者廿八士，在伺機再舉，奈天不假年，於天啟五年齎志，以後葬於三界埔尖山。

經過顏思齊等開台先賢們的努力開發，笨港逐步發展成臨港市鎮——笨港街。清嘉慶二年（1797），笨港溪嚴重泛濫，笨港街被沖毀，變成了河道。水災過後，人們在溪流兩岸重建家園，形成了溪南岸的南港街（笨南港）和北岸的北港街（笨北港）。經過數十年的開發，這兩座街市逐漸發展為繁華的即今天的新港鄉和北港鎮，笨港之名也逐漸被北港取代。光緒十三年（1887），兩個鄉鎮以山疊溪（今北港溪）為界，分別屬於嘉義縣和雲林縣。

三、關於顏思齊是否確有其人的爭論

顏思齊在正史中的紀錄非常稀少，由於顏的生平活動和另一位活躍於日本和台灣的大海商甲必丹李旦極其相似，李旦是與顏思齊同時代又同樣活躍在東南海上的著名海商，同樣以日本平戶和台灣為事業的基點，又同樣有一位副

手鄭芝龍，還同樣死於天啟五年（1625）。生平事業的極其相同使得有些學者認為顏思齊並不存在，或者是與李旦為同一人。後有學者找到與顏思齊同時代的漳浦杜潯范陽村人、萬曆四十四年（1616）進士盧化鰲於崇禎八年（1635）所寫的《太史李公居鄉頌德碑記》，其中提到：「自天啟壬戌（1622）以後，紅夷與海寇顏思齊交訌……」以及清康熙年間福建布政使汪輯（江蘇江都人）所寫、具有很高史了價值的《崇禎長篇》載：「初，海寇鄭芝龍先從海賊顏樞泉；樞泉死，遂有其眾。」才確認了顏思齊的存在。

　　實際上兩人雖然在生平事業上有其高度相似之處，但亦有許多不同之處：一是籍貫不同，李旦是泉州惠安人，顏是漳州海澄人；二是事業側重點不同，李的一生著重點是經商，而且十分成功，是當時東南海商集團首領，未到平戶前在菲律賓已有「金山」之多的財富，其發跡之處是在菲律賓。而顏的著重點在開發台灣，他甚至沒有去過菲律賓，其成功之處是拉開台灣開發的序幕，推動了大陸墾民一波波進入台灣開發，故被譽為「開台王」；三是兩人雖然在同年去世，但是去世時間和地點不同：李旦死於天啟五年（1625）7月，地點在平戶。而顏是在9月，地點在台灣笨港他所建的中寨開台王府中。（詳見筆者的《淺談李旦與顏思齊之區別》，載《浩氣長存諸羅山》，廈門市姓氏源流研究會顏子文化分會編印。2012.11）

四、開台偉績垂千古

　　顏思齊組織了歷史上第一次大規模的大陸民眾移台墾殖活動，拉開了台灣開發的序幕。墾殖集團短短五、六年間在漳泉一帶開展赴台墾殖人員大量招募，使得赴台墾民急劇增多，移民安置點笨港溪兩岸的荒地大量被開墾出來。顏思齊及其後繼者鄭芝龍組織開墾荒地的數量，由於史籍未載，我們難以詳

顏思齊墾殖地之一，今天的雲林縣水林鄉街景

知，只能根據一些史料作一些粗略的推算。第一次招募了3,000人，以每人開墾
10畝計算，所開發的荒地大約在3萬畝左右；而由顏思齊的繼承人鄭芝龍建議、
福建巡撫熊文燦採納的第二次招募人數有「數萬人」之多，這次所開墾的荒地
就更多了，即使按最少1萬人計算，也可以開墾出10萬畝之多。從這一數字可
見，顏思齊開發台灣的成績是可觀的。

　　他組織的開發活動使大陸民眾進一步瞭解台灣、認識台灣，由此掀起了
一波又一波的移台墾殖高潮。他開發出來的笨港溪兩岸（今嘉義縣與雲林縣交
界的北港溪沿岸地區）廣袤的土地，成為了大陸漢民繼續開發的奠基石和發祥
地。台灣同胞說：「繼顏思齊之後來台的大陸同胞，都是由笨港登陸，在這裡
居住一段時期，才進發寶島各地，去開發他們的新天地，這也是台灣開發從南
漸北的歷史事實。」

　　開台活動促使了「台灣」名稱的開始叫起。台灣在漢代稱「夷洲」，
隋、唐、宋、元至明初分別稱「流求」、「留求」、「琉球」，明後期稱「東
番」。

　　顏思齊在10個寮寨中區建築台樓，設管理公署（後人把該台樓叫「開台

王府」）。因為「海灣」內有「台樓」，「台樓」外有「海灣」，所以先民們開始將這裡稱為「台灣」，這就是台灣地名的由來，「台灣」之稱先是由來往於海峽兩岸的漁民和商人逐漸傳播開來，而後正式進入官方文件。崇禎八年（1635），給事中何楷（漳州鎮海衛人）奏陳靖海之策曰：

　　……海上歲無寧息，今欲靖寇氛，非墟其窟不可，其窟維何？台灣是也。台灣在澎湖島外，距漳泉兩日夜程，地廣而腴……

　　該奏摺第一次稱前「東番」為台灣。清乾隆年間所修《明史》把該奏摺收入其中，成為我國正史稱「台灣」之始。陳夢林編於康熙末年的《諸羅縣志》對這一觀點予以肯定，稱：

　　天啓元年，顏思齊橫行閩海，聲勢浩大，踞有土，始稱台灣。

　　開台活動第一次在台灣大規模傳播中華文化的的子文化閩南文化，成為今天台灣主流文化（閩南文化）的最早源頭；開台活動還為三十多年後鄭成功驅逐荷夷，收復台灣，繼續開發台灣奠定了穩固基礎。
　　中國台灣網《雲林縣北港鎮概況》稱：

　　明朝天啓元年（1621）顏思齊、鄭芝龍率眾登陸笨港，並引三千移民入墾，為漢人大規模移墾台灣之始祖。

台灣雲林縣北港鎮顏思齊拓台紀念碑

人們尊稱顏思齊為「開台第一人」、「開台王」。在其當年的登陸地點笨港（今嘉義北港）建起了紀念碑、思齊閣、懷笨樓，他的開台事蹟編入了台灣中學課本。

五、水林鄉顏厝寮顏氏後人

雲林縣水林鄉水北村的當年顏思齊居住的主寨顏厝寮，如今仍居住著顏思齊的後人，雖然他們沒有留下族譜，但代代相傳，都自認是顏思齊的後代。近年居住在北港的顏氏後人已成立了宗親會，並正在修撰族譜，其

當年顏思齊在笨港居住的主寨今顏厝寮村街一隅

中明列顏思齊為北港、水林一帶顏氏的開台始祖。

今顏厝寮村子，大都是姓顏的村民，亦有姓周的。周姓先祖是當年被顏氏領養，但後代並未改姓，實際上與顏姓是一家人。周姓人家認為，該村顏姓村民並非顏思齊直系血親，而是顏思齊旁系宗親之後代，因為顏思齊去世時僅30多歲，應無子女。但顏厝寮和北港顏姓家族則稱他們是思齊後代，否定上述周姓村民的說法。

幾十年來，隨著社會的發展，村莊裡的農民外出打工做生意日漸增多，顏厝寮也不能例外，使得人口原就不多的該村只剩十幾戶，許多古早厝因無人居

住，破損頹圮、搖搖欲墜。

六、顏思齊故里青礁村

　　青礁村，座落在海滄區西北隅九龍江入海口迂迴曲折的港汊岸邊，與西面的角美白礁村只隔著一條通往廈門海滄大橋的公路。這個肇基於北宋初年、有著近一千年歷史的村子，在漫漫的古近代歷史上曾先後屬於漳州的龍溪、海澄縣和泉州的同安縣管轄，一直到上世紀50年代末期，它才隨著同安被劃入廈門管轄。這個普普通通

顏思齊故里海滄青礁村今貌

的瀕海村子，歷史上曾產生二十多位進士，還走出一位為開發台灣作出了卓絕貢獻的「開台王」顏思齊。

　　長期來，青礁村關於顏思齊的故事，幾乎是家喻戶曉，婦孺皆知。

　　青礁村有一棵蔥蘢茂密的大榕樹，大樹旁邊的港汊岸上就是顏思齊的故居。這一帶古時候是一個鐵鋪雲集的小村。村裡一些上了年紀的老人說，顏思齊的故居後牆就是港岸，他從小就喜歡在江水遊玩，練就了一身好水性。在他因打抱不平而殺了仗勢欺人的官府惡僕，官府前來拘捕

顏思齊的故居在青礁村裡的打鐵店自然村。如今該自然村已經不在，唯有故居旁老榕樹依然茂密蔥蘢，而古時的民居早已被新工業廠房所取代

時，他急中生智從後牆的小門跑出跳入江裡，在江底潛了很長的一段距離才浮出水面，並搭上從月港開往日本的商船，從此開始了在日本的流亡生涯，並在後來踏上開拓台灣的征程。如今滄海桑田，該自然村至今已蕩然無存，這裡的港灣也早已變成一片田園，放眼望去，滿目盡是青翠的瓜果蔬菜，但港岸的輪廓和古碼頭遺址還是依稀可辨。

就在顏思齊故居後面的港汊對面，與有一座建於南宋初年的顏氏大宗祖廟——「開漳堂」，它的名字正是該村開基始祖愭公於慶曆四年（1044）擔任漳州府教授、後開基於此（時屬漳州府轄）的真實寫照。這座歷經八、九百年風雨、十分樸素的閩南古村居建築，在1958年大躍進的年代裡遭到拆毀的命運。現在，由於土地被工業開發區徵用，在平整土地時這座已荒廢的古祠廟被重新發掘出來，村民們已集資對其重新興建。廈門市文物管理部門對此古建築頗為重視，派出技術人員幫助該村村民整理一些寶貴出土文物，並按照「修舊如舊」的原則對修復古「開漳堂」進行技術上的指導。

青礁村修復一新的顏氏大宗祠開漳堂

該村還有一座建於元朝、重建於前明的小宗宗廟——「崇恩堂」，它就在村子中間。這座風格古樸的顏氏家廟，占地面積達300多平方公尺，規模浩大、造型典雅，雖歷經數百年風雨侵蝕，仍不失其蔚為壯觀的氣勢。門前的兩個彩燈上各自書寫著一個大大的「顏」字，高過膝蓋的家廟門檻，對開的兩扇紅

門，門前的石鼓，足見顏
氏祖上位居高官，地位顯
赫。家廟管理人員告訴我
們，僅是宋代一朝，青礁
顏氏就出了18位進士，可
謂盛極一時，縉紳輩出，
堪稱世家望族。

青礁村顏氏小宗祠崇恩堂祖祠

　　崇恩堂歷經多次重
修，鑲在家廟裡面左側回廊牆上的《顏氏家廟重修記》石碑上的一段文字清晰
地記載著嘉慶二十年青礁村顏氏重修崇恩堂時，台灣的顏氏宗親踴躍捐款的事
情。碑文清楚地寫道：「台灣諸孫子合捐銀二百四十二圓。」台灣的顏氏宗親
對故土的深深眷戀和認祖歸宗之殷殷情感，悠然可見。

　　崇恩堂顏氏家廟裡供奉著青礁顏氏肇基始祖以下數十代先人的牌位，青礁
顏氏的肇基始祖是顏慥。按照該村顏氏族譜排輩，顏思齊是慥公的第二十代裔
孫。但由於當年顏思齊殺死惡人，成了官府通緝
的要犯，按照當時的律法這是要滅九族、滿門抄
斬的。所以他死後，村裡按照祖訓，與他的父親
顏清一起都不能入族譜，牌位不能放入家廟。但
事過境遷，在海峽對岸的台灣，顏思齊因為開發
台灣的功勞甚偉，不僅光了宗耀了祖，而且受到
了台灣同胞的敬仰，被尊稱為「開台王」。青礁
村的村民如今一講起這位開台先賢宗親，無不肅
然起敬。2010年春節過後村裡重修崇恩堂，重新

剛製作油漆完成、準備放入「開
漳堂」大宗祖廟的顏思齊神牌位

修訂族譜，決定還顏思齊以公正的歷史地位，將他的名字鄭重地寫入族譜，並
將他的牌位安放入剛修復的開漳堂大宗祠堂先祖牌位之中。

開基祖顏慥公的陵墓
就座落在「開漳堂」後左
側一座小山丘下面。陵寢
後面有一棵枝繁葉茂的榕
樹，樹下的墓牆上鑲嵌著
1999年3月的修墓碑記，碑
記上寫著墓主的生卒年代
和生平事蹟。該村在歷代

紗帽山下顏思齊祖籍地青礁村開基祖顏慥墓

都人才輩出，應是得益於這位北宋時期的漳州文學教授「近水樓台」的薰陶和
遺澤，可能也得益於該村的好山好水。

　　正如慥公陵墓後面枝繁葉茂的榕樹一樣，現在顏氏子孫遍布閩粵台及海內
外。台北市顏氏宗親會出版的《復聖顏子2493週年誕辰紀念集》、《台灣顏氏
世系考》中整理出來的材料，明確記載著青礁始祖顏慥衍派在台灣各地的分布
情況：台中的大甲、清水、沙鹿、梧樓，彰化市北斗鎮、埔鹽鄉，嘉義縣北港
鎮，台南縣新營鎮、下營鄉等處都是顏氏聚族而居的地方。他們都奉顏思齊為
開拓台灣的「第一人」。據《台灣顏氏世系考》載，「我顏姓之蒞台灣也，當
以思齊公為第一人，時在萬曆年間（筆者注：應是天啟年間）。其發源地為嘉
南一帶。」台灣的顏姓宗親在其所修的顏氏宗親族譜中也鄭重地寫上了顏思齊
的名字，還他的歷史以公道。

　　現在的青礁村人丁興旺，人口4,700多人，分布在青礁、鴻江、蘆堂、過
田、院前、官宅六個自然村。近幾年來，歸屬的海滄區經濟社會發展很快，工
業開發區延及此地，工廠企業遍地開花，村裡的土地大多被開發區徵用，農田
愈來愈少，失去土地的大部分村民生活來源靠進村旁的企業打工掙錢，農民變
成了工人和生意人。有積蓄的村民做起了建村、家具、菸酒、農資等生意，當
起了老闆。現在蔬菜也很值錢，還有一點土地的村民就種植蔬菜供應海滄和廈

門市區。村旁的青礁慈濟宮在海滄區政府的支持下建成集朝聖、休閒、登山健身、古建築及中草藥研究於一體的旅遊景區和研究基地，一些村民在景區賣起了旅遊商品。村民生活總體來說已進入小康水平，家家戶戶都建了新樓房，2011年全村人均年收入達8,000元。

七、兩岸民眾共祭開台王

近年來，隨著兩岸民間交流的日益熱絡，福建廈門青礁顏氏宗親會與台灣顏氏宗親總會開始有了接觸，並在兩岸顏氏族譜對接方面取得了初步成果。之後，在台灣顏氏宗親的幫助下，2009年至2010年，青礁顏氏宗親會開始派出顏國強等宗親赴台灣嘉義水上鄉，到先賢顏思齊墓園進行掃墓和祭拜，並與台灣顏氏宗親總會醞釀舉行兩岸宗親共同紀念顏思齊開台偉績的活動，包括到顏思齊墓園共祭顏思齊、瞻仰有關顏思齊開台史蹟和舉辦首次顏思齊學術研討會等內容。籌備活動得到兩岸有關部門與人士的大力支持和協助，又因顏思齊墓園座落在台陸軍南區聯合測考中心訓練場範圍，因此到墓園祭拜還得到了台灣軍事部門的首肯。

這項有史以來首次兩岸顏氏宗親共同紀念顏思齊的活動於2011年3月30日在嘉義縣水上鄉和雲林縣水林鄉隆重舉行。筆者應廈門市姓氏源流研究會顏子文化分會和青礁顏氏宗親會的邀請，有幸見證了這一盛會。

嘉義水上鄉三界村村後的三界埔山頂，茂密的相思樹下，有一座不甚起眼的墳墓，兩岸同胞景仰的「開台第一人」顏思齊就安息於此。

歷史記住了這一時刻——3月30日上午10點30分。十幾輛大巴滿載著來自廈門青礁、廣東連平、以及台灣台北、彰化、嘉義、雲林等地的360多名顏氏宗親和各界人士，沿著北港溪畔上溯，過檳榔樹角，踅入窄窄的牛稠埔盤山小路，

緩緩駛入三界埔山頂。大隊祭拜團體的到來，打破了這裡山野的寧靜，顏思齊墓前不大的祭埕，擠滿了前來參加祭拜的兩岸顏氏宗親。

兩岸顏氏聚集嘉義縣水上鄉三界埔尖顏思齊墓前共祭開台王的場景

10點30分，祭典儀式在轟鳴的鞭炮聲中開始，台灣顏氏宗親總會會長顏武勝、廈門姓氏源流研究會顏子文化分會會長顏國強身穿黃色長衫，共同擔任主祭人；台灣無黨籍「立委」、台中市大甲鎮瀾宮董事長顏清標的兒子顏寬恆、廣東以及台灣彰化、嘉義、雲林等地顏氏宗親會的代表、水上鄉鄉長王啟澧等身穿咖啡色長衫作為陪祭，站在隊伍前面；祭拜隊伍前面是兩長橫幅標語，分別寫著：「辛卯年閩台顏氏共祭開台王顏思齊」、「廣東連平顏氏宗親聯誼會祭拜顏思齊」。

祭典儀式按傳統禮俗進行，三次上香九次鞠躬，主祭、陪祭和全體成員經過了「獻三牲」、「獻五禮」、「誦祭文」等數道祭獻程序，歷時近一個鐘

首屆海峽兩岸顏思齊開發台灣學術研討會在嘉義水上鄉舉行。圖為本書作者在會上作學術報告

臺灣各大媒體紛紛報導了兩岸顏氏宗親的盛況。圖為《中國時報》的報導

頭。祭典場面莊重熱烈，洋溢著後裔宗親對開台先賢濃烈的景仰之情，也洋溢著兩岸胞波兄弟血濃於水的濃濃親情。在場的台灣人士說：這可是386年來兩岸宗親首次聯袂共祭顏思齊，可謂盛況空前，令人感受暖暖鄉情與親情。參與祭典儀式的兩岸媒體共同見證了這一盛況。當天下午，「首屆兩岸顏思齊開發台灣學術研討會」在水上鄉的睿宿天后宮會議室舉行。之後數日，台灣《中國時報》、《聯合報》、《旺報》、台灣民視、香港《文匯報》、《廈門日報》以及中新網、中國台灣網、廈門衛視、廈門網等兩岸大報、電視媒體和網站紛紛以醒目標題報道了「兩岸顏氏後裔共同祭拜開台王顏思齊」的消息。

第二章
霧峰林家與台中開發

一、平和埔坪村——霧峰林家祖籍地

台灣霧峰林家與板橋林本源家並稱為清代台灣兩大豪族。霧峰林家之遷台始祖林石，於雍正七年（1729）2月14日出生在漳州平和縣五寨墟莆坪社，據台灣自立晚報社

埔坪墟舊址。村中沿街的舊店窗依稀透析出舊日墟市的風貌

1987年10月出版的《霧峰林家的興起》（黃富三著）在考究林石的出生地時說：「據族譜載，林石出生地是平和縣五寨墟莆坪社。」關於這個村子，台灣和海外一些研究林石的學者都弄不清楚在平和縣的何處，如研究霧峰林家頗有建樹的美國J.M.Meskill（麥斯基爾）教授在《台灣霧峰——中國拓荒之家》（1979年出版）一書中認為：「這（村子）可能是個小村，因而不容易確定其地點」。台灣學者黃富三在《霧峰林家的興起》一書中說：

查《平和縣志》，未見五寨墟或莆坪社之名……又查《漳州府志》（光緒丁

丑版）疆域篇，卻有「浦坪墟」之名。

他認為「也許家傳（族譜）寫錯，也許地名應為『五寨社浦坪墟』」。

查1994年4月出版的《平和縣志》卷一《建置》，在鄉村轄屬沿革方面，收錄了道光十三年（1833）的鄉村轄屬情況，明白無誤地記載著：「五寨約乾隆年間改社為『約』，到道光十三年版的該縣縣志，仍沿襲『約』的稱謂，轄有高寮、……圃坪、……」五寨的「圃坪」村就是「莆坪」村。1949年新中國成立後，五寨鄉的圃坪村就改稱埔坪村，至今仍是。它就在五寨鄉政府所在地的西邊，是一個行政建制村。

沒能到實地調查的美國J.M.Meskill教授當然憑空想像不出有否埔坪村，也確定不了其地點，而台灣學者黃富三也只能根據舊志得出不完整的結論。實際上，只要到平和五寨鄉所在地就能知道：鄉政府所在地是個繁華的墟集，埔坪村就在墟集的西郊。若找該村上了年紀的村民瞭解，就會知道從清初就有埔坪墟這地名。古代的五寨鄉所在地沒有墟場，倒是緊靠鄉西側的埔坪村有一個熱鬧的墟集。該村座落在平和縣與漳浦雲霄兩縣的交界處，東邊靠近漳浦縣，西邊就是雲霄縣。閩南的「墟」是農村的集市，十天裡面有三次熱鬧的農民「趕墟」貿易活動日。埔坪墟的墟日是農曆的一、四、七。該墟從明清到民國都一直是雲霄、漳浦、平和三縣交界處周圍幾十個鄉村村民的農產品及其他貨物的交易集散地，該墟市一直延續到二十世紀50年代中期大割「資本主義尾巴」、取消農村集市貿易之際。80年代初實行改革開放之後，農村傳統的墟場得以恢復，因五寨鄉政府所在地城鎮建設發展很快，埔坪村又緊靠鄉里，故新恢復的墟場改在鄉街道。現在，筆者在埔坪村田野調查時，在村民指引下，仍能看到該村舊墟場的些許痕跡。

二、霧峰林家遷台始祖林石

據該村《林氏族譜》載，晉代永嘉之亂，中原士族衣冠南渡，有八個姓氏最早入閩，其中的林祿（晉安郡王）成為入閩始祖（一世祖）。林祿十九世孫林和義於宋末入漳州漳浦開基，為漳浦林氏一世祖。林和義傳一子林大用，為二世祖。大用生七子：子亨、子貴、子賢、子慕、子華、子齊、子淵。由於遭遇宋末元初的戰亂，兄弟被迫分散居住，長房子亨分居苦竹，次房子貴守路下，三房子賢分居漳浦七都橋頭，四房子慕分居平和五寨鄉埔坪村社，五房子華分居廣東饒平，六房子齊分居平和五寨後巷社，七房子淵分居漳浦下尾。這樣，四房林子慕就成為埔坪村的開基一世祖。

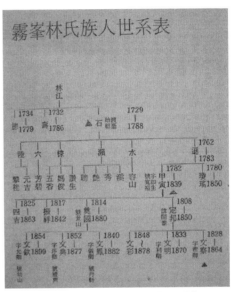

埔坪村林氏族譜中遷台始祖林石世系表

林子慕按房份和林氏昭穆為「虎四房」衍派，其十世孫林勤樸生七個兒子：奇玭、奇杲、奇晃、奇昴、奇賢、奇旻、奇早。十一世孫奇昴公（為綏豐堂衍派）生林持（字扶我），林持生三子：林江、林洪、林深。林石是林江的長子，下面還有兩個弟弟林壽、林摠。照此算來，林石是埔坪村開基祖子慕第十四孫。他小時候生活艱難，10歲時父親就去世，12歲時母親也去世，家裡留下了年老的祖母莊氏和兩個年幼的弟弟，根據霧峰林家《林氏族譜》稱：幸好林石「家有薄田數畝」，勉強可維持生計，於是他作為家庭主要勞動力，上奉祖母，下撫弱弟，挑起了照顧家庭親人的擔子。

平和埔坪村林石入墾的大里杙在今天台中市的位置圖（圖中橢圓圈範圍）

　　艱難的日子使得林石勤奮異常。乾隆十二年（1747）他18歲，那段時間裡，位於漳州西南山區的平和縣許多貧困農民紛紛東渡台灣墾殖，村裡流傳著關於台灣的許多傳說，一些到過台灣的鄉親們都說「台地一年耕，可餘七年食」，是一片神奇寶地。於是許多渴望溫飽和致富的鄉親就到台灣投奔鄉親。林石懷著強烈的好奇心也跟著鄉親到了台灣，當時的台灣，經過清初繼續對嘉義台南一帶的開發，發展餘地已較有限，而中部的彰化地區土壤肥沃，水源豐富，且荒土未闢，草深五、六尺，一望千里。當時一些漳屬平和、詔安籍鄉親已開始進入這片土地墾殖。最早入墾這裡的是平和縣籍林瑞芸和詔安縣人田漢民，之後因「番害」頻發，開墾事業沒能為繼下去。而早在康熙四十九年（1710），龍溪人、定海總兵張國已在屯兵處所台中今南屯墾荒，並建立這裡村落「張興莊」，之後，平定朱一貴事件有功的南澳總兵、漳浦人藍廷珍對開墾事業饒有興趣，於雍正二年（1724）也在這裡招佃墾荒，建成「藍興堡」。之後，漳浦藍氏族人紛紛渡海前來，加入藍興堡墾荒隊伍。此外，平和籍鄉親賴氏族人及林簪等林姓族人也紛至

沓來，在台中一帶著力開發荒埔，並卓有建樹。這是林石到台中前這裡的墾殖情況。雖然已有漳州人在這裡墾殖，但仍有大片大片的土地尚待開墾，正是拓荒者可以大顯身手的舞台，這對懷抱中興家業理想的他，無疑具有莫大的吸引力。但因家中祖母還需照顧，故翌年他又回到平和家中奉伺年邁的祖母。直至乾隆十八年（1753）祖母去世，弟弟也已長大成人，已25歲的他此時了無牽掛，在安排兩個弟弟林壽、林樬守好祖母墓廬的任務之後，抱著創業的希望到了台灣，定居下來。先是在彰化城幫工，有點積蓄後，便選定初辟的貓霧揀東堡大里杙莊（今台中縣大里市）居住下來。

三、從大里杙開始的墾殖事業

大里杙屬少數民族泰雅族聚居之地，位於台中盆地中部，是大里溪北岸與旱溪之間的沖積平原，也可沿大肚溪溯流至此。這裡溪流交錯，不僅利於農業灌溉，而且擁有水路交通之利。然而，這片引來諸多漳籍先賢墾殖的沃土在當時卻很不平靜。從雍正

今日大里杙街口的城標雕塑：鹹菜桶

四年（1726）到乾隆初年，在十年間至少有5次「番社」為亂，他們肆出焚掠，有次甚至圍攻彰化縣城近一個月之久，直至福建陸路提督王郡率援軍入台平亂，才解了圍。為了保障墾民的安全，乾隆三年（1738）2月，閩浙總督郝玉麟以「登台等處迫近深山，接連番社，為生番熟番往來要區，」奏准在登台、新莊二處設立義勝、永勝二隘寨，每寨設鄉勇30名巡防，同時在柳樹湳莊口建營盤，由貓霧揀與彰化汛各撥50名兵力駐防。

　　儘管清廷強化在彰化地區的控制力量，但大里杙因座落在遠離縣城二十多里地的山區，因此，在乾隆五十一年（1786）前的四、五十年間，這裡仍屬於官府政令難以到達的地帶，經常有泰雅族人「出草殺人」的事發生，泰雅人臉上刺青，是島上最兇悍的「黥面番」，漢人聞之無不色變。

　　深信危險與希望同在的林石，以「不入虎穴，焉得虎子」的無畏氣概，置生命危險於度外，卜居於揀東堡大里杙為墾殖地點，霧峰林氏族譜寫道：其始祖林石在這裡「購地而耕，治溝洫，立仟陌，負耒枕戈，勤勞莫敢

霧峰萊園（霧峰林家花園）中的霧峰林家先人的祖墳

懈」。在經常發生的漢「番」突衝中，他幾次險遭殺身之禍。林石的墾荒是採用「招佃墾耕」的方式來拓地的，事業經過四年辛勤拓墾，漸有家業。此時他想到在平和家鄉的弟弟和照料不到的祖先墳墓，於是在乾隆二十二年（1757），他回到家鄉，把兩個弟弟接到台灣，並把祖先骨殖帶到台灣，就葬在大里杙。從霧峰《林氏族譜》「太高祖石公家傳」可以知道。到1902年，林石父母的骨骸由其裔孫林獻堂等人改葬在台中霧峰林家萊園中的一座小山坡上，今台中市明台高級中學校園內。

　　從這件事可以看到，林石下了扎根台灣、在台灣振興家業的決心。他一心撲在開墾事業上，直到32歲時方娶妻黃氏。在他的努力下，拓墾土地的面積日愈擴大，最終獲得了成功。根據黃富三《霧峰林家的興起》一書稱：林石「墾業終於有成，數年內家境大為改善，拓地日益增廣，開發出中部平原約400甲（每甲11.3畝）土地，成為台中地方首富，歲入穀達萬石。在荒歉年份，他還放穀賑濟

他人。他的威望也日愈馨隆，被族人選為大里杙林氏族長。」

四、中落與復興

　　林石的墾殖事業如日中天，發展迅速，霧峰林氏也逐漸成為台灣的重要家族。正當他躊躇滿志、計劃進一步把家業做得更大之際，突如其來的一場變故不僅使他的宏偉計劃化為泡影，而且使他辛苦幾年創建起來的墾殖事業傾刻瓦解。這場變故就是發生於乾隆五十一年至五十三年（1786～1788）的林爽文事件。

　　林爽文是漳州平和縣坂仔火燒樓村人，林石的同鄉。乾隆三十八年（1773）隨父林勸來台，靠趕車運載為生，之後當過「縣衙捕快」，不久離職，定居平和鄉親較多的大里

清軍大武壠之戰後在竹南崎頂里一帶生擒林爽文生擒獲林爽文圖

杙，開始走入江湖，嘯聚山林。乾隆四十八年（1783），大陸來台賣布商人嚴煙在台祕密組織「天地會」，林爽文積極加入其中，與會友林泮、林水返、林領、王芬、陳奉先等焚香拜盟，拉起了一支武裝隊伍。由於乾隆末年，吏治腐敗，治安混亂，各種民間祕密結社紛紛成立，天地會勢力也迅速膨脹，會眾達數萬人。是時台灣時局危機四伏。一次，因官府處理民間糾紛不當，濫殺無辜，終於引發了各種社會矛盾的總爆發——「林爽文事件」。事情經過是這樣的：台南斗六地方，有楊光勛弟兄因分家起釁，立會（天地會）招人入夥，被人告發，並牽連林爽文等，彰化縣官員不分好人壞人，派兵紛紛亂抓人，以至各村莊俱被滋擾。那

時村裡宗親林泮等人房屋被官兵燒毀，走投無路之下，他夥同王芬、陳奉先、林領、林水返等，召集各莊民人，抗拒官兵，就來邀林爽文入夥。這是林爽文後來被捕的供詞，從供詞中可以看出，由於結拜兄弟林泮在一次民事糾紛中受牽連，房屋被官府燒毀，天地會成員遭緝捕和殺戮，乃率眾對抗官兵，並招請結拜大哥林爽文一起舉事。

舉事的中心地點就在彰化山區大里杙村。當得知林爽文欲行舉事時，作為村裡的族長林石，深知此事的嚴重性，曾找到林爽文設法予以阻止。他聲淚俱下地勸說：「人生不過是想得富貴而已，吾今幸得溫飽，不忍心看你作出這種叛逆招禍之事，若能聽吾的話，不要妄動，吾願割財產之半予你，且以一子為你子。」

爽文聽後有點心動，也想放棄起事，但眾不從，乃竄於深山。

林爽文最終沒有聽從林石等族人的規勸，於乾隆五十一年（1786）

台灣大里林爽文古戰場

11月27日豎旗舉事，以大里杙為根據地，起兵夜襲大屯，並乘勝攻下彰化、淡水、鳳山等縣，（諸羅縣城也被圍困），並於彰化縣城建元順天，建立起義政權，起義隊伍驟增至十多萬人。之後又並與鳳山天地會首領莊大田合兵圍攻台灣府城。清廷震動，令閩浙總督常青派兵三路入台平亂。後又派出陝甘總督福康安、侍衛大臣海蘭察率川、湘、黔、粵、閩、浙諸省兵十萬人入台平亂，清軍克彰化，解諸羅，攻占起義軍重要據點斗六門，圍攻大里杙基地。前後用了一年三個月時間，終將此次動亂平息。林爽文、嚴煙等人被押赴北京，梟首示眾。林石因是大里杙林氏族長而受到株連，後因「未曾從賊打仗，又有勸阻謀逆之事，

但究係林姓族長，未便輕貸，應從重歸入緣坐人犯中辦理」。於是林石人繫囹圄，家產被抄封，他胼手胝足營造起來的拓殖王國傾刻間瓦解坍塌。乾隆五十三年（1788）5月21日，霧峰林家開基始祖、59歲的林石病死於獄中。

林石生有六個兒子，即遜、水、瀨、棣、六、陸。林遜在林爽文事件發生時就在父親安排下帶著部分資產回家鄉平和老百姓老家置產，不久得暴病在家鄉去世，年僅22歲。其妻黃氏太

保存完好的台中市霧峰鄉的霧峰林家故宅，如今成為台灣旅遊觀光景點

台得此消息，忍著悲痛，帶著瓊瑤、甲寅兩個兒子，從大里杙鄉遷居更山區的阿罩霧莊（今霧峰鄉），在新墾點默默耕耘。霧峰林家的復興就是從林甲寅這一代開始的。林甲寅在這一特殊環境中逐漸長大。他頗有祖風，「負義俠，里黨倚為重，為鄉甲首」。他睦鄰和族，開墾種田，伐木燒炭，置產興業，家業漸興，擁有2,600多公頃的土地，歲入稻穀4,000石，成為一方鉅富。

道光十八年（1838）12月，林甲寅去世，享年57歲，後人為紀念林甲寅，把他住過的村莊改稱「甲寅村」。其子林定邦、林奠國繼承祖業。道光末年，阿罩霧鄰莊草湖莊一伙歹徒殺人越貨，橫行鄉里，為首的叫林和尚。有一次林和尚綁架了阿罩霧莊林定邦族人林連招，索取重金贖人，林定邦請人叫林和尚放

古代入漳孔道、兵家必爭之地萬松關。福建陸路提督林文察於同治年間在這裡殉難

人未果，自己帶了次子林文明到林和尚住處與其論理談判，發生爭執，並發展為械鬥，由於林定邦沒有準備，在械鬥中被殺，林文明受傷被執，囚禁於該莊。在族中長輩們的調解下，林和尚放了文明，歸還了林定邦屍體。定邦長子林文察當年19歲，他訴訟於彰化縣衙門，但知縣收受林和尚賄賂，不理此案。無奈之下，林文察自己設法抓到林和尚，手刃仇人，為父報仇，然後向官府自首。

咸豐四年（1854）5月，閩南小刀會在黃位率領下進犯台北，破基隆城，台灣北路協副將曾玉明得知林文察案件的內情，看重其孝心和武藝，將其釋放出獄，讓他募集鄉勇隨軍出征小刀會，林文察因此立功，同時他還捐助軍餉，受到曾玉明的器重，推薦其為游擊調福建補用。咸豐九年（1859）後又奉閩浙總督王懿德之命率台勇到閩北建陽平建寧、汀州之亂，以功晉升參將，隨後又升副將。咸豐十一年（1861），文察奉左宗棠檄援浙，在江山縣參與對太平軍李世賢南方餘部的戰鬥。多次建立功勛，受到重用，最後被升為福建陸路提督。

同治三年（1864）農曆9月14日太平軍餘部李世賢攻陷漳州，林文察奉福建巡撫徐宗幹之命率兵駐守在漳州城東的萬松關營寨，準備克復漳州城。11月3日，萬松關營寨突遭太平軍李世賢夜襲，林文察在激戰中中槍落馬被縛，押回漳州城內，被李世賢用「點天燈」的極刑活活燒死。徐宗幹驚聞噩耗，悲痛萬分，提筆上書，寫了《署提督剿賊陣亡，懇請優恤》折，奏林文察「壯年英勇，節次在閩、浙各處帶兵剿匪出力，所向有功。今寡不敵眾，血戰捐軀，實堪憫惜」為之上書表功，12月3日，朝廷下詔稱：「提督銜、署福建陸路提督福寧鎮總兵林文察所向有功，此次進攻漳州踞匪，猝因中槍陣亡，實堪憫惻……，著交部照提督例從優議恤，以慰忠靈。」5日，敕祭葬、世職、加等，謚剛愍。20日，詔依兵部所議，給恤銀800兩，加贈太子少保，賞騎都尉兼雲騎尉。襲次完時，給予恩騎尉，世襲世職。光緒五年、十五年，清廷應漳州和台灣士紳之請，分別撥銀在漳州府城東坂後（今新華西路人委巷）和林文察在台中宅第（下厝，今台中縣霧峰鄉民生路40號）兩處各修建一座「宮保第」專祠，供人憑弔。

　　林文察因屍骨不存，林家後人以衣冠代之葬於萬斗六之倒飛鳳山，後又遷葬於太平車籠埔之牛角鎮坑。

　　光緒十九年（1893年），林朝棟以宮保第為主體擴建園林邸宅，俗稱霧峰林家花園（或「萊園」）。建造工程所用的木材、石料都從大陸的雲南、福建渡海運去，工程的精細部位也都出自大陸來的能工巧匠之手。這座園林住宅群主體建築分為下厝、頂厝與萊園三大部份，占地3公頃，五進規制。第五進大廳堂正中供奉著林文察的神牌位與塑像。

　　萊園距宮保第約一公里山坡上，依山環水，結構宏麗，布局典雅，在搗衣澗、林棉橋、荔枝島、夕佳亭、小習池、萬梅庵、五桂樓、望月峰諸景，亭台樓榭精巧，山水花木清幽，既有人工之巧，又得自然之趣。曾被列為台中十二勝之一，稱為「萊園雨霧」。萊園還曾經是台灣抗日文人聚會之地。梁啟超因戊戌政變流亡日本途經台灣時，就住在萊園五佳樓中，寫下《萊園雜泳》十首。

　　霧峰林家園林與台北板橋林家花園並稱為台灣舊式邸宅的兩大典型，是具有中國傳統建築與造園藝術的古蹟之一。

　　1999年9月21日凌晨1時，台灣南投縣發生了7.3級大地震，台中縣、南投縣為主震中區域，霧峰林家花園這片忠實伴隨了霧峰林氏家族二百多年歷史恢宏載體，也在瞬間化成一堆瓦礫。林氏家族依據1984年有關專家測繪編製的《台灣霧峰林家建築圖集》，在

台中霧峰林家的宮保第在1999年"9‧21"大地震中倒圮，圖為在廢墟上重建竣工的宮保第

當地政府的支持下，依照台灣文物保護法規，進行維修和重建，修建工程於2010年底全線竣工。

　　林奠國的三子林文欽，繼承林家遺風，墾耕習武，胸懷大志。在光緒十年（1884）法軍進犯台灣時，林文欽不僅率眾支援官軍，還提供糧草器械。林文察之子林朝棟也率兵與法軍作戰。法軍在基隆登陸後，逐步向台北逼進，清軍節節敗退，台北府城岌岌可危。這時，林朝棟率領2,000鄉勇趕到台北，他們在五堵阻擊法軍，給予法軍沉重打擊，將法軍趕回到軍艦上。故民間稱其「第一盡忠林朝棟」。朝廷以抗法戰功欽加林朝棟二品銜，賞戴花翎，統領全台營務。其夫人楊水萍，也因協助丈夫率領6,000鄉勇，擊敗入侵大屯山的法軍有功而受封為一品夫人。

台灣首任巡撫劉銘傳

　　光緒十一年（1885），台灣建省，劉銘傳首任台灣巡撫，對霧峰林氏家人予以重用，林朝棟被委辦中路營務，擢中路撫墾大臣，招撫「山番」。「番」眾歸順者數十社。清廷嘉其功，賜「勁勇巴圖魯」封號，命統領全台營務，授全台樟腦專賣權及允許林氏家族在中部山線與海線開墾。樟腦是清末台灣三大出口商品之一，主要市場是法、英、美、印等國，霧峰林家因此而獲大利。在霧峰林家的努力耕耘之下，台中地區大部分土地得以開墾，霧峰林家終成台灣鉅富。

　　光緒二十一年（1895），在清政府割據台灣給日本時，林朝棟曾高呼誓死抗議，並率軍抵抗，但抗日義勇軍不敵日本侵略者，林朝棟舉家內遷，從此不再踏入台灣。林朝棟之子林祖密也像父親一樣愛國之心濃烈。民國初年，不滿日人統治，毅然放棄家產，返回大陸，在福建各地創業，並參加國民革命運動。1918年，被孫中山任命為閩南軍司令，授予陸軍少將銜。1922年6月，孫中山器重的粵軍司令陳炯明叛變，拘禁了林祖密。兵變失敗後，林祖密被釋放。此後，他致力於社會建設事業。在漳州南靖逕口置田900多畝，創辦墾牧公司，經營農村

林祖密像

實業，投資7萬元，開採漳平梅花坑煤礦，1924年到華豐（華安縣城）創立疏河公司，擬疏浚華豐到新墟一段河道，以利上游土產和竹木的水路運輸。當時閩南匪患嚴重，華豐尤甚，林祖密應華僑林少穎之聘，當任地方武裝「護法建國軍」高級參議，為保護地方安寧竭盡全力，因此被盜匪和軍閥視為眼中釘。1925年8月，林祖密在漳州華安被北洋軍閥周蔭人部、福建陸軍第一師師長張毅逮捕，遭勒索鉅款未遂而被殺害。

日據時代，霧峰林家以積極倡導中華文化、反對日本奴化教育而聞名。其代表人物是林獻堂，為林奠國之孫。

林獻堂在日據時期以領導台灣民族文化運動聞名，他受梁啟超的影響，創辦台灣民報社，宣傳漢民族文化。1921年，與台灣名流蔣渭水創建「台灣文化協會」，當選總理，使台中成為日據時期台灣中華民族文化運動的中心。

在長期反對外國侵略的鬥爭中，霧峰林家英才輩出，為之做出了重要貢獻。

五、埔坪村今昔

在撰寫本書過程中，為了弄清楚霧峰林家祖籍地埔坪村過去和現在的情況，作者於2009年(牛年)春節期間特地到該村採訪。

現在的埔坪村有人口2,150人，五個自然村：新墟、山腰、蛇窟樓、埔坪、後山。其中後山因2006年4號、5號颱風的連續襲擊，造成山體滑坡，房屋全部倒

毀，在政府及個有關部門的大力支持下，該村兩委帶領村民重建家園，用政府扶持的款項和村民自籌的資金，很快在村委會附近的新址建起了後山新村，當年年底，

盡是新樓房的埔坪村今貌一覽

該自然村36戶村民全部喜遷新居。

採訪中，現任村支書林耀光、村長林木象說，村裡經濟在60、70年代「以糧為綱」的單一計劃農業經濟時期，村民生活長期停滯於按工分領口糧的低水平狀態。自80年代初實行農村土地承包責任制、實施改革開放以來，農村經濟快速持續發展。80年代末縣委縣政府號召開山發展蜜柚果樹產業，村民積極響應，向山進軍。至今全村種植蜜柚1,500畝，每年總產量達300萬斤，產值達200多萬元，僅靠這項收入，每年每個村民就增收近1,000元。蜜柚成為村民的致富樹、村裡的經濟支柱。此外，隨著全國經濟建設的快速發展，村裡大量剩餘勞動力紛紛外出打工，成為村民又一快速致富門路。據村裡統計，現在全村每年約有500人青壯勞力外出打工，每年給家裡掙回約一萬元純收入。2010年，全村人均收入已達6,000元，進入較為寬裕小康生活水平。

埔坪村遷台霧峰林氏的瑞豐堂祖祠

站在村頭，放眼望去，所見之處，盡是新建的鋼筋混凝土結構的新樓房。林木象村長

告訴筆者，全村有80%村戶建新房，一些村民還買了小車。

　　說起台灣霧峰林家，村長和在座的一些老村民都說，霧峰林家宗親致富不忘本，從清代光緒年間開始，其裔孫林朝棟、林文欽等就回埔坪修建祖祠，並在村附近的蛤仔殿、後籠仔底、林白山三處購田收租，作為祭墓和拜祀祖宗之用，並制定管理條規，把這些規定鐫刻石上，一代一代沿襲，以表飲水思源之情。至今，刻有

埔坪村綏豐堂祖祠中的石碑記載著台灣林氏宗親為家鄉建設的捐款

該條規的石碑依然完好無損地豎在該村的林氏綏豐堂衍派祠堂裡面，讓後人永為銘記。兩岸關係解凍之後，霧峰、台中、宜蘭羅東等處林氏宗親每年都派人回村裡來，每年都帶回一些資金，幫助村裡修建小學、祠堂、資助貧困學童，修建村中道路。在村裡林氏祠堂牆上，筆者還看到，一個個捐資的台灣宗親名字鐫刻其上。

　　在綏豐堂祖祠牆上，一個牌匾上有一首詩赫然入目：「一灣海峽兩岸盼，血濃於水本同脈。雙木成林是一家，堅如碑石世代

霧峰林家故宅重建工程竣工之際，連戰、馬英九為之題寫了賀詞

傳。」落款是「埔坪虎四堂全體林氏裔孫」。這首詩不僅反映出兩岸林氏裔孫的

血緣和期盼，也道出了兩岸同胞本一家的血緣和對統一的共同期盼。

　　2009年6月，縣統戰部黃部長邀筆者到埔坪村就規劃興建霧峰林紀念館建言獻策，又一次來到該村。在與村民座談中瞭解到，毀於1999年「9.21」大地震的台灣霧峰林家故宅修復工程即將於年底竣工，霧峰林家宗親已邀請埔坪村宗親屆時赴台參加落成慶典。同時，筆者在祠堂的牆上看到了連戰和台灣現任領導人馬英九給新落成的林家故宅及宮保第的題詞，連戰的題詞是：「裨海累世墾荒域，蓬萊萬世通京衢。」馬英九的題詞是：「三代民族英雄，百年台灣世家。」

第三章
新竹的開山祖王世傑

　　新竹古稱「竹塹」，為台灣北部最先開發的都市，這裡山川秀麗，人文蔚茂，向為詩人墨客留連之地，有「北台文化古都」之稱。三百年前，尚為荒蕪原野，附近一帶有竹塹社「番民」居住，清康熙五十年前後，同安人王世傑，募集泉籍墾民一百來人於此開墾，是為大陸墾民集體開墾新竹之始。

　　三百年來，一波接一波的墾殖活動促使新竹經濟社會持續發展，村莊、街市從無到有，從少到多，人煙稠密。今天的新竹市，已是台灣省的省轄市，是台灣地區第七大都市，人口40.8萬。1980年新竹科學工業園區設立之後成為台灣

北台灣文化古城新竹今貌

的高科技重鎮，有台灣「矽谷」之稱。

新竹今天的繁榮的基礎，則是王世傑墾殖集團於三百多年前的辛勤耕耘所奠定。

一、護糧司馬王世傑率先募衆入墾竹塹

三百多年前，新竹地區原是平埔族之一道卡斯族「竹塹社」（即今之泰雅、賽夏兩族祖先）的住居地，時稱「竹塹」。據《淡水廳志》及《新竹廳志》所載：明天啟六年（1626），西班牙人據

新竹歷史古街區

台後曾因傳教來到竹塹。明隆武元年（1646），又有因船難而登陸紅毛港的西班牙人在這裡定居；明永曆十五年（1661），鄭成功曾派遣部將屯墾新港仔及竹塹。但除了插竹為籬的竹塹社之外，仍是一片杳無人跡的荒地（周鐘瑄編，陳夢林撰《諸羅縣志》，頁15）。康熙三十六年進入台北採購硫磺的郁永河曾目睹了竹塹荒涼的景象，在他所寫的《裨海紀遊》中寫道：

⋯⋯自竹塹至迄南，八、九十里，不見一人一屋⋯⋯，途中遇麏、鹿、逐隊而行，甚夥。既至南，入深箐中，披荊度莽，冠履俱敗；直狐貉之窟，非人類所宜至也。

大陸墾民真正開始大規模進駐竹塹開墾，始於康熙後期的泉州府同安人王世傑。王世傑（1621～1721），名公祿，字元安，世傑是他的號，他於明永歷十五年正月15日（1661年2月13日）出生在金門城外的東沙村，康熙二年（1663），清軍從明鄭手中攻下金門、廈門，進行遷界，幼小的王世傑就跟隨父母搬到同安縣城，不幸的是，兩年之間父母相繼過世，剩下兄弟三人相依為命。

三藩之亂發生，金門再次被明鄭占領，世傑兄弟隨內遷民眾返回金門，與兄姪一起搬遷到外祖父居住的今沙鎮浦邊村。之後，適逢鄭經招募兵丁，僅十來歲的王世傑就加入了鄭軍的隊伍，以解決吃飯問題。康熙十九年（1680），三藩之亂平定，金門再次被清軍攻克，鄭經率將士棄金渡台，是年王世傑20歲，隨鄭軍往台灣。次年鄭經去世，子克塽嗣位，看中了年輕勤快的王世傑，任命他為護糧司馬，負責督運軍糧。明永歷三十六年（1682），竹塹社「番民」發生叛亂，鄭克塽派遣都將陳緯率軍征討，王世傑奉鄭克塽之命從台南督運軍糧北上，途經竹塹，見到這裡荒原平坦遼闊、溪流縱橫、沃野千里，適合開墾耕作，就萌發出開發這片沃土的想法。因這次督運軍糧有功，平定竹塹社叛亂後論功行賞，他便向鄭克塽申請賜地開墾，鄭克塽讓他「跑馬為界」，把

王世傑在開發新竹時期興建的水圳──隆恩圳今貌

「鳳山崎」（今新豐崎）到「老衢崎」（今苗慄崎頂）一帶的土地賞賜給他開墾，他滿懷喜悅回鄉招募墾民。

然而，沒想到第二年鄭克塽歸順清廷，政權的變動使王世傑得自鄭克塽的墾田令失去效力，加上清廷對台灣海禁森嚴，王世傑一時也不敢回來。這一開墾計劃遭到擱置。之後，他想起了竹塹的千里沃野，在默默等待時機。直到康熙五十年（1711）前後，朝廷實施鼓勵開發台灣的政策。於是，等候多時的王世傑便率領族人180多名族人進入竹塹屯墾。竹塹社的平埔族同胞是比較彪悍的民族，以漁獵為生，不諳農牧，王世傑過去督運糧餉時，與台灣少數民族有過接觸，頗知其剛烈豪爽習性。他以牛、酒等物品結交竹塹「番社」。「番民」也同意用租借或用買賣提供給王世傑等人開墾。王世傑率族人開圳道灌溉，辛勤地墾拓田園，逢年過節他們還給竹塹社的山胞送隻牛羊，再加上幾壇好酒，倒也相安無事。

王世傑首先開墾東門大街至暗街仔（東前街）一帶，隨後往南開墾西門大街（今西安街）至外莿仔角，次年再往北開墾至水田莊、輪仔莊（今愛文街）。此後移民日增，乃繼續往西南海濱之地拓墾。

在開墾土地的同時，為取得灌溉水源，王世傑籌資興建四百甲圳（後改名「隆恩圳」），由溪洲引頭前溪水，經員仔山、七分紫、麻園賭、隘口，灌溉面積達四百甲農田，水圳因而稱為「四百甲圳」。水圳的開拓，水源的保障，使王世傑的農業開發活動進入了更快發展的階段。

為使開墾活動更為順利，王世傑還從泉州移奉土地公、土地婆到竹塹，建廟專祀，這就是今天新竹最古老的土地公廟「開台福德祠」（即「東門保福德祠」）。此外還興建了城隍廟、竹蓮寺等，使開墾活動能得到家鄉神明的庇佑，以加速竹塹地區的開墾。由於王世傑的吃苦耐勞，辦事公正，有較高的組織能力，使得王世傑在墾民中享有較高威望，成為了竹塹地區的著名墾首。

到康熙末年，竹塹（涵蓋目前的新竹市）包括竹塹街、各河川下游土地，

從苑里、通霄、後龍、竹南一帶與新竹連接南莊十四個村及北莊十三個村落的大片地區大致開墾完成。

王世傑開發竹塹在當時影響極大，許多泉州府人都到台灣投靠他，他均給予資助，並組織他們開拓園地種植苧麻，用來紡織。在土地開發的同時，他還注意團結本地少數民族同胞，同他們開展貿易，互相合作，互通有無，使該地逐漸繁榮發展，人口日愈增多，村落街市也遍地開花，行政建制也逐漸從從廳到縣，最終於光緒元年（1875）設新竹縣。

康熙五十年（1711），事業有成的王世傑回到金門金沙鎮浦邊村建了閩南風格的一間二落（進）大厝。

康熙六十年（1721）8月，王世傑在一次巡察圳道時遭遇「番民」突襲不幸罹難。當時族人尋獲其遺體時，找不到頭顱，只好以金屬鑄造一個頭，與他的身體一起入殮，歸葬於故里金門蔡厝村旁的北太武山山麓，墓碑上題有「顯考郡大賓世傑王公之墓」，民間稱之為「金頭殼祖墓」浦邊村王氏裔孫每年清明都要前往祭掃其墓。之後，其三子回金門故里生活，其四子德珪，五子德琮(1987～1754)留居新竹樹林頭，繼續父輩的開發事業，並繁衍為今天新竹的王氏大族。

關於王世傑的生卒年月，因史料闕如，導致歷來有不同的說法，現據台灣現村過於簡略的手抄本《王氏家譜》所載：「王世傑生於順治十八年（1661）正月15日，卒於康熙六十年8月15日，在祖籍地別世」。這樣算來，王世傑享年60歲。

二、從新竹的故址地名見王世傑墾殖成效

新竹市因其是北台灣最早開發的地區，現今境內仍留有很多與當年王世傑

開發有關的古蹟。

王世傑建造隆恩圳

康熙五十七年（1718），王世傑在九芎林溪（頭前溪）築壩鑿渠引水，灌溉新竹平原130甲土地，故該水圳最早稱為「百里圳」（又名「大南北圳」），該圳為竹塹水利建設之始。1715年王世傑及其姪把開墾地段擴大至南勢、北勢之荒埔，又陸續興築延伸圳道，至1725年時灌溉面積達400甲，又名「四百甲圳」。有了這條水圳，竹塹地區的旱田就逐步墾成水田，四百甲圳亦成為滋養新竹平原的水源頭，王世傑開發竹塹的成功使他成為這片土地的墾首。

該圳渠於九芎林溪分南北兩渠，在頭前溪九甲埔築坤為北渠，分出三分水額，稱新社坤圳。南渠流經二十張犁、潭後莊、羌寮莊；南渠為四百甲圳之本源，經員山仔、七份仔、麻園堵（肚）、隘口等莊入六張犁。乾隆年間，王家與鄭家爭訟，王家敗訴，王家因久受訟累，耗資甚鉅，管事王佐曾向台灣城守營參將借款，後無力償還，該參將適將他調，經請特准將王家田地抵償公款，坤圳亦歸公有，於是該圳改稱「隆恩圳」至今。

今天的隆恩圳經過整治後，仍然圳水常流，繼續發揮其灌溉作用，而流經市區的圳段，兩旁已綠化成公園，是新竹市美麗的林蔭大道。

東門保福德祠

王世傑開發新竹所蓋的土地公廟。此祠創於康熙三十年（1691），至今已有三百餘年歷史，是新竹城最古老的寺廟之一。據該祠管理人蘇桓生先生表

新竹王世傑興建的土地公廟──東門保福德祠

示，該福德祠的全稱是「東門保福德祠」，但大家後來都以「開台福地」稱之，原因是因該祠大門上懸有一「東瀛福地」匾額，而東門保福德祠又是新竹最古的土地廟，故大家便以「開台福地」稱之了。

當初王世傑所建的「東門保福德祠」廟址是在現今新竹市平和街和東門街交叉口（現有一角水池處），然日據時期遭到日本人毀廟，於是地方人士為延續煙火，便成立一福德祠會，由大家輪流將福德正神請回家中祭祀，後來成立了祭祀公業，並由十三位商家士紳籌資建廟，遂於1909年在今廟址（新竹市東門街25號）建立廟祠，並迎回福德正神供奉。

東門保福德祠自1909年蓋祠廟以來，雖歷經多次整修，但仍一直保存當初的形式，至今已有一百多年歷史了，卻保存得相當完整良好。

暗街仔

暗街仔址有二說，其一在今東前街36巷，又稱「新竹第一街」；其二在打鐵巷和屎溝巷（均在中山里）交界處向東南斜向「東瀛福地」（王世傑興建之土地公廟）右側。因日據時期實施市街改造，導致原址被新建建築所據而消失。暗街仔附近的土地，就是王世傑在新竹市最早開墾的地區。因當地樹林茂密，土地墾成後，

王世傑當年最先開墾之處，今天是新竹繁華的東城門廣場

村落中的路仍然光線昏暗，故名暗街仔。

據連橫所著的《台灣通史》中記載：

　　世傑……既得墾田之令，集泉人百數十人至，斬茅為屋。先墾竹塹社地，就番田而耕之，引水以溉，歲乃大稔，其地即今縣治之東門大街以至暗仔街也。

南寮、北寮

康熙末年，王世傑率領拓墾大軍還在里境建有雙瓣竹圍、南北油車港、外湖等三個村落；南寮址在今新竹市西北角，為王世傑拓墾集團於康熙末年建立的南莊二十四莊之一。據聞，清代曾有漁民在頭前溪口的南北兩各建有一個煮晒所獲海產品及修補漁網用的草寮，其中位在北岸者稱為魚寮（在今竹北市新港里），在南岸者則稱為南魚寮，簡稱南寮。之後又在頭前溪口的一個沙洲中再建有一個漁寮，該漁寮就以南寮相對而稱北寮。

樹林頭

即樹林頭村落。該村落是王世傑於康熙五十年（1711）前後拓墾竹塹埔時所建置，址在今新竹市士林里和福林里交界的東大路兩側。目前指涉的範圍包括從武陵路到吉羊路之間的地域，跨武陵、福林、境福和士林四里。

金門厝

址在金付里西部、武陵路的西側，該村落形成於康熙末年，為王世傑率領墾民所創建。由於該村落墾民大多來自金門而得名。清代早期，金門厝是台灣北官道必經之地，其北境的頭前溪河段，稱金門厝溪。

浸水

即浸水村落名。該聚落係康熙末年王世傑率領墾民所創建，為南莊24個村落之一，居民以楊姓族人為數最多，村落地址在浸水里東部中央，地處客雅溪和三姓公溪二溪天然堤壩的後背濕地，地勢低窪，雨季時常積水，故名浸水。

三、竹塹開墾後的社會發展情況

從康熙年間開始墾殖竹塹，經過數十年王家子孫和同鄉墾民的努力耕耘，竹塹大片荒地變成了良田，這裡的村落也一個跟著一個的興建了起來。

據《台灣文獻叢刊》第101種「新竹縣制度考」載：到雍正年間，竹塹保轄有159莊，即：

隙仔溪、油車港、十塊寮、楊寮埔、蟹仔埔、檳榔

王世傑獻地捐建的新竹城隍廟

莊、新莊仔、魚寮、麻園、外田心仔、下斗崙、番仔埤、南仔莊、豆仔埔、中斗崙、紅毛田、番仔寮、湳仔莊、新社莊、溪洲莊、過港莊、金門厝、苦苓腳、楊寮莊、虎仔山、拔仔林、沙崙、大南勢、崙仔莊、小南勢、隙仔莊、中心苓、南勢坑頂莊、南勢坑、赤土崎、交皂莊、東勢莊、南雅、水田、水田尾、麻園堵、鹿場、樹林頭、舊社、大張犁、芒頭埔、安溪寮、鴨姆屈、內十塊轆、東海屈、溢口莊、溢口後、白沙墩、溪埔莊、二十張犁、牛路口、托盆山、田心仔、

九甲埔、捕頂莊、柴
梳莊、石頭坑、大埤
坪、四重埔、三重
埔、二重埔、頭重
埔、柯仔壢、何考
地、牛路頭、三崁
店、枋寮、煉寮窩、
十八份牌、沙坑仔、

今日新竹市街景

麻園窩莊、大窩上圓山、圓山頭、圓山、雞油林、圓山下、下圓山、樹杞林、菜
頭寮、中心壢、下雞油、石壁下、猴洞莊、鹿寮坑、九芎林、犁頭水、土牛溝、
內立、下南莊、打鐵坑、流民窩、樟栳寮、小坪林、坪林口、上南莊、芎仔園、
橫坑口、內石硬、下橫坑、上橫坑、燥坑、石壁潭、王爺坑、大崩崁、內新城、
老社寮、八十份、蛤仔屈、牛角窩、麻林窩、石門莊、二十四份、橫坑仔、豆
腐、太平崁、西坑仔、白石湖、下白石湖、二碓窩、新打坑、南窩莊、砍仔莊、
下薯園、二十份、四份窩、內馬鞍、矮祝仔、油羅莊、南河莊、砍仔水頭、砍仔
下坪、北窩莊、烏塗窟、藤寮坑、溪心壢、梘頭壢、水頭屋、橫山莊、頭份林、
崁下莊、大倒莊、七份埔、大肚公館、大肚莊、上公館、公館坪、昂天堀、小鹹
菜甕、紅土窟、火炭坑、柳樹窩、坪林莊、直窩莊、伯公窩。

　　雍正年間淡水廳治就設於竹塹，同知徐治民環植刺竹為城，設城們樓四座，
稱為竹塹城。光緒元年（1875）清政府裁撤淡水廳，改設淡水、新竹、宜蘭三
縣，新竹之名由是而定。

　　此時的新竹縣儼然已成一人煙幅湊、街市密集的繁華市井，據「新竹縣制度
考」載：

　　新竹至後壠街一帶，新竹到香山街十里，街莊民居約有數百家；香山至中
港街二十五里，街莊民居約有幾百家；中港至後壠街十五里，街莊民居亦有幾百

家。

後壠至房里街一帶，
後壠至白沙墩莊十五里，
街莊民居約有幾十家；白
沙墩至吞霄街十五里，街
莊民居約有幾百家；吞霄
至房里街十里，街莊民居
約有幾百家。

新竹市市長率領各界人士到新竹文廟鄉賢祠祭拜王世傑等鄉賢

房里街至彰化城一帶，房里街至大甲街十五里，街莊民居約有幾千家；大甲
街至牛貌頭街十五里，街莊民居約有幾百家；牛貌頭街至彰化城十五里，街莊民
居約有幾千家。

光緒十五年。新竹、苗慄分治之時，分竹南之二保、三保、四保及竹南一保
之中港南條溪以南之地，改歸苗慄縣管轄。

因人口急劇增加，新竹縣內所管之地保也相應增加：

竹北一保之地為兩保，更名竹北上一保、竹北下一保。又析竹北二保堡之地
為兩保，更名竹北上二保、竹北下二保。並竹南一保之中港南條溪以北之地，仍
名竹南一保。計分五保，歸新竹縣管轄。

王世傑當年在竹塹開闢的土地，今天已經成為新竹市最繁華的鬧市中心。

四、台灣同胞以各種形式緬懷王世傑的拓竹之功

王世傑在竹塹的開發史上成就顯著，功勞最大，被稱為「新竹的開山
祖」。連橫在《台灣通史‧列傳三》稱讚其：

苦心孤詣，蒙苦蓋，暴霜露，胼手胝足，與佃農共甘苦；

以一匹夫，憑其毅力，鼓其勇氣，以拓大國家版圖，功亦偉矣。

東門保福德祠、竹蓮寺、長和宮及城隍廟等廟宇為了感念王世傑當時捐地之恩，都專設王世傑的長生祿位。

為紀念王世傑開發新竹的貢獻。新竹市成立了「新竹開拓先賢王世傑研究會」。2006年2月12日，新竹市舉辦了「王世傑開拓竹塹315年暨誕辰345年學術研討會」。新竹市市長表示：王世傑渡台開拓新竹市功不可沒，他希望新竹市將來能有一條命名為「世傑」的街道，以紀念這位開墾新竹的始祖。地方政府會大力支持關於先賢王世傑開發新竹的相關研究，以便讓後代子孫能瞭解先賢王世傑對新竹地區的貢獻。

之後，新竹市已把王世傑的生日和忌日列為官方祭典，並在市東區街道設置「世傑路」街名。

新竹市東區世傑路段　　　　　　　　新竹新命名的世傑路

2007年11月24日上午10點30分，新竹市政府在境福宮舉辦「新竹市各界紀念竹塹開拓先賢王世傑逝世346週年祭典」，該祭典參照關帝廟奉祀關帝與東寧宮奉祀鄭成功之規模，由市政府定期舉辦祭祀活動，以緬懷王世傑在開墾竹塹時的犧牲與奉獻，更期勉後人們延續王世傑的開拓精神，造福人群。

而隨著近年來地方政府對歷史文物的重視，王世傑的故宅和墓塋在其故里

金門金沙鎮浦邊村和蔡厝村被其族人一一發現。位於金門縣金沙鎮浦邊村40號的王世傑故宅古厝與蔡厝村旁北太武山麓的古墓，就是新竹（竹塹）開拓者王世傑的青少年的生活以及逝後長眠之處。

歷經三百多年金門浦邊村40號王世傑故宅今年已修葺一新

王世傑的故宅，建築形式為二落大厝加雙突歸（左側突歸現已坍塌），兩側出檐以花崗石條出挑支撐捧檐；牆壁是「編竹夾泥牆」，其前落之向寮牆全部為泥菅混合牆體，是當地極少數也是極為罕見的現存具有三百年歷史以上的古建築。遺憾的是日據時代，其後裔曾租給他人供作鴉片館，客人吸食鴉片時候不小心引發火災，燒毀左側突歸。

王世傑墓葬在金門太武山下蔡厝村旁。圖為王氏後裔與地方人士動工修復該墓的儀式

2007年經金門地方政府審查通過，認定該大厝為金門建築年代最早的古厝，將「王世傑古厝、古墓」一併列為縣定古蹟，決定予以修復。並於2009年編列整修經費

金門浦邊村王世傑故居示意圖

新台幣1,300多萬元，王家後裔配合提供修建款新台幣180萬元，於2011年1月20日開工，2012年9月10日正式竣工，該厝修復後仍由王氏後裔居住。

2013年6月22日，筆者與閩南師範大學閩南文化研究院的領導帶領閩南文化

立于王世傑故宅村落金門浦邊村村口的風獅爺

班同學來到金門浦邊村調研，村口豎立著一座金門獨有的風獅爺，在庇佑著這個只有二百多人的小村莊。像台灣許多地方一樣，這裡村子環境整潔，許多房屋都是新蓋的，這些新建的房屋是村民外出做生意賺了錢回來蓋的。在新修復的王世傑古厝時，接待筆者與學生的是王世傑第十四代裔孫王世焜。他告訴筆者，浦邊村居住有何姓、周姓和王姓等姓的村民，王氏族人最多時有100多人，近年來大多年輕人或到台灣本島或到廈門等地做生意打工，村裡王姓宗親不多了，筆者想到大陸許多鄉村也是這種情況，這也許是今天兩岸經濟社會發展的一個共同的現象吧。

五、王世傑故里與祖籍地

王世傑是開發新竹第一人，這一觀點已為兩岸史學界所肯定。但由於連橫在《台灣通史》中，對於王世傑的祖籍地簡單以「世傑，泉州同安人」一筆帶過，由此之後，台灣的學者凡提到王世傑事蹟的著作，同樣都寫上：「世傑，泉州同安人。」但是，他確切的祖籍地又是在同安的哪裡呢？王世傑的第十一世裔孫、新竹市「開拓先賢王世傑研究會」理事長王忠仁覺得史書上的記載過於簡單。為瞭解開祖先的故里祖籍之謎，80年代他曾多次前往廈門同安尋根，但都沒有結果。

2008年，王忠仁因偶然的機會到金門，在金門金沙鎮的浦邊村找到了他們家族的祖宅、先賢王世傑的塋墓，並在金門《王氏族譜》找到了王世傑的身世

記載：王世傑是王家由金門東沙村移居到浦邊村的第五世孫，出生不久就碰上戰亂，當時鄭成功以台灣為基地抗清，剛登基為帝的清康熙帝，為阻隔沿海百姓對鄭氏政權的支持，下令海邊居民遷居內地，離海三十里，金門村社田宅悉焚棄，百姓流離失所；王世傑的父、母親在遷居內地後第三年相繼病逝，只剩王家兄弟三人，孤苦相依。

　　王世傑為了生活，少年時期即從軍，隨鄭克塽部隊征討台灣北路諸番，因運糧有功，被封為「護糧大司馬」，特准以跑馬馳驅起止的路線為界，拓地墾荒，又稱「跑馬定界」。成為台灣新竹地區的墾荒先驅。

　　由此可見，金門的浦邊村就是王世傑的故里，和當今廈門同安在歷史上曾有一段不短的時期有隸屬關係。在明清乃至近代的數百年裡，具體而言是從北宋熙寧至民國四年（1915），金門一直隸屬同安管轄，為同安縣綏德鄉翔風里十七至二十都。1915年，金門從同安劃出，單獨設縣。1957年同安縣劃歸廈門市管轄。因此，連橫在《台灣通史》列傳中按照當時的行政隸屬敘寫王世傑故里的地點泉州府同安縣並沒有錯。長期以來，王世傑的後人按照連橫《台灣通史》所示多次往同安尋根無果而還，就是不瞭解同安所轄鄉村的區劃變動所致。

　　王世傑故里是在金門金沙鎮浦邊村，但其祖籍地卻是在晉江東石，這是王世傑的裔孫、金門東沙村人王建成2011年在晉江參加一次譜牒學術研討會時的又一次意外發現。2011年3月26日，台灣金門王氏宗親會總幹事、王世傑的裔孫王建成在晉江參加「譜牒研究與海洋晉江」研討會期間，從晉江王氏族譜的記載意外發現：王世傑祖籍竟是在晉江東石的石佛山前村。那麼，晉江石佛山前村到底又在什麼地方呢？

　　曾有熱心的朋友為王建成提供線索：晉江永和鎮有一個山前村，是否就是他要尋找的祖籍地？這次譜牒研討會為王建成提供了極好的機緣，他與祖先的祖籍地已近在咫尺！晉江開會期間，王建成自然向當地的同行打聽這裡有沒有

一個叫「石佛山前村」的村子。

在晉江市譜牒研究會有關熱心人士的幫助下，王建成瞭解到，原來「晉江石佛山前村」並不是永和鎮山前村，而是東石鎮金甌村。3月26日下午，王建成在晉江市譜牒研究會熱心人士的帶領之下，來到了東石鎮金甌村，拜訪了金甌村的王氏族人，參觀了村裡的王氏家廟。

王氏家廟的大廳正堂上方懸掛著狀元王恆京題書的狀元牌匾，這在金門《王氏族譜》上就有記載。在看了金甌村《王氏族譜》後，王建成愈加肯定，他們的祖籍地就在這裡，他說：「我們兩邊族譜的昭穆都是一樣，族譜裡的一些名人也都有一樣的記載。」

金甌村王世家廟70多歲的王世丙說：他們村的原名叫山前村，金甌只是他們村號。因該村靠近石佛寺，為了和其他地方的山前村相區別而稱石佛山前村。上世紀80年代，山前村改名為金甌村，但至今當地村民還是習慣叫山前村。

王建成用相機拍下了金甌王氏的族譜，也將自己帶來的金門《王氏族譜》贈給金甌村的王氏宗親，以便日後加強兩岸王氏宗親的聯繫和交流。

由此可見，王世傑出生於金門（時為同安所轄），金沙鎮浦邊村是其故里。該村王姓族人係從晉江東石山前（金甌）村遷入，其祖根就在晉江的山前（金甌）村。

六、祖籍地晉江市東石鎮及金甌村今昔

東石歷史悠久。周代時便有先民在此結寨而居。迨至晉昇平年間（357），尚書林開基為避時亂，偕安員外攜親友15姓，自中原沿江泛舟而下，見講邊有一村寨。寨之半坡有石巍峨，且周邊平曠，環境優雅祥瑞，遂卜居寨石之東，

故名東石。隋開皇元年（581）重修是寨，名東石寨。唐開元設立縣鄉制，東石

屬晉江縣東安鄉，後
改稱安仁鄉。南宋時
期，東石偏安一隅，
農漁經濟相對發達，
航運業開始興起，出
現萬家燈火的繁華景
象。元初改郡制為
都，明清沿襲此制。

中國傘都晉江東石鎮一隅

1930年方改為保甲聯保制，東石設鎮公所。1949年新中國成立後，在此設區、
鄉，行政區域又多次調整變動，1958年政社合一，成立東石人民公社，1984年
改回鎮名。

　　東石鎮與金門隔海相望，面積65平方公里，海岸線28公里，自古海運發
達，紡織業昌盛，素有「海濱鄒魯、仁和之鄉」之譽。轄34個行政村（居），
人口9.8萬人，海外「三胞」20餘萬人，是閩南重點僑鄉和歷史文化古鎮。

　　改革開放以來，該鎮黨委、政府積極招商引資，打造經濟強鎮，全鎮經濟
結構不斷優化，目前已形成紡織服裝、雨具塑料、五金汽配、礦產建材四大支
柱產業，尤其以傘業經濟聞名遐邇。2004年全鎮成品傘產量2.65億把，占全國
的18%；出口量2.25億把，占全國的26.67%，產品行銷五大洲、100多個國家
和地區，是全國最大的傘具製品及制傘原輔材料生產和出口集散地。2003年
10月，被中國輕工業聯合會、中國日用雜品工業協會授予「中國傘都」榮譽稱
號。隨著改革開放的深入，東石鎮工業企業飛速發展，除了傘業之外，還有鐵
礦、石灰石、耐火石、鑄造、水泥、家俱等工業。2004年，全鎮實現工農業總
產值54.43億元，三資企業總產值30.20億元，財政收入2.57億元，綜合經濟實力
居福建省鄉鎮50強第9名。至2006年，全鎮財政總收入已達3.17億元，規模以上

工業總產值70.51億元，農業總產值為16,186.22萬元。被泉州市授予文明鄉鎮稱號。

2011年1月，福建「省級小城鎮綜合改革建設試點」花落晉江東石鎮，意味著有著「中國傘都」美譽的未來的東石，將建設成為繁榮發展的古港名鎮、後勁勃發的工貿重鎮、人文薈萃的教育強鎮、和諧安定的現代新鎮，並向現代化的「國際傘都」邁進。

金甌村概況

金甌村位於晉江市區西南面，距市區18公里，東與石東公路接壤，西通泉石公路，北離東石鎮政府3.8公里。由山前與前埔兩個自然村組成，村委會設在山前村。

晉江東石鎮葫蘆山下的山前村（現名金甌村）

「金甌」村原名山前村。以村後的蘆山形似覆甌狀而名。其含義有二：一是借唐玄宗辦科舉殿試以金甌覆御案定名次，寄望子孫後代出類拔萃，得到朝廷遴選重用；二是金甌係指疆土完整無缺，借以祈願鄉人安居樂業，世代不受離亂之苦。

2009年修葺一新的金甌村王氏家廟

該村宋屬安仁鄉仁和里。元、明、清屬安仁鄉仁和里，清為仁和里十都。1935年屬二區（安

海）轄，1944年屬康樂鄉妙山保。1949年以後，1951年7月屬六區（內坑）轄，1952年7月為十七區（東石）轄，1956年屬東石區古塔鄉，1958年屬火箭大隊，1961年屬東石公社山前大隊，1981年因與永和公社山前大隊重名而改為金甌大隊；1984年為東石鎮金甌村沿用至今。

　　該村因坐落蘆山之前，故名山前。東西南北依序與許西坑、郭厝、平坑、龍下、蕭下、井林、前埔、安海鎮前林等8個自然村交界，轄區總面積6平方公里。截止2009年，有耕地1,400多畝（水田250畝，農地1,000多畝），人口2,921人，主要農作物有甘薯、水稻、大小麥、花生。村裡有3個小山，蘊藏著優質的

花崗巖石，還有耐火高嶺土礦。全村主幹道實現道路硬化，可直通石獅、安海、東石等地。

　　改革開放以來，與東石鎮一樣，金甌村以制傘業為支柱產業。經過這幾年的發展，金甌村的制傘業取得了較大的成就，全村有「梅花」、「雨中鳥」、「金歐」三個中國名牌產品，規模以上的企業有7家，產品遠銷海內外；

　　此外，村裡還發展了造紙、製革、服裝、體育器材等產業。2007年全村社

發展中的金甌村傘業工業園

會生產總值17.64億元。其中工業17.20億元，農副業440萬元，占全鎮生產總值的18%。是東石鎮的經濟重村。

現在的金甌村，滿目望去盡是新樓房，村中的水泥道路縱橫交錯，新建的工業區、廠房星羅棋布。富裕起來的村民正信心滿懷地建設更加幸福的明天。

第四章
開發台北的兩個林氏家族

一、林成祖與台北早期開發

連橫在其《台灣通史》中說：
「今之台北，古之所謂荒土也，鄭
氏以投罪人（之處所）」。

這說明，即使到了鄭氏政權之
時，台北還是一片未開發的荒土，
因其環境之險惡，這裡是鄭氏政權
流放犯人的地方。這種情況一直到

台灣第二大河──台北淡水河今貌

康熙中期，台北地區還是大陸墾荒者極少涉足之處。康熙三十六年春天，奉命
入台採購硫磺的學者郁永河。在到達台北地區時所看到這樣的景象：

> 途經各番社。自斗六門以上，均荒蕪，森林蔽天，麋鹿成群……蓋其時漢
> 人鮮至……

這是他在他寫的《裨海紀遊》一書中對所到的台灣北部的寫實。在台南已
基本開發殆盡的情況下，大陸遷台墾荒的人員開始把目光轉向有著大片荒原的

中部和北部。康熙四十七年（1708），泉州人陳賴章（墾號）率一支墾荒隊伍入墾淡水河的大佳臘地區。此後台北盆地的淡水河流域就成為漳泉鄉親和粵東潮惠人士遷台人員的拓荒新目標，大陸墾殖隊伍開始進入淡水河流域墾荒。

在台北盆地早期大開發活動中，以林成祖墾號的開發最有成效最具規模。雍正十二年（1734），漳州漳浦石榴鄉攀龍村人林秀俊籌款數百銀子，偕同鄉到台北淡水廳大甲社定居墾荒。他一邊開荒造田，一邊租佃「番田」，還僱工開鑿

至今仍在發揮作用的大安圳水閘口

了一條水圳——大甲圳，之後因故遷擺接（今板橋）居住，開墾擺接、興直二堡，又在這裡開鑿出大安圳、永豐圳。幾年時間，他的開墾事業如日中天，招股組織了「林成祖」墾號，開墾出新莊、新埔、後埔、枋寮、大佳臘（今台北市中心區）等地，擁有良田數萬畝，每年收穀10多萬石，成為當地有名的「墾戶」。

乾隆十五年（1750），林秀俊搬到淡北，買了擺接、興直二堡之地，轉給佃戶耕作，為瞭解決墾殖中的水源不足問題，他於乾隆二十二年（1757）籌資十餘萬兩銀（其中林秀俊自己投資五萬多兩銀）發起開鑿「大安圳」，在大漢溪支流三叉河右岸媽祖田圍堰截水，引大漢溪的水至鴟鴞山下。透九芎林，

林豐正率家人回漳浦攀龍村尋根謁祖

引入大陸門至輕陂下，經土城等地，向東北流入板橋南邊的四汫頭，在這裡分為四大股，（今天「四汫頭」地名即由此而來）。主幹圳長30餘里，寬2丈4尺。這條水圳使大安寮等地（含今天的土城市、板橋市、中和市）約1,672公頃面積的農田得到灌溉，每年收穀數萬石，成為台灣著名的四大古圳道之一。

林秀俊開發農業和修建水利的卓著建樹，得到台灣同胞的高度肯定，連橫在《台灣通史》中稱讚說：

> 成祖以豪農而勤稼穡，鑿渠引水，利澤孔長，至今猶受其賜，是咸有功於墾土者也。

大安圳的興修，帶動板橋平原農事大興，也給林家帶來滾滾財富。但是，水圳的維修花費也相當浩大，成了林家一項沉重的負擔。林秀俊的長子林海籌為維修大安圳，不惜傾鉅資，有時甚至典賣土地籌資修圳，到了林家第四代孫林步蟾，維修工作終於無力繼續，只好將水圳的所有權轉讓給林本源家族。於是板橋地區的發展，進入林本源時代。

二、板橋林家始祖林應寅入台

在台北開發史上占有重要地位的另一個家族是祖籍漳州的「板橋林家」，其遷台始祖是龍溪縣角美人林應寅，祖籍地在龍溪角美白石堡吉尚村人。清乾隆四十一年（1776），該村秀才林應寅遷台，居住於淡水廳興直堡（今新莊），成為該家族在台的開基祖。

淡水河的興直堡平原是在雍正初年才得以開發的，興直堡位於台北市西北。淡水河流經其東南面，在當時它隔河與海山郡的枋橋相對，東北連七星郡

士林街，北以觀音山所連綿的平頂台地和淡水郡八里莊為鄰，西南接桃園郡蘆竹莊、龜山莊和海山郡鶯歌莊，是北台灣開發最早的地區。台灣文化大學史學系教授尹章義所撰《新莊發展史》記載：「雍正五年（1727）彰化縣發給貢生楊道弘（墾照）。」三年後，楊道弘和武勝灣社平埔族人簽訂合約，在興直堡設莊墾荒，招募一批佃農到此移墾，之後林成祖墾號入主這裡，為開墾新莊做出了貢獻。

板橋林家林平侯像

隨著墾殖事業的發展，淡水河沿岸出現許多漢人村落，而興直堡也逐漸成為淡水地區最早的初具繁榮的港口市鎮，於是人們把它叫做「新莊」。這裡不僅農、商發達，成為新的行政中心，而且在一些大墾戶的支持下，義學、書院相繼設立，教育事業也得到發展。乾隆二十八年（1763）淡水同知胡邦翰在其奏書中對新莊的繁盛有一段描繪：

　　平原開闊，水田肥美，實為台北要區，天然茂鎮也。中有新莊街一道　，商販雲集，煙戶甚眾，凡內地人民赴台貿易，由郡（指設在台南的台灣府）而來北路，必至於是。

　　進入新莊的林應寅憑著自己的知識開館（私塾）授徒，教書為生。

　　關於林應寅家族的入閩淵源，可以追溯到西晉初年的中原士族南遷之時。據今龍海市角美鎮埔尾村珍藏的《閩漳（州）龍（溪）邑莆山林氏家譜世紀》記載，板橋林家屬於林祿（晉安林）派。莆山社林氏肇基始祖是林隱庵，西晉永嘉二年（308），先祖林祿隨元帝東渡，封晉安郡王。林祿入閩後生了三個兒子，子孫中有一支派居莆陽，又從莆陽分衍到仙遊竹港，裔孫林勤從竹港移居

到長泰欽北里積山。到了元代大德年間，林勤後裔林隱庵入贅到龍溪白石堡，擇地定居，取名「莆山」，以紀念祖籍地莆陽和積山。

清初，莆山林氏開始向台灣、澎湖、金門移民。到乾隆三十九年（1774），莆山林氏族譜修撰時，載入族譜的入台開基祖人數達83人，主要移居台灣淡水一帶。乾隆三十九年後，莆山社林姓赴台的人就更多了，其中以落籍台北淡水的林本源家族最出名。其裔孫林清山、林建恩編纂的林氏族譜序言中寫道：

溯自西河肇基，分派福建省漳州府龍溪縣二十九都白石堡莆山社。迨乾隆末，曾祖諱侯六號遜伍，偕家本源平侯公買棹東渡台灣。

譜中所列字沿順序，從第十世至第二十九世為：「伯仲和為貴，文章世澤長。惟宏子有得，濟美水元昌。」經查，與莆山社林姓使用的昭穆（即輩份排序）完全一樣。

清乾隆四十一年（1776），莆山社林姓十四世孫林應寅遷居台灣淡水興直堡新莊。他的兒子林平侯於清乾隆四十五年（1780）入台省父。板橋林家對台北地區的農業開發並逐漸成為台灣的望族鉅富，是從林應寅的兒子林平侯開始的，但林應寅則是角美白石堡林姓入台第一人，故板橋林家族譜稱林應寅為遷台開基一世祖。

三、林平侯拓殖台北

乾隆四十五年（1780），年僅16歲的林應寅之子林平侯（字安邦，號石潭）來台省父，在米商鄭谷店裡當伙計，他勤儉節約，數年攢了數百兩銀子，

有了一些積蓄後，他想自己創業，自設商號，得到鄭谷老闆的支持，借給他一千兩銀，幫他獨立經營。因經營得法，獲利甚豐。之後在芎蕉腳莊（今台北縣中和市）購置田產，招佃種植水稻，開始了板橋林家在台北的農業墾殖事業。致富之後的林平侯感恩圖報，要還給鄭谷當年資助的銀兩，鄭谷堅決不受，於是他把在芎蕉腳耕種每年收入的田租送給鄭谷養老。他又與新竹的林紹賢合辦全台鹽務，並購置帆船，從事華南沿海和華北天津等港口的海上貿易，不幾年，已擁有資產數十萬。

富裕後的林平侯轉而從政，清嘉慶八年（1803），他援例捐納縣丞，十一年（1806）加捐同知，先後出任廣西潯州通判、耒賓知縣、桂林同知和南寧、柳州知府等職，任內政簡刑清，廉明勤慎，深受民眾景仰。尤其令人稱道的是不拿俸祿，自帶鉅資赴任，所有任上的興衰起廢諸政均由自己傾資負擔，每年賠款數萬金，成為當時貪賄成風的官場中少數不染惡習、勤政廉潔的官員。嘉慶十九年(1814)，大學士蔣攸總督兩廣，有人誣告平侯。總督召見平侯，問起政事，平侯

板橋林家林平侯

所陳都切中官場時弊。當瞭解到平侯不僅不拿俸祿，還自帶鉅資興創諸多社會建設時，蔣攸十分感動，對其所遭之冤曲多加勸慰。然而，此時的平侯已厭倦官場惡習，對仕途了無興趣。嘉慶二十年（1815），他稱病辭職回台，仍居淡水新莊，把餘生的主要精力投放於台北地區的開發墾殖事業。當時淡水經常有漳、泉族人械鬥事件發生，他積極出面調停，使械鬥稍息。而平侯所居處新莊每為漳泉兩族人所爭，他身介其中，辦事棘手，於是在嘉慶二十四年（1819）舉家遷至大嵙崁（今桃園大溪鎮）的三層（今福安里）定居，並興建鉅宅、築

大嵙崁堡城牆保護家園。這
裡地處漢族與「番社」交界
的地區，未開墾的土地很
多，具有較大發展空間。他
向縣衙申請得到土地開墾
權，從此他專心購地墾殖，
招募移民，從福建家鄉把兄
弟和鄉親招來台北墾荒務

台北板橋林家故宅

農，開鑿水圳，墾殖事業進入發展時期。道光三年（1823）林平侯開拓淡水荒
原（今台北市一帶），並把墾殖推至與噶瑪蘭（今宜蘭縣）交界的邊緣地區。
嘉慶元年（1796），漳浦人吳沙獲得噶瑪蘭的開墾權，但從台北到噶瑪蘭還沒
有通道，為使噶瑪蘭能早日得到開墾，林平侯出資修築了淡水到噶瑪蘭的三貂
嶺石砌道路，為開發噶瑪蘭創造了條件。

林平侯捐建的經三貂嶺通宜蘭的石砌道路

這樣，林平侯用十多年
時間開墾出桃園、台北等大
片土地，數量達5,000多公
頃，年收租穀40多萬石，不
僅使台北地區成為千里米糧
倉，也使他成為台灣鉅富。

道光二十四年（1844）
4月，林平侯無疾而終，享年
79歲，葬於台北大嵙崁三層
地方。

　　道光二十七年（1847），林平侯的兒子林國華、林國芳為了收佃租方便，
於在枋橋（即今台北縣板橋市）建弼益館，成為林本源宅的基礎，也是林家進

軍板橋之始。

四、「林本源」家號的形成

　　林平侯生有五子：國棟，家號飲記；次子國仁，家號水記；三子國華，家號本記；四子國英，家號思記；五子國芳，家號源記，字號合稱「飲水本思源」。國華、國芳才氣出眾，最能繼承父風，勇於拓展，兄弟倆聯手經商，以「本記」與「源記」合設「林本源公業」為林家商號，「林本源」也就成為林家的標記。此時漳、泉人的械鬥事件仍未平息，為了避禍，兄弟二人在枋橋漳州籍居民的邀請之下於咸豐元年（1851）在枋橋彌益館旁邊興建三落大厝，並於咸豐三年（1853）落成後舉家從大溪遷往枋橋。咸豐五年（1855）開始籌建板橋城，當時台灣閩粵、漳泉族人械鬥不斷，板橋城的完工，為以漳籍鄉親為

台灣第一園林板橋林家花園鳥瞰

主的當地居民提供了一個安身立業之所。之後，林家聘請來台講學的閩派畫壇大師謝穎蘇幫助設計和興建園林庭苑（即今板橋林家花園），面積達5.72萬平方公尺，占了當時板橋的一大半。模仿當時朝臣盛宣懷在蘇州的庭園「留園」設計，體現濃郁的江南園林建築風格。總共耗費50萬兩銀子，歷經三代人的努力，至光緒初年方告完成，為台灣首屈一指的古式園林建築，人稱「台灣的大觀園」。

在墾殖與經商活動中，國華、國芳兄弟倆有祖上遺風，信譽良好，樂於助人，做事公道，威望日隆，成為板橋漳州人的領袖。

沈葆禎治台時，與林家建立了良好關係。林國華大公子林維讓在父親於1857年去世後掌管家業。在此前後，林家資助政府興辦礦務與海務，林家先後對公益捐助總計達200多萬兩白銀。

劉銘傳治台時，委任林維讓之弟林維源為撫墾總局總辦，負責全省撫墾和土地清丈事宜。在他主政的時間裡，總共招撫「番社」800餘社，

板橋林家反之林維源

20多萬「番民」歸化，開墾出水旱田園數十萬畝。他負責的土地清丈工作也卓有成效，這是台灣歷史上第一次土地普查，這項工作的完成，使台灣成為近代中國第一個完成查田清賦的省份。根據徐萬民著《劉銘傳與台灣建省》中的研究表明，這次清丈的成功，使全台入冊的田畝數激增，達477.45萬畝，比清賦前增加300多萬畝，清賦後全台定糧額年征銀51.3萬兩，加上其他租賦共計

台灣首次清丈土地後發給業主的丈單

67.5萬兩，比清丈前的舊額增加36萬兩。林維源在撫墾和土地清丈中建立的功績，使他於光緒十六年（1890）被授予「太僕寺卿」。隨後，林維源進入茶業經營，創辦「建祥商號」，成為台灣最大的茶商。接著，他與廈門籍商人李春生等人創立建昌公司，合建洋樓，進行出租，成為台灣房地產業的濫觴。

　　林維源還投資盛宣懷主持的招商局，林維讓長孫林熊征娶了盛宣懷之女。林熊征也是林家一代名人，曾設「薇風會」，以獎學金方式資助台籍青年赴日留學，其中留日學生中以後來台灣政經界名流吳三連與連震東（連戰之父）為最有名。光緒二十年（1894），中日甲午戰爭爆發，維源任全台團務大臣督辦，奉命督辦全台團務，訓練士兵兩營，由潘光松、黃南球帶領，擇險守禦，遠及恆春、打狗。翌年清廷戰敗，與日本簽訂喪權辱國的《馬關條約》，拱手將台灣割讓給日本。消息傳來，全台百姓悲憤欲絕。紳民公議，決心死守，維源獻重金為抗日經費。不料三貂失，基隆破，巡撫唐景崧率子攜妾逃回大陸。維源眼見大局糜爛，不願留台當順民，於5月13日率家族乘船回到原籍龍溪，在台林家地產大多被日本人徵收。日本統治台灣後，台灣民政長官後藤新平曾親赴廈門力勸回台，不果。1905年清廷授與侍郎頭銜，不久維源辭去官職，退居廈門鼓浪嶼。同年6月16日在廈門去世，葬於祖地龍溪縣白石保丁厝山之麓，1992年遷葬於龍海市角美楊厝村過井社西北側的石站山山腰。

　　在林維源墓地旁邊，還有林維源曾祖父林應寅墓、林維源側室黃氏墓、林維源胞兄林維讓之妻楊氏墓。這片墓葬群總占地面積達2,633平方公尺，折合占

位於漳州市角美過井社西北石站山的林維源墓

地3.95畝。四處古墓葬，是台灣板橋林本源家族在大陸的家族墓群，現為省級文物保護單位。其中林維源墓在四處古墓葬中規模最大，占地約有640平方公尺。墓葬建造考究，保留清代的石翁仲、石像生、石望柱、石虎、石羊、石馬和司土亭等石雕像。

五、熱心社會慈善事業

林平侯發家致富後，熱心社會公益事業，為台灣地方建設和公益事業作了許多好事，在台灣曾捐助軍餉2萬兩，朝廷論功行賞，給他加封道銜，賞二品頂戴。

林家的慈善事業世代相傳，到了孫輩林維源時，河南發生大水災，維源賑豫捐了50萬兩白銀，為此受到朝廷嘉獎，欽賜三品卿銜。他還資助台北地方創辦育嬰局、養濟院、倡辦大觀義學、捐建台北城牆等。光緒十一年（1885），劉銘傳督辦台灣軍務，林維源又捐了50萬兩銀子，作為中法戰爭後台灣防務經費，為此又受到朝廷嘉獎。

林平侯之兒輩繼承其艱苦創業和熱心公益事業之風範，由長子國棟牽頭，仿效范仲淹的「義莊」之舉，以良田十百甲設置義倉，以賑濟災民；在淡水海山堡購置學田6處，將每年所收租穀140石用於資助和獎勵淡水奮發攻讀的同宗學子；出資重修文廟和海東書院，捐建郡城貢院、義倉及考棚，等等。最值得稱道的是出資修築十多里的三貂嶺石砌道路，對促進宜蘭的開發具有推動作用。

為表達不忘故里，回報宗親對自己的養育之恩，嘉慶二十四年（1819）7月，板橋林家主持人、林平侯長子國棟在祖家龍溪白石過井社（今龍海市角美鎮楊厝村過井自然村內）營建「永澤堂」宗祠及林氏義莊，並在永澤堂內豎起

板橋林家嘉慶年間在祖籍地角美楊厝村通井社興建祭祖的永澤堂和資助宗親的林氏義莊

一碑，上書「飲水思源」四個大字與宗親共勉，並在淡水海山堡購置良田43甲
（每甲約等於內地11.3畝），作為漳州原籍本族義田，以每年收成1,600石穀子
收成作為家鄉族人賑貧救災和扶助學子的善款，並制定條規，從翌年春起施行
賑助。

從嘉慶二十五年（1820）起，板橋林家每年把海山堡的收成源源不斷運回
漳州老家，贈予同宗族人濟貧之用，延請族中誠實公正之士經辦此事。為使賑
助事業公正有序，資助到真正需要幫助的族人，林國棟於道光元年（1821）春
正月回到龍溪吉尚村，主持修訂了義莊賑助規則，把其內容鑴刻在十塊青石板
上，鑲嵌在義莊永澤堂內右側牆壁上，讓族人都能觀看瞭解。如今林氏義莊保
存完好，莊內「飲水思源」碑仍在，「林氏義莊條規」石碑（12塊）碑文還清
晰可見，它目睹了台灣板橋林家飲水思源，致富後不忘扶助鄉親的義舉，現把
該碑文擇要摘錄如下：

在台灣淡水自置海山堡水田四十三甲八分四釐二毫，充為原籍本族義莊義
田，年收佃租，除完供耗穀外，（年）實收穀一千六百石，按年寄回內地龍溪

縣白石堡吉尚村潭頭村，贍給同宗族人貧乏之用。延請族中誠信公正兩人經理其事。……義田則屬公產，欲垂久遠，應稟請地方官將義田另立永澤堂戶名註冊，俾得永遠充糧，以杜族人外人

鑲嵌在林氏義莊內牆壁上的鏤刻有板橋林家賑濟族人條規的十二塊石碑

侵欺，私行典賣。而林氏子孫亦毋許藉詞祖產擅典私售，為此謹遵父命……俾永遠遵循，闔族世世子孫共沾鴻仁。

賑濟貧困族人的條規有：

一、義田年收穀「扣佃人工本外可實收租穀一千六百石，只准動用一千三百石。其餘暫留蓄積，如此處常，則有寬餘，設遇變亦災患不侵，無致倉卒待哺之苦。俟積有千石，會眾商議，變價將銀在籍置買田產，可為生齒日繁之用；

二、義田每年所收租穀即在淡水依時變價，除開費用外，實村銀元定於秋八月、冬十一月分作兩次會（匯）票到內地交司事人收管。即隨時買米積貯永澤堂內，以便按月給發口糧；

三、逐房計口給米，每日糙米一升，用公正斗量給；

四、司事之人凡米物錢銀出入，每逢月朔必以前月出入現存之數報明永澤堂核實，會同各房公同查核，與宗族人共見共聞；

五、義田蓄積之銀如有新典田產，若期限滿，聽原主贖回，其價銀不得支費分釐。原銀封貯妥當收存，備造清冊與宗族共見共聞；

六、潭頭吉尚兩村俱係本族，近來因貧苦太甚子弟不能就學者居多，茲每

村各先設養正義學一所，延請端正之士訓蒙，使諸子弟皆得就學。每年就此義田內租穀變價撥出銀一百兩，為兩學修金（教師工資）膳金之用。」

賑濟條規還細細規定對本族（五服內）宗親發給冬衣禦寒及紅白喜事的資助辦法：

喪葬嫁娶者不論行輩，喪葬通支銀四兩，十五歲至八歲通支銀三兩，七歲以下不給；本族與石潭公五服之內的不論男女於日給食米外，加給布匹棉花及婚嫁銀兩以篤親親之誼，俟日後義田寬裕或有餘再增益者，然後遍及族中。其給冬衣之規，每年定於冬至日，男給棉布三丈。每年之於春分日，女給棉花三斤，令其親自紡織，至初冬亦可成衣。男十一歲至十六歲者給布尺寸十分之五，五歲至十歲給布尺寸十分之三。女十一歲至十六歲給棉花斤兩十分之五，五歲至十歲給棉花斤兩十分之三。男女四歲以下者不給。女於出嫁之日起停給。

娶婦給銀貳拾兩，再醮者不給；五服內之外姻親戚凡不能自給者，不論男女皆准與族人一體支給食米冬衣，以終其身，送葬大事亦當依例支給；家有田地可供一家衣食者固不得請支口糧，若家有十口而所有口糧僅可供七、八人者，准請二、三人之口糧。可供三、四人者，准請六、七人口糧。如有為人耕種可供一人衣食者，即當少一人口糧。

還有對族人「不守規矩作奸犯科之徒」作了不得請領糧米的嚴格規定：

族人原有田地既而無端花費致賣去田產，欲請口糧者勿給；如有不肖入於賭博、打降匪類、甚至涉入確實命案內及賣身與人等一切不可言之事，為鄉黨所不齒者，義當擯棄出族除籍，勿給口糧……

規定了具體的領取辦法：

凡支請米物，男口必赴永澤堂親領，違者不給；如果是衰老瘦弱及疾病喪葬不能出門之人，准其託人聲明代領，至於女口有未便出門者，其家之男丁可持折按口報明支領。

最後，該條例還分別呈請台灣淡水分憲和漳州府龍溪縣備案，並出公告昭示。說明「從嘉慶二十五年（1820）正月起依規舉（施）行」。

義莊主持人經歷了平侯、其子國棟、孫維源、曾孫爾嘉四代人。

這一善舉一直到1937年抗日戰爭爆發，海運中斷，贍賑才告結束，前後歷時116年。

現任林氏義莊管理員林清福說，從上世紀70年代末兩岸關係解凍以來，台北板橋林家又開始寄錢回來修繕義莊和永澤堂。至今每年9,000元連續不斷。現在，這座具有閩南建築風格的「磚仔厝」平房林氏義莊已修繕一新，周圍環境整潔，道光元年立的鐫刻有義莊賑濟規例的十塊石碑完好地鑲嵌在永澤堂裡的牆上，過井社西北面石站山山腰的林維源陵墓也經過精心修整而煥然一新。

第五章
開發宜蘭的漳浦雙賢

一、吳沙入墾之前的宜蘭

　　宜蘭平原位於台灣東北部，為蘭陽溪沖積而成的扇狀平原，這裡位於台灣省東北部中央山脈的北端，三面環山，一面臨海。境內中部蘭陽溪源自西南山地，自西而東橫貫全境，把平原分為南北兩半。因東部向太平洋敞開，並有山地屏障，面迎東北季風，所以多陰雨天氣，全年雨日達204天，年降水量2,750毫米，氣候溫暖濕潤，土地肥沃。

　　古時這一帶地方是原住民居住的地方，原稱為「噶瑪蘭」、「蛤仔蘭」、「蛤仔難」、「噶雅蘭」等，這一地名乃譯自當時宜蘭平原的少數民族噶瑪蘭（Kavalan）之名稱，當地少數民族有兩種，一是住在山區的泰雅族，額頭刺有「王」字，驍勇善戰，被官方稱為「生番」，一是住在平原地帶的噶瑪蘭族，被稱為「熟番」的噶瑪蘭族有三十六社，是該地區的主要居民。《噶瑪蘭廳志》載：「（宜）蘭本三十六社平埔番散居之地，其種類與額刺『王』字生番有別。」「三十六社」之說始自康熙二十四年（1685）蔣毓英的《台灣府志》稱：「山朝山南，為蛤仔難三十六社，……」姚瑩的《東槎紀略》也稱：「道光元年（1821）時西勢（溪北）二十（社）、東勢（溪南）十六（社）合計之數。」

　　噶瑪蘭地區因三貂嶺天然屏障使其與外界隔絕，又因這裡的山地「番」、

平埔「番」均兇悍異常，入境的外人常遭「番害」，故開發之前這裡是「人跡罕至」之地。即使在明鄭時期，鄭氏政權注意力也未及台灣北部，噶瑪蘭地區則更是鞭長莫及。遲至乾隆末期，整個噶瑪蘭還被視為「化外之地」。清廷收復台灣之後的三、四十年裡，朝廷的注意力也還未及此地。清康熙六十一年（1722）巡視台灣御史黃淑璥所著之《番俗雜記》中這樣敘述此地情景：

　　由雞籠山後，山朝社、蛤仔難、直加宣、卑南上，民人耕種樵採所不及，往來者鮮矣。

雍正二年出版之《諸羅縣志》中有記載曰：

　　蛤仔難以南，有猴猴社云云，多生番，漢人不敢入各社，夏秋劃蟒甲（獨木舟）載鹿脯通草水藤諸物，順流出近社，與漢人互市，漢人亦用蟒甲，載貨物以入灘，流迅流，船多覆溺破碎，雖利可倍蓰，必通事熟於地理，乃敢孤注一擲。

乾隆年間出版之《台灣府志》中亦云：

　　蛤仔難三十六社，生蕃所居，人跡罕到。

　　當時一些進入台灣墾殖的大陸人員駕著「蟒甲」（獨木舟，後諧音稱「艋舟甲」）冒著風浪在這裡的海灣與山民進行以貨易貨的貿易活動，算是最近距離接觸這裡的「平埔番」。清乾隆三十三年（1768），漳籍台北淡水地主林漢生被這裡易墾的萬頃沃土所吸引，率領墾民冒險進入此地，企圖加以開墾，不幸與噶瑪蘭各「番」社發生激烈突衝，林漢生被殺，功敗垂成，墾眾只得退

回。之後人們再也不敢再貿然進入這裡。一直到乾隆末期，當台南、台中、台北等地都已得到全面開發，這裡仍是一片荒原，尚無移民敢深入其中拓殖。

　　乾隆末年，由於台灣農業開發形勢的發展，這片沃土才真正進入大陸墾殖大軍的視野。而漳浦人吳沙則是成功開發噶瑪蘭的第一人。

二、漳浦石榴山城村——吳沙祖籍地

　　關於吳沙的祖籍地，史界說法歷來有些模糊，雖然一致認為是在漳浦縣石榴鎮，但具體在哪個村說法不一。一是說在漳浦象牙村埔尾社的「圍頭樓」，另一種

吳沙祖籍地漳浦石榴鎮山城村今貌

說法是在小山城（因南靖縣城叫山城，為示區別俗稱漳浦山城為小山城，即今石榴鎮山城行政村）的大園頭。這兩種說法都出自同一本宜蘭《吳氏族譜》。這本族譜是吳沙的第八代裔孫吳旺橘先生（宜蘭頭城鎮鎮公所原人事主任）在1958年根據舊譜重修而成，譜中第六篇「先祖吳沙公來台開蘭偉功」一開頭便寫著：

　　先祖吳沙公原籍漳州府金浦縣西門外小山城元房大園頭，誕生於雍正九年。

同譜「吳沙公年表」中又列：

雍正九年8月14日午時生於福建漳州府漳浦西門外小山城大圍頭。

因漳浦具有靠山面海之地理優勢，物產豐富，故從古至今都有「金漳浦」（或「金浦」）之雅稱。但小山城並無「大圍頭」。

為何同一族譜中吳沙出生地雖然同一個村卻有兩處地方，曾有研究者問起吳旺橘先生，吳先生對此也沒有仔細考證過，他說是「照舊譜抄的」。

吳沙故里漳浦縣石榴鎮山城村坑尾自然村大圍頭一角

另外，據漳浦地方史專家李林昌的《漳浦與台灣關係史》一書中「吳沙祖地研究」一文披露了一件事，1984年清明節，象牙莊埔尾社老村民吳分別到與平和交界的方木山上祭掃祖媽墓，發現立墓碑孝男為「吳杏、吳砂」，而在該村旁外一公里處一個地名為寨前的地方有一古墓，墓碑同樣寫著孝男「吳杏、吳砂」。該村許多人認為其中的「吳砂」就是開發台灣宜蘭的功臣吳沙，寨前和方木山兩處墓塋就是「吳砂」父母的墓葬。這個「吳砂」是否就是「開蘭始祖」吳沙？

為了弄請楚吳沙出生的準確地點，台灣宜蘭農工專科學校一位致力於研究吳沙的教師吳秀玉女士與丈夫高雙印先生於1990年8月攜吳旺橘的族譜複印件專程到漳浦實地調查核實，吳女士伉儷在漳浦縣文史研究工作者李林昌、陳萬年等人的配合下，於15日深入石榴鎮山城、象牙兩村實地採訪，與兩村的老輩份

長者座談，瞭解「大園頭」與「大圍頭」的人文歷史與現狀，細細核對了兩村保存的吳氏族譜，並不辭辛苦到村北一公里處的寨前及十多公里外的方木山兩處被誤認為是吳沙（墓碑文為吳砂）之父母墓葬處察看，之後對所獲的資料進行梳理與研究，並與同往調查的縣文史工作者進行交流討論，得出比較一致的結論。回去之後，吳女士撰寫了一本題為《開蘭始祖吳沙研究》的專著，敘述了此行深入調查所獲。而李林昌先生也在其後來所著的《漳浦與台灣關係史》一書中專列一節「吳沙祖地研究」，講述了此行的調查結果。不言而喻，兩岸兩位治史嚴謹的學者從共同的調查中所得出結論是一致的，這就是：吳沙的祖籍地在今天漳浦縣石榴鎮山城行政村坑尾自然村的大園頭。

本書作者曾在縣政協文史委和石榴鎮有關幹部的陪同下到山城村調研，採訪山城村支書吳景太先生，求得第一手材料。現綜合吳女士和李林昌的調查資料，把有關小山城大園頭和象牙莊大圍頭的情況簡述如下。

小山城在漳浦縣西約三十公里處，是四面環山的村莊，正式名稱為山城，是行政村，現轄屬石榴鎮。據地方史志載，清初至民國初期，小山城村擁有大園頭、人家墟、坑尾、庵兜、坑口、後厝、（原名溪埔）、過溪（原名田中央）、樓腳、石寨等18個自然村，那時的人家墟有上千戶村民，因地處南靖、平

座落在山城小學中的吳沙故居遺址：圖中鵝卵石堆砌起的平台處

和、漳浦三縣交叉點，每到墟日，三縣村民來此趕墟的絡繹不絕，這使得該自然村在全村最為繁華。但自從二十世紀20年代中後期國共分裂之後，這裡開闢為共產黨領導的「靖和浦」革命根據地，國民黨多次對這裡進行「圍剿」，還

把村民遷移到山外的南浦、象牙等村。幾經兵災之後，大多房屋被燒毀，全村繁華不再。「圍剿」過後，陸續有村民回遷。在村裡，現在還依稀可見當年殘存的糖寮遺址、榨蔗的石輥、古井、墟場的石板等，令人有不勝今昔之感。

　　1949年之後的50年代初，十八社合併為大園頭、坑尾、庵兜、坑口、後厝、過溪、樓腳、石寨八社，村民全都姓吳。現在的山城村有坑尾、庵兜、坑口、溪埔、過溪、石寨六個自然村。全村現有260餘戶、人口1,160人，有山地20,000畝，水田1,200畝。80年代在縣政府的支持下，全村大力開山種果（荔枝、龍眼），當時水果價錢好，村民開始擺脫世世代代貧窮的日子。但到了90年代後期，受市場銷路影響，荔枝龍眼等水果變得不值錢，村民開始多方尋找出路，在政府的幫助下，一批青壯年離開村裡到泉州、晉江打工，得到發展的機會，之後外出打工的村民一年比一年增多，到現在，外出打工的村民已達700多人，占全村人口的60%，年總收入在7,000萬元以上。這些農民工有十多人已在晉江創業，辦起了繡花廠、紡織加工廠等企業，成為小業主。在村裡的中老年人除耕種水田之外，還經營200多畝麻竹、綠竹，500多畝李子，3,000畝速生豐產林（鉅尾桉），總產值在100萬元左右，村支書吳景太告訴筆者說：市場經濟使得村民思想解放，各顯神通，各有財路，耕耘土地加上外出打工收入，去年全村人均年收入約在4,500餘元，改

台灣宜蘭吳氏宗親回山城村省親謁祖時在吳沙故居遺址處修建的「懷親亭」

革開放以來，在政府的大力扶助下，地處山谷中的該村已陸續通了水泥路、自來水、電話、廣播、電視，通信信號也覆蓋了整個山村，村民們用上了城裡人享受的各種家用電器，有許多村民建了新房，有20戶到縣城買了樓房，全村有小車10多部，村民生活進入小康水平。

村部所在地在坑尾自然村。村支書吳景太告訴筆者：坑尾就是古代的人家墟，現僅五十多戶、400多人口。大園頭在坑尾村的西北隅，吳沙故居就在這裡，一直由其宗親後裔傳世居住。60年代初建村小學（山城小學）時遭到拆遷，其舊石料用於建學校。學校最盛時有學生一百來人，近年來村民紛紛外出打工，並攜妻帶子，生源嚴重缺乏，剩下不到十人，按縣教育局的安排撤並到鄰村象牙小學就讀。村支書還說：自90年代初吳秀玉女士來山城調查確認了吳沙祖籍地之後，近年來台灣宜蘭吳氏宗親回村省親謁祖日漸成風，2007年宜蘭吳氏山城宗親一行人來村裡省親謁祖後，在該小學校園裡建了一座「懷親亭」。這座六角亭的柱聯寫道：

祖澤長流啟後賢；家風遠播承先德。

旁邊的碑文稱：

先祖在世時對子女不忘課以忠義，明以廉恥，冀成國家棟梁、社會賢才。並一生眷戀故土，每教誨兒孫莫忘祖地，常懷歸心，緣歷史原因，回籍省親謁祖之舉屢付空夢，深以為憾。

台灣宜蘭吳氏後裔對故土濃烈的眷念之情，充盈於柱聯和碑文之中。

在田野調查中瞭解到，近年來因村民外出打工日益增多，多帶眷攜子外出，致村中學齡兒童愈來愈少，山城小學因缺少生源而致停辦，我們看到校舍

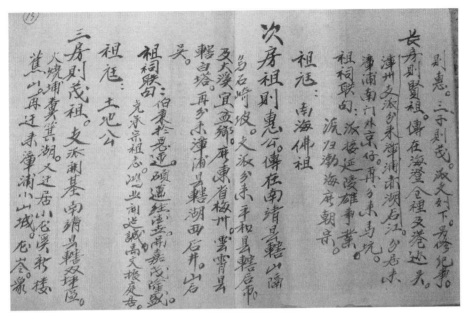

山城村珍藏的民國吳氏家譜

早已人去樓空，但校園操場因這座「懷親亭」的創建，給無人居住顯得有點荒涼的小學平添了幾許溫馨的色彩

　　70多歲的村原文書吳建國提供了一本珍藏的《吳氏家譜》，從該譜扉頁可見，這是其先父（已去世）用毛筆寫的，時間是1946年，譜中清楚記載了該村吳氏的來龍去脈：

　　吳姓入閩始祖「祭公」是河南固始人，唐末僖宗四年隨王審知兄弟入閩，到達莆田北隅靈嚴山，傳至十三世叔詬，於宋理宗端平二年中狀元並任朝散郎，後裔繁盛，分別傳播漳州各縣及廣東梅州、海豐、陸豐等地。元末明初，海澄白水營一支浯漾公念三郎的三子則茂分衍漳浦小山城，具體如下：

　　三子則茂，分衍雙坪、火燒埔、馬鋪糞其湖，再分衍小龍溪、新樓、蕉山，再分衍小山城、車本、龍嶺、象牙、新社、埔尾、崎溪等處。

　　分衍小山城的世系如下：

　　一世則茂，為小山城、龍嶺、車本、崎溪、象牙莊、埔尾等村吳姓總祖。

生子飲賓；

二世飲賓，生二子，長邁卿，次進卿；

三世邁卿，傳衍象牙莊、新社、埔尾，分衍廣東大埔、海豐；

三世進卿，生三子，元房雲堂，次房雪堂，三房秀實（秀實無嗣）；

四世元房雲堂，住小山城，生三子，長俊傑，傳小山城，分衍象牙莊、新社、埔尾；次俊雄，去台灣；三俊偉，進贅崎溪羅姓。

從這本族譜所載世系可見：從入漳開基祖浯漾公起，至第四代元房（長房）雲堂傳衍小山城，分衍大園頭，吳沙就是元房雲堂後裔子孫。記載到此，已明確了吳沙在小山城吳氏世系中的淵源關係，與宜蘭吳旺橘所存族譜正好互相印證。

而象牙莊圍頭樓就在該村的埔尾自然村裡面，當年吳秀玉女士也到此作了調查。村長吳炎爐介紹了該樓的滄桑變化：該樓係村開基祖十三世祖文淡所建，毀於1932年國民黨軍隊「圍剿」時期，現僅存黃土夯實的牆基、門斗、及一些石材構件。該村也有一本古族譜，該譜自開基祖浯漾公至四世雲堂、雪堂均與小山城族譜所載相同。以下各代則不同。依據該譜記載，至十七世震齡，生三子，長子寬厚，次子寬裕，三子寬直。寬直生二子，未列名，但族譜上講：寬直葬寨前，其妻李氏葬方木山，均有二子署名立碑。這二子為吳杏、吳砂應屬不謬。

宜蘭礁溪鄉吳沙村中吳沙故居中的吳沙像

從墓碑所立時間嘉慶辛末（即十六年）看，其時吳沙已逝世13年，而且立碑人中的吳杏是吳砂的大哥，但至今所有有關吳沙的文獻均無吳杏的記載。另外，吳沙在開發宜蘭過程中與原住民爭鬥中戰死的弟弟吳立，卻沒有在墓碑上得以

反映，這是不合情理的。這三點情況充分說明：象牙莊埔尾村大圍樓之吳砂並非開發宜蘭之吳沙。

由此可見，李林昌等人和吳秀玉伉儷共同調查的結果是可信的：

小山城坑尾自然村大園頭是吳沙祖籍及出生地無可置疑；象牙莊埔尾社緊鄰小山城，是吳沙經常出入之處，所以至今在象牙莊仍有關於吳沙的傳說；由於貧困，吳沙中年才娶妻莊梳娘（梳娘的父親在人家墟開中草藥鋪兼當醫生），而吳砂母親在方木山頂的墓葬極其豪華氣派，全然不符吳沙的家境，因此，寨前及方木山的兩處墓葬墓碑上的「吳砂」乃是另一同姓同音不同字者。

這一結論澄清了有關族譜在吳沙祖籍地問題上的迷霧，即：將「大園頭」誤寫為「大圍頭」，而象牙莊的「圍頭樓」尤其不可混為一談。

這一結論為宜蘭和漳浦吳氏宗親所認同，也為兩岸史界所承認。此後，宜蘭吳氏後裔確認小山城為吳沙祖籍地，並與象牙莊埔尾吳氏保持旁系宗親聯繫，書信往來不斷。

三、吳沙開墾北宜蘭的成果

雍正九年（1731）8月14日，吳沙出生於漳浦石榴鄉小山城的人家墟（今坑尾自然村）、地名「大園頭」的一戶農民家庭。乾隆三十六年（1771）吳沙40歲，生長子光裔。乾隆三十八年（1773），已43歲的吳沙想到台灣創一番事業，便攜妻帶子渡台，居住於雞籠。幾年後，其弟吳立帶著兒子吳化到台灣投奔大哥，那時，吳沙已由雞籠移居淡水廳的邊荒之地三貂社，與噶瑪蘭（又名蛤仔難）「番社」毗鄰而居。吳沙在三貂社住了一段時間，漸漸地瞭解了一些平埔族「番」民的生活習性，就開始跟他們從事「番割」活動（即漢族商人與「番」民進行以物易物的貿易活動）進行貨物交流。他把草藥、布匹、鹽、

糖、刀等貨物賣給「番社」，又從「番社」換回山貨（如鹿皮、鹿茸、鳥獸、木材之類的東西）賣給漢人，不久就賺了一大筆錢，因他「通番市有信」，不因為「番」人文化落後、開化程度較低而占他們的便宜，因而很得「番」人的信任和喜歡。同時，吳沙也樂意幫助大陸過來的鄉親，對前來投奔他的人，每人發給一斗白米和一柄利斧，讓他們上山伐木砍柴抽藤維持生計。吳沙豪俠尚義作風，吸引了很多鄉親追隨他。

在與「番社」的貿易中，吳沙得了厚利，有了積蓄。在當時大陸鄉親到台灣的人員之中，相當一些人是想從這片沃土的農業墾殖中找到自己發展的位置，作為從農村走出來的他，自然計劃把這些資金用於農業開發，在農業墾殖上成就一番事業，而噶瑪蘭的廣袤沃野，又使他的這一願望更為強烈。原來，在他居住三貂社期間，因與「番」民交易的需要，經常出入噶瑪蘭平原，看到這一地區雖然荒涼，但是「平原萬頃，天然沃壤」，而原住民多以打獵為主，不懂得耕種，大部分土地未加以利用，任其荒蕪，這使他感到非常可惜。經過反復考慮，他決定組織鄉親大規模開墾噶瑪蘭，在農業墾殖事業上做出一番成就。但此時發生的一件大事耽擱了他的計劃，這就是林爽文事件。在清政府平定動亂的過程中，許多在林爽文事件中被打散的漳籍鄉親投奔了吳沙，這雖然壯大了開墾隊伍，但也使吳沙成為地方官府注意的人物。為了避免麻煩，吳沙把墾殖之事漸行擱下。一直到這一事件逐漸平息之後，他才開始做好進軍噶瑪蘭的準備工作。

首先是勞動力準備。為集結人力，吳沙（時已56歲）於乾隆五十二年（1787），在三貂社附近的貢寮一帶試行開墾，把來投奔他的漳、泉兩州鄉親以及廣東潮惠的同胞200多人組織起來，由他統一指揮。給每人發給一斗米、一把斧頭，使入山砍柴抽藤，解決臨時生活費用。就地興建寮宅，使投靠者先有田耕，有房住。

接著是拓通道路。他組織勞力在三貂社開山辟路，為墾殖大軍進入噶瑪蘭

地區作好交通上的準備。他們不畏艱險，披荊斬棘，以簡陋的農具，有限的自衛武器，在糧食和飲水都很不足的條件下，夜以繼日地鑿山、開河、伐木、墾地、修路、架橋、蓋屋。他們克服種種困

宜蘭礁溪鄉吳沙村中的吳沙故居

難，經過辛苦勞作，終於在人跡罕至的荒野上和深山裡開出了田園，建起了村落，劈出了道路。這次的拓墾，吳沙不僅開墾出大片良田，而且使得他的名氣更大了，投奔他的鄉親紛至沓來，總數達一千多人，其中漳州人占九成多。這為他入墾噶瑪蘭提供了豐富的勞動力資源。

　　貢寮拓墾的成功使吳沙開發噶瑪蘭的信心大增，也使他對貢寮懷有特殊的感情，以致後來他病重彌留之際囑咐家人要把其安葬在這片他為之付出太多汗水心血、也是他成功發祥地的土地，這是後話。

　　開墾前的各種籌劃緊鑼密鼓地開始了，為確保拓墾成功，吳沙特召集熟悉番情、從事「番割」的友人許天送、朱合、洪掌商議開墾噶瑪蘭事宜，制定了如下對策。

　　首先是組織起一支武裝隊伍。與台灣各地的開發一樣，開蘭的最大障礙是「番害」，吳沙總結了台灣各地的墾殖經驗，尤其借鑒了顏思齊成功的武裝開發經驗，總結了林漢生開發缺乏武裝保衛而遇害的教訓，制定了武裝拓墾的對策。他開闢道路、創設隘寮、募丁防守。把有點武功的二百多壯士組成一支武裝隊伍，配給刀槍，在各關鍵隘口站崗巡防，並安排二、三十名懂「番」語者隨行，以便在發生突衝時能夠進行語言交流，減少敵對情緒，保護墾民免受

「番」害。通過這支武裝隊伍的組建，為進軍噶瑪蘭提供安全保證；

其次是派人借打柴名義進入「番」地，計劃好進入噶瑪蘭開墾的路線和道路，同時打聽「番人」的動靜，為大規模開墾行動提供決策參考；

其三是籌集資金。開發宜蘭需要龐大的資金支持，以保證墾民衣、食、住等生活之需和農具、種子、運輸等生產之需。吳沙一方面憑平日創建的良好信譽，獲得淡水的柯有成、何繢、趙隆盛等墾戶富豪的鼎力襄助；另一方面，吳沙招佃繳租，以每五甲為一張犁，每張犁取餅銀一、二十元作為鄉勇之資。這一切，為開墾噶瑪提供經濟條件；

其四是得到官府的默許。噶瑪蘭散住著三十六社「平埔番」，屬「化外之地」，清廷因懼怕漢人以此為藏身淵藪聚眾鬧事，同時也為了漢人免受「番害」，嚴屬禁止漢族人對噶瑪蘭地區的墾荒。吳沙在三貂社以自身守法誠信著稱，早在準備工作開始的乾隆五十二年（1787），吳沙就試探性派遣墾民前往噶瑪蘭地邊緣採樵開墾，漸成阡陌，而「番民」也與之相安無事，於是許多無業之民投奔吳沙，而吳沙守法，從未縱容滋事，故淡水同知徐夢麟對其頗為信任。乾隆五十三年林爽文之變平定後，台灣知府楊廷理檄飭徐夢麟圍堵緝捕餘黨，徐在覆文中曾提及：「漳人吳沙，久居三貂，民番信服，可保無疏縱之弊。」足見其受信任之一斑。實際上，吳沙

今天宜蘭礁溪鄉吳沙村

也多次以卓越的指揮才能，協助官府抓捕餘黨，平息事件，深得淡水同知徐夢麟的信任。在開墾噶瑪蘭之前，吳沙親赴淡水廳治，向淡防同知何茹蓮呈請墾殖諭單，官方乃給予一書「吳春郁義首」戳章，「總理開墾噶瑪蘭事務」表示一切行動聽其自便。因此，開蘭行動得到地方官府的准許。

在各項準備工作完成之後，嘉慶元年（1796）9月16日，吳沙率領前來投奔他的漳、泉、粵三籍無地可種移民一千多人、善「番」語者二、三十人，乘船進抵噶瑪蘭烏石港南邊，合築土圍墾之，此即「頭圍」（今宜蘭縣頭城鎮），吳沙以頭圍為入墾噶瑪蘭的前哨站，創建起噶瑪蘭地區第一個漢人聚居的村莊。

從貢寮試墾到進入噶瑪蘭的烏石港開始大規模開墾，吳沙花費了整整9年時間，可見試墾工作之艱難。

正如預料的一樣，開墾行動從一開始就受「番民」的阻撓。隨著墾地的推進，「番社」更是驚恐萬端，經常傾族出動，襲擊墾民。鄉勇、墾民奮力抵禦，雙方死傷不少。吳沙的弟弟吳立也在一次廝殺中戰死。

吳沙在傷心之餘，心想，這樣持續下去不僅雙方都要遭受無謂的殺戮，而且終究不是解決問題的辦法。許天送頗悉「番」情，也勸吳沙不可盡以武力制服，經與大家商量，決定跟「番民」鬥智不鬥勇。就派人告訴「番民」首長說：「我們是奉官府的命令，前來保護你們抵抗海盜的，否則海盜占領你們土地後，會把你們全族殺光。」同時以「墾田還可以供番眾糧食」等理由安撫噶瑪蘭人，在當時確實常有海盜來這裡燒殺搶掠，「番社」也深受其害，但「番民」還是將信將疑，常來侵犯，吳沙注意用仁德感化番民，儘量減少傷亡。在「番民」傾力強攻時，他就率眾暫時退回三貂社，以待良機。

嘉慶二年（1797），「番社」患痘（天花傳染病），很多人病死。吳沙看在眼裡，急在心裡，他沒有因「番社」殺死其弟弟耿耿於懷，而是以大局為重，以德報怨。他在其夫人莊梳娘的幫助下，按照漳浦家鄉民間醫治天花的處

方，就地採摘了中草藥，並輔之一批藥品送給「番社」治病，「番民」從沒有喝過藥，許多人拒絕喝藥，吳沙就強行灌喝，救活了好幾百人。這件事終於感動了「番民」，為了感謝吳沙的救命之恩，他們主動劃出了二圍、三圍的土地給吳沙開墾，並且約定互不侵犯。經過痛苦的磨合，墾殖工作終於打開了局面。為避免日後突衝再起，吳沙依「埋石」番俗，誓言將防堵海賊，為「番社」外援，並保證不再侵奪「番民」土地，自此，「番」漢之間突衝漸少，吳沙再度入墾頭圍，設置隘寮，防止私墾，這個漢族墾民在噶瑪蘭建立的第一個村落，就是頭圍。

在處理好與「番社」的關係之後，吳沙親自到淡水廳向官府請求給札（執照）招墾獲准。之後，吳沙就開始廣招佃戶入墾，還組織鄉勇保護墾殖活動，在山谷險要之處（有嶺、大溪、梗鴛枋、白石、干溪、四圍山腳、鎮平、小員山、大湖、泰安、鈀埤頂溪洲等）分設隘寮11所，每個隘寮十多個鄉勇把守，還專門設有多支巡防隊，各有五、六十個鄉勇，日夜巡防。自設隘寮後，「生番」斂跡，行旅無害，於此伐木築路，闢地日廣，進墾愈速，奠定了開拓宜蘭根基。他與佃戶訂立合約，徵收租穀，每5甲地（一甲約11.3畝）為「一張犁」，收取番銀20元，作為鄉勇的生活補助費。他將墾民組織成結（十人為一結）、圍（十結為一圍）等社會組織單位。這樣，形成組織嚴密而又有指揮和安全保障系統的墾殖群體，保證墾殖活動有條不紊地順利開展。他採用家鄉的農業生產技術進行墾荒，在不到一年的時間里，又開發出了二圍（今本鎮二城里）。新開墾的土地當年五穀豐登，墾民豐衣足食，這增添了墾民拓墾的動力，漳泉移民們看到了希望，趨者如鶩。大片的荒地隨著開墾人員的增多被一塊塊開闢了出來，並帶動了墾區商業經濟的繁榮。頭圍也一時農事大興，人員驟增，街市繁榮，商業興旺，成為台北、基隆的商旅進入噶瑪蘭的中轉站，於是，頭圍逐漸成為噶瑪蘭開墾初期的政治、經濟、交通中心。

嘉慶三年（1798）12月9日，進入新墾區三圍（今礁溪鄉三民村）居住並指

位於台北縣貢寮鄉澳底仁里村石碇溪畔的吳沙墓

揮墾荒的吳沙因積勞成疾在家中病逝，享年67歲。去世前囑意家人將之葬於三貂嶺貢寮鄉（今屬台北縣）澳底仁里村石碇溪畔。光緒十年（1884）重修此墓。1931年再修而成現貌，墓碑上書「皇清例授武信郎顯考諡春郁吳公墓」。今為台灣三級古蹟。

吳沙死後，其子「光裔無能，姪吳化代理其事。復有吳養、劉貼先、蔡添福附之。漸開地至三圍、湯圍（今礁溪鄉德陽村）。亦時有爭鬥。四年乃與番和，番既聽墾，亦不復侵擾，益進墾至四圍（今礁溪鄉詩結村——作者注）」。一直把墾殖活動發展到蘭陽溪北岸。

光裔能力不能服眾，由其姪吳化代領其眾，繼續往南墾拓的事，因同時期在台灣任職的姚瑩在《東槎紀略》中的記載而幾成定論，但上世紀80年代初又有台灣學者根據一些新發現的史料提出了一些新說法，這就是在礁溪鄉吳沙村吳沙紀念館裡面所展示的「官封吳春郁義首」材料稱：

嘉慶三年（1789，即吳沙逝世的當年——作者注），吳沙子光裔公繼承其父領袖地位，由四圍拓墾至五圍（今宜蘭市——原注），嘉慶九年，光裔公逝世。

不管怎樣，吳沙去世後，他

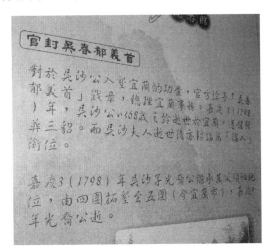

吳沙村吳沙紀念館中的材料：吳沙官封吳春郁義首

的後代親屬繼續推進其墾殖事業，這樣，噶瑪蘭地區蘭陽溪以北的廣大地區就全部被開墾出來了。

　　嘉慶十三年（1808），福建督撫開始構想在噶瑪蘭設立行政管理結構，總督阿林保委託台灣知府徐汝瀾勘查噶瑪蘭開墾情況，以之作為設置行政機構的依據。之後阿林保根據徐汝瀾勘查情況，上疏朝廷，請求在噶瑪蘭設置行政機構。十四年春正月，嘉慶皇帝頒詔以「阿林保等查勘蛤仔難地勢番情另行酌辦」一節稱：

　　蛤仔難北境居民，現已聚至六萬餘人，且於盜匪窺伺之時，能知協力備禦，幫同殺賊，實為深明大義，自應收入版圖，豈可置之化外？況其地又膏腴，素為賊匪覬覦。若不官為經理，妥協防守，設竟為賊匪占踞，豈不成其巢穴，更為台灣添肘腋之患乎？著該督撫等熟籌定議，應如何設官經理，安立廳縣，或用文職，或駐武營，隨宜斟酌，期於經久盡善為要。

　　嘉慶十五年（1810）4月，閩浙總督方維甸在其《奏請噶瑪蘭收入版圖狀》的奏摺中，講出了噶瑪蘭地區「拓地愈廣，浸成都聚」，已發展為一大繁榮市鎮的現實：移墾丁口已達五萬多人，「其中漳人口有四萬二千五百餘丁，泉人二千五百餘丁，粵一百四十餘丁，熟番五社有九百九十餘丁，歸化生番三十三社四千五百五十餘丁」。朝廷採納了方維甸的建議，於嘉慶十七年（1812）初正式批准設噶瑪蘭廳，置通判，理民事，廳治設於五圍。這標誌著吳沙的墾殖事業終於得到官府的追認。之後，又有吳沙的同鄉漳浦赤

吳沙紀念館中的牌匾是台灣民眾對吳沙開蘭功績的肯定

湖人陳輝煌入墾蘭陽溪南，到光緒初年，宜蘭南北全境已全部得以開發。

「牡丹社事件」（同治十年11月27日，兩艘明藩屬琉球官古島船遭颱風漂流至台灣東南海岸，他們上岸後迷途進入山地，與牡丹社土山民發生突衝，遭殺害54人，其餘的12人經當地漢人營救送往台南府城，轉福州回國。日本政府以此為機會，宣布琉球為其藩屬，率兵進攻台灣，攻入牡丹社，焚燒村寨，屠殺山民，並在台灣建立都督府，準備久據台灣，台灣文獻稱其為牡

作者在座落於宜蘭縣礁溪鄉吳沙村的吳沙紀念館前留影

丹社事件）後，於光緒元年（1875）入台處理牡丹社事件的欽差大臣沈葆楨奏建台北府獲准，根據噶瑪蘭「墾地日辟、文風日盛」的現狀，改噶瑪蘭廳為宜蘭縣，縣治就設在五圍。

吳沙為開發宜蘭耗盡畢生精力和心血，然而，從貢寮試墾到進駐三圍，他究竟開墾出多少田園呢？台灣文獻缺少這方面的準確數字。筆者從姚瑩所撰《東槎紀略》有關台灣早期文獻中瞭解到了大概情況：

方傳穟復核曰：噶瑪蘭僻在台灣極北山後，本屬水寒土瘠，徒以地勢平衍，溪流灌注，故有膏腴之名。然其地可種者，北起頭圍，南至馬賽，不及百里；西自生番山腳，東至海邊，寬者約四十餘里，狹者不及十里。自開辟以來，已墾田園報升者五千七百餘甲，中遭水沖沙壓旋墾旋坍者數百甲。實在升科成熟田四千七十三甲二分，園一千一百七十六甲七分。

這段文字是姚瑩記載時為台灣知府的方傳穟為籌辦噶瑪蘭廳復核所要上報

福建巡撫的田園數字以及其他有關情況。姚瑩是嘉慶二十四年（1819）台灣海防同知、道光元年（1821）噶瑪蘭通判，方傳穟任台灣知府的時間是道光三年（1823），都是與吳沙同時期人物，因此成書於道光九年（1829）的《東槎紀略》所述的噶瑪蘭「已墾田園」數目，基本上可以視為吳沙率領漳州籍墾民（還有少量的泉州籍、廣東籍墾民）墾殖的成果。

吳沙的開蘭之功，得到當時和後世人們的充分肯定。乾隆年間台灣知府、嘉慶十七年曾短期擔任葛瑪蘭通判的楊廷理專程前往仁里村祭拜吳沙墓，並撰聯曰：

天開草昧撫番岸諍道合中庸，地辟蘭陽踐土食毛民懷大德。

咸豐八年（1858）竹塹巡檢王兆鴻在頭城烏石港前接官亭內立「吳沙昭績碑」云：

布衣而建開辟之功，纖民而創不朽之業，生無一命之加，歿享千秋之祀，稽之史冊，偉績如吳公者，絕無而僅見也。蘭地成膏腴則全賴吳公父子經營血戰之力，蘭民之安享太平者，則無忘所自吳公之庇佑。

頭城鎮的開成寺寺名，寓紀念吳沙開蘭成功之意。寺內設吳沙祠堂，奉祀吳沙全身塑像，並有對聯曰：

三十六社內番族輸誠堪欽智略；二百餘年前

頭城烏石港接官亭裡面的吳沙昭績碑

蘭疆墾辟永沐恩波。

　　壯圍鄉百姓建了吳沙的專祠「吳沙殿」，殿中吳沙的牌位寫著「開蘭老
大」。吳沙開蘭的功勛榮耀在民間代代流傳膾炙人口，遠勝一般達官顯貴。吳
沙最後落腳的居住處現在是宜蘭縣礁溪鄉一座有四百多吳姓村民的村莊，為紀
念這位開蘭始祖，該村名為「吳沙村」，村裡吳沙故宅至今仍在，稱「吳沙大
厝」，並辟為「吳沙紀念館」。故宅中廳懸掛著吳沙畫像，兩邊掛著一副對
聯，題寫著第五、六屆宜蘭縣長陳進東的讚詞：「真成拓土無雙士，正是開蘭
第一人」。

　　牆上的許多牌匾，分別寫著全台吳氏宗親會、地方官員的讚詞：「開蘭始
祖」、「開蘭功臣」、「功蓋蘭疆」等。連橫在《台灣通史》中也充分肯定了
吳沙的開蘭之功，他寫道：

　　宜蘭為土番之區，荒古以來久居化外，而吳沙乃入拓之，辟草萊，任稼
耕，建廬里，徠遊民，以張大國家之版圖，其功業豈不偉哉？

　　宜蘭的老百姓說「沒有當年的吳沙，就沒有今日的宜蘭，吃水可不能忘了
掘井人啊！」

四、陳輝煌開發南宜蘭

1、從一介「隘丁」到紅頂協台

　　宜蘭是清代乃至今天台灣的重要米糧倉。它以蘭陽溪為界，分為南北兩個
地區。其中，溪北地區經吳沙父子及姪吳化等接力拓荒得以開墾出來，但蘭陽

溪以南地區的開墾則是由吳沙同鄉陳輝煌完成的。

　　陳輝煌，本名輝，字耀廷，號東星。漳浦縣赤湖鄉（今赤湖鎮）南門（今西城村）人。清道光十八年（1838）正月9初九，出生於一個農民家庭。按照《宜蘭縣陳氏世系簡譜》、《陳輝煌開台家譜》所載，赤湖陳氏開基祖是陳元光世系的第二十四代孫陳道明公，陳道明就是赤湖陳氏的一世祖。從陳道明公至陳輝

漳浦赤湖鎮區南門是陳輝煌的故里，這裡建有赤湖陳氏二房小宗祖祠，圖為光耀堂小宗祠堂外貌

煌的父親復生，又經過了十九代，到陳輝煌，已整整過了二十代。這樣算來，陳輝煌是開漳聖王陳元光的第四十四代裔孫。屬赤湖陳氏二房聚德堂衍派。他排行第二，上有哥哥陳豹，下有兩個弟弟陳爐和陳火。祖父國生、父親復生早逝，家庭貧苦，性豪放任俠，非常孝順母親，雖因貧困而自幼失學，卻練就一身好武功，善用標槍火銃打獵，然亦難以度日，因此曾販賣私鹽為生，被官府追捕而誤傷人命，遭官府緝捕，不得已於咸豐十一年（1861），選擇逃難渡台，其母親放心不下，與其一起僱專船在噶瑪蘭北岸（今宜蘭縣壯圍鄉）登陸，居噶瑪蘭，加入了墾殖蘭陽溪南的隊伍，時年23歲。

　　關於陳輝煌的遷台原因，赤湖陳姓宗親另有一說：「輝煌公家境貧苦，門衰祚薄，以務農為生，因農圍遭有權勢鄰人畜養的豬踐踏，他怒不可遏而將豬打死，引起鄰人的不滿和脅迫，輝煌公自覺難容於鄉里，其時正值過年期間，乃計劃逃亡，情急之餘，六神無主，只好隨地取材，立扁擔於田野中作決定去向。時扁擔偏向東方——台灣，於是與乃弟輝豹一起奔向台灣，重新開創天地。」筆者認為，「打死豬」一說作為遷台理由較不充分。「販私鹽誤傷人

命」說比較合理，因販私鹽本是犯法之事，又打死緝私鹽的官府人員，這比較符合陳輝煌的性格與生活處境。

台灣白長川《宜蘭先賢陳輝煌協台評傳》記載：陳輝煌初至宜蘭，到噶瑪蘭城西王爺廟旁邊的村子投靠親友。此時溪南墾點因生番為害甚烈，為保證墾民免受番害，在山隘口生番出沒之處設置關隘，招募有點功夫之士為「隘丁」，以把守關口，防止生番出來滋事擾民。有一處名為「泉大湖隘」正要募丁13名，陳輝煌便應募到此處，當上了一名隘勇。

沒過多少日子，其母由於長途跋涉，旅途勞累，到宜蘭後又水土不合，身染重病，溘然而逝。陳輝煌無錢購棺木，以席為棺，在隘寮草屋附近山坡，「拋鋤擇地」，得其他隘丁朋友幫助，堆土為墓，揮淚葬之。

在墾荒活動中，陳輝煌的組織才能逐漸顯示出來，而他過人的武功也在

赤湖陳氏小宗祠堂裡懸掛的陳輝煌牌匾「台灣協鎮」

屢次發生的「生番」襲擊墾民的戰鬥中發揮出保衛墾民的作用。於是他逐漸脫穎而出，從最初的「隘丁」轉而成為蘭陽溪南墾殖活動的組織者和核心人物，進而成為蘭陽溪南最大墾主。他精心組織開發活動，並採取和睦「番社」的措施，使蘭陽溪南的開墾活動得以順利進行，至同治十三年（1874），開墾的土地達一千六、七百甲（其中他招佃墾殖的土地就有800多甲），遍及三星鄉十個村莊的土地。經過二、三十年的墾殖，這片比蘭陽溪北面積還大的墾區終於完全開發出來。因此陳輝煌被譽為「開蘭元勳」。

陳輝煌不僅在開發宜蘭功勳卓著，而且還配合福建水師提督羅大春組織士勇，提供武裝保護，作為開路先鋒，在台灣東海岸懸崖峭壁上開闢出蘇（澳）花（蓮）步道，為進一步開發花蓮創造了條件，今天的蘇花公路就是沿著這條步道的路基拓寬而成的。

在開發蘭陽溪南和開闢蘇花步道的過程中，陳輝煌竭力配合當地官府，採取種種辦法，不避艱難險阻，深入「番社」，感化和撫綏「番民」，使許多「生番」歸化為「熟番」，接受政府的管理，促進了溪南地區社會的安定和經濟的發展。

他還積極參加抗法戰爭，率領宗親子弟，在蘇澳抬大炮上山，發炮嚇退蘇澳港的法艦，挫敗法軍登陸蘇澳的企圖。又奉提督曹志忠之命，轉戰基隆獅球嶺，為打擊侵台法軍作出了貢獻。

他一步一個腳印，從一介「隘勇」而五品軍功，而游擊銜，一步步晉升至協台、欽賜紅頂從二品武官。

光緒二十年（1894）4月17日，陳輝煌積勞成疾，卒於任所，享年56歲。出葬之日，素旗載道，參加執紼送葬者達數千人，極盡哀榮。歸葬其墾地故宅後面、阿里史番仔路山麓的小坑埔岸邊（址在今宜蘭冬山鄉）。當地老百姓還在今花蓮富里建「陳協台廟」一座，四時祭祀。

2、「開蘭元勳」

吳沙開墾完噶瑪蘭北部地區之後，蘭陽溪以南地區的開墾還相當艱鉅。嘉慶十四年（1809），即設置噶瑪蘭廳的前夕，漳州人就開始入墾溪南羅東地區，這應該是蘭陽溪以南地區墾殖的開始。羅東地處噶瑪蘭平原蘭陽溪北與南端蘇澳的中間地帶，西邊連著叭哩沙原野，東方面臨太平洋，是一深水良港，到道光末年，漳、泉、粵三籍移民分區開墾出羅東大片沃土，其港口功能也逐漸得到發揮，成為貨物的集散地。但溪南近山的大片險要、肥腴的荒蕪之地，由於「生番」出沒，動輒武力進犯，墾民的生命仍然遭受極大威脅，開墾工作因此受阻。此時，創建一支強大的武裝力量以保護墾民，已成溪南墾殖的當務之急。而當時官府兵力不足，無法負起保境安民之責。在這種情況下，陳輝煌以其出眾的武功被募為「隘丁」，在保境安民中發揮出重要作用。在做好本職

工作之餘，勤快的他還招佃開墾荒地，開始有些積累。一有空閒時間，他還常去打獵，練就百發百中的槍法，被譽為神槍手。有時他還故意在「番民」面前表演火銃特技：將銅錢拋上天空，槍響之處，銅錢破碎，讓圍觀者看得目瞪口呆，佩服得五體投地，從此陳輝煌槍法遠近聞名，不但附近阿里史族人皆敬畏之，泰雅族叭哩沙酋長潘那目也甚愛其才，以女潘氏嫁給陳輝煌為妻。從此陳輝煌在阿里史地界落戶墾荒，漢番和睦相處。當上「番社」酋長女婿的陳輝煌有了更多與「番社」接觸的機會，他虛心學「番語」、悉心瞭解「番民」的喜怒哀樂，儘可能地宣傳墾荒開發對社會進步的作用，減少「番民」對漢族墾民的敵對情緒，這些努力給陳輝煌在阿里史的墾荒事業帶來了積極的作用，也為他開發整個蘭陽溪南的雄心壯志奠定了基礎。

　　同治初年，陳輝煌在墾殖活動中的組織管理才華和軍事指揮才能已在溪南的墾殖大軍中脫穎而出，而且他在阿里史的墾殖事業已有一定基礎並取得經驗，決心把墾荒活動向南邊擴展。他提出富民養鄉勇以自衛的倡議得到官府的支持並付諸實施。同治初年，他募集各社「熟番」，即阿里史、阿束、岸里、東螺、北投、大甲、吞霄等社的「流番」，以及彰化、淡水的「熟番」，共二百餘人，把他們編成19個結（當時的墾殖單位，約10人為1「結」，今天這

三星村原野

陳輝煌率眾開墾出來的今天三星村原野

裡的地名就叫19結），指定19個結首領導墾荒，率眾首先開墾出今三星鄉19結一帶地區。這一地區就成為陳輝煌墾殖活動的基地。當拓墾進一步向南推進，達到張公圍、瓦窯、大埔等地時，已逼近「番社」地界，於是遭到「生番」的奮力阻撓，他們經常在山間出沒，襲擊墾民。輝煌率眾修築城堡，抵禦來襲的「生番」。先後築起阿里史城、銃櫃城、田心城等，成犄角之勢（合稱三面城）以資防禦墾地的安全。又從各戶抽派壯丁勞力，發給衣食餉銀，組織鄉勇武裝，開展防禦活動，由陳輝煌統一指揮。鄉勇隊伍按照「有事自衛，無事務農」的組織原則管理。每當危險時刻，陳輝煌總是在前面指揮若定，他的沉著和堅定使他成為這支墾荒隊伍的領袖人物，由於武裝隊伍的有力保證，墾殖活動得以順利開展。在墾荒中，陳輝煌實行招佃的形式，並對墾荒者從資金上給予支持，每墾一甲生地可以貸銀三十兩，墾成後分三年清償，所墾土地業佃平分。由於措施有力，指揮得當，安全又有保證，墾地工作進展很快，逐漸從張公圍、瓦窯、大埔拓展到內外抵瑤陣、頂下破布烏、紅柴林、二萬五等靠山之地。至同治十三年（1874），開墾之地已達今三星以東，大埔以西，報科納賦的墾地面積達八百餘甲，全部種稻栽蔗，並設蔗廍生產赤糖，供應（蘭陽）溪南北各地市場。有事時二百多墾民皆兵，無事時墾田耕種生產。

至此，噶瑪蘭廳全境荒地大致墾盡。陳輝煌因開發蘭陽溪以南廣大土地的突出貢獻而與吳沙齊名，被譽為「開蘭元勛」。

溪南所墾生地，不僅種稻，而且植蔗，還廣設榨糖糖廍，各處農業生產欣欣向榮。隨著生產發展和人口增加，噶瑪蘭行政區於光緒元年（1875）改廳設縣，並改名宜蘭，轄地從七堡增為十二堡，其中溪南由三堡增為七堡。

從嘉慶元年（1796）吳沙入墾噶瑪蘭，到同治十三年（1874）陳輝煌完成對蘭陽溪以南荒原的開墾，整個宜蘭的開發，前後整整用了近80年時間。正如《台灣通史》所言：「自是以來，移民踵至，治溝圳，興水利，險阻集，物土方，而噶瑪蘭為樂國矣。」漳籍先賢吳沙、陳輝煌開蘭功不可沒，台灣同胞對

他們兩人的開蘭功績給予了充分的肯定，稱他們為「兩位溪北、溪南開發的先賢」。

五、開闢「蘇花」步道的先鋒

蘭陽溪南開發之後，陳輝煌又先後在拓通蘇澳至花蓮步道，在抗法入侵和駐防蘇澳等事關東部開發和防務的活動中，立下赫赫功勛。

宜蘭開發完成之後，到台灣處理「牧丹社事件」兼巡視防務的欽差大臣沈葆楨認為應繼續把台灣後山（即

今天的蘇澳公路是沿著當年蘇花步道的路基拓寬而成的，這條瀕臨東太平洋的公路仍是台灣最險峻的公路。圖為最險要的清水斷崖路段

東海岸）的開發活動向南推進，於是開發花蓮開始擺上台灣官員的議程。同治十三年（1874）6月，福建水師提督羅大春奉令率兵千餘來蘇澳，任務是開闢蘇澳至花蓮的徒步道路，以為下一步開發花蓮提供交通條件，宜蘭縣都司陳光華被任命為工程總監督，同年9月動工辟路。在蘇澳，羅大春知悉陳輝煌開發溪南的事蹟，知道他擁有一支很強戰鬥力的墾田鄉勇，便召他為先鋒，負責為開路民工提供安全保證。

陳輝煌接受了這項艱鉅的任務。這也是他從一介平民步入仕途的開始，他把握好這個機會，積極招募土勇、壯丁，特別注意招募熟「番」中的壯丁，以便以「番」說「番」。

開闢這條山路的任務異常艱難。從蘇澳到花蓮共有200里之遠，除了蘇澳

高山大谷中的濁水溪

在今天蘇花公路斷崖急轉彎危險處，都建有土地廟以保佑過往行人平安

到東澳20里已有簡單的小徑之外，一路南去都是萬山重重、溝壑無數，無邊無際的原始森林。東側又是瀕臨太平洋的懸崖峭壁，是自古從未有人進入的險境絕域。開闢這條步道的困難不僅有地理上和自然界的種種艱難險阻，而且還有來自居於深山老林的生「番」頻繁的襲擊。陳輝煌不避艱險，迎難而上。他帶領二百鄉勇先行一步，披荊斬棘、伐木開道、遇水架橋。9月18日，在大濁水溪就遇到群「番」出來阻撓襲擊，被陳輝煌率領土勇擊退。之後，羅大春的副將周維光率軍來援，此時，百米多寬、溪水湍急的大濁水溪橫擋於前，陳輝煌與周維光兩部匯合，砍樹伐木，日夜兼程，共同架造木橋。橋成，開路大軍才得以過溪繼續南行。

前面從大濁水溪到大、小清水的路程更為艱鉅，這一帶都是斷崖峭壁，峭壁千仞，直上直下，上面直上雲霄，下面是洶湧大海，怒濤上擊，震天動地，令人眩目驚心。開路官兵硬是在峭壁上開鑿出一條驚險步道。後面過來的軍士都需背部緊靠山壁，提心吊膽，慢行通過。台灣白長川《宜蘭先賢陳輝煌協台評傳》記載了這一情況：

「十月八日才到大清水（今花蓮仁和附近），即有通事李阿隆等人，率太魯閣番目十二人來迎接，願意做嚮導（指引開路路線），於是陳輝煌、守備李英，千總王得凱等各部官兵，於十三日進入新城駐紮，十四日游擊李得升的軍隊也到，均宿營於新城溪東」。

之後，陳輝煌移駐秀姑巒，這裡已近岐萊（花蓮古稱），面前又有一道大河橫亙南北，河面有一百多公尺寬，附近山上找不到可用的木材，只有滿山竹林。陳輝煌急中生智，指揮他的土勇伐竹結竹筏渡河，直到吳全城。

短短數月之內，陳輝煌率領他的開路先鋒，歷盡千辛萬苦，從蘇澳直至花蓮，在崇山峻嶺、懸崖峭壁上架起一座座簡易橋梁，踩出一條開路線道，還為開路官兵提供保護，為蘇澳步道的開通作出了重要貢獻。

陳輝煌帶領的開路先鋒來到吳全城之後，當地「番社」十分震驚，疑有神助，於是有成廣澳「番」目在秀姑巒通事的帶領下來軍營乞撫歸化，附近的大吧籠、嗎嘮奄等「番社」經設法招撫，也各由「番」目率領，在通事的帶領下到新城歸化。這樣，未勞一兵一卒，而得各社歸化，陳輝煌的功勞最大。

自蘇澳到花蓮港北岸，計二百里山道，這條台灣東海岸線的北半部通道，從同治十三年（1874）9月動工，於次年光緒元年（1875）6月就全路開闢出

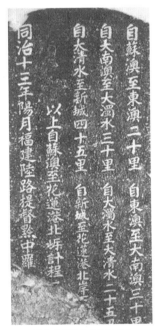

羅大春開闢蘇花步道碑記

來，共計只9個月時間。其中陳輝煌的先鋒作用，眾口皆碑。今天的蘇花公路，大部分是依循這條步道路基拓寬而成的，儘管這條斷崖上辟出的公路現在路面

已比較寬闊，靠海一邊還築有圍障，但車行上面，看到路基靠山一面是斷崖如壁，直上雲霄，靠海一面是深淵百丈，崖腳驚濤拍崖，仍不免令人心顫神慄。

陳輝煌的仕途由此開始。經羅大春的極力推薦，朝廷賜其五品軍功，賜藍翎頂戴，同時統領蘇澳南二營及叭哩沙（今三星）台勇營。是年，噶瑪蘭廳改為宜蘭縣，他奉命鎮守蘇澳和三星，成為擁有實權的當地人士。光緒十年（1884），法國侵略者進犯台灣蘇澳、基隆等港口，陳輝煌又奉命率領軍士英勇抵抗，打退來犯之敵，受到又一次嘉獎晉升為游擊，三品頂戴。

光緒十五年9月，在蘇澳的光立嶺發生了一件「生番」殺害駐守地方官員和軍士的大慘案：副將劉朝帶因進蘇澳內山開路撫「番」，在距蘇澳港五十里的光立嶺（今南澳鄉境內）突遭南澳「生番」伏擊，慘遭殺害，同時遇害的還有參將黃德昌，都司曾友成、李勝鐘、孫得勝，守備滕國順，千總陳嗣錦、劉如意、曾民立、張雲祥，把總任承恩、劉學疆、王維誠、許海龍、陳新華、林漢卿、丁元泰、張言誠以及王占魁、張德坤等丁勇和通事等273人。這事在當時震動了全島，台灣巡撫劉銘傳大為震怒，乘軍艦親臨蘇澳，指揮討伐南澳「番社」，令澎湖四營、彰化三營、宜蘭三營等部進軍南澳。福建水師也從蘇澳出發，到大南澳登陸，以同安水師副將傅德柯（又名傅德高）為先鋒，命令陳輝煌合兵於傅，並為之嚮導；游擊都司王冠英統領鎮海前營從小南澳登陸，襲擊老狗社「番」背後；令總兵寶寶如田統率劉軍各營駐紮蘇澳的北方澳及五里亭，戒備老狗社「番」的前面；派定海永保號軍艦運輸兵器糧餉，派靖海號軍艦停泊在蘇澳港內，隨時待命應急。劉銘傳親自督領全軍，在蘇澳坐鎮指揮，實施對南澳「生番」的前後夾擊。

陳輝煌按照計劃與傅德柯匯合後，作為嚮導率台勇前行，傅軍殿後。不料到山谷中途，被「生番」包圍截擊，隊伍被攔腰截斷，後面的傅軍猝不及防而潰敗，傅德柯戰死。陳輝煌率所部力戰突圍，幸免於難。之後引總兵寶如田率二千兵士深入「番社」腹地，力戰數日，接連攻克老狗五社、搭壁罕五社等

「南澳番」諸社，逼使其餘諸「番社」逃匿深山。這些「生番」仍憑籍地形熟悉、山高林密，與官兵對抗。劉銘傳深入山谷察看地形，見路崎嶇迂回，險要異常，我在明處彼在暗處，認為不可強攻，只可扼守關卡以絕其糧、以逸待勞。這樣相持兩個多月，「生番」終因糧食斷絕，乞降就撫。為防止其反復，

陳輝煌與夫人楊氏畫像

劉銘傳採用恩威並濟之策，留三個營並調地方鄉勇進紮十里設防。為配合軍事大計，穩定當地局勢，陳輝煌速招墾民墾殖東澳和南澳平地的朝陽、南強三里等地，既開發出大片土地，增加漢族墾民在當地的力量和影響，又幫助官府綏靖地方，可謂盡忠職守，不遺餘力。為表彰他的功勞，朝廷晉升他為協鎮副將（協台從二品武官），欽賜紅頂戴，其妻楊氏亦誥授二品夫人。

光緒二十年（1894），輝煌勞瘁而逝，享年57歲。出殯之日，數千人夾道泣送，葬於三星鄉阿里史山麓他年青時率眾拓墾之地。

其第四代裔孫、1969年宜蘭縣長陳進東曾有詩吟其先祖：

奉母東來事墾荒，當年血汗豈能忘。開山大計移閩族，渡海雄心拓漢疆。
路辟蘇花人感德，功安社稷史流芳。克繩祖武吾何敢，惟竭忠誠答上方。

六、陳輝煌宜蘭故居與漳浦赤湖故里

陳輝煌居住之處在宜蘭南部的冬山鄉，該鄉因境內有座狀似冬瓜的小山俗

稱冬瓜山而名。光復後，改為冬山。冬山鄉沒有高峻的山地，也不濱臨海洋，卻充分利用丘陵和平原，創造出屬於自己的特色。仁山苗圃、香格里拉農場便是代表，仁山苗圃座落在中山村，在溫潤多霧的氣候下，蘊釀出聞名全台的「金萱茶」，而香格里拉農場則種植多種四季接續生長的果樹，是一座現代化的休閒果園。值得特別介紹的是新寮瀑布，它是冬山河的源頭，瀑布雖不壯闊，但其清澈的水質，秀麗的山色，都透露天成的美感。

　　另外，該鄉有許多名勝古蹟，照安宮靜謐優雅矗立在冬山山腰，可眺望全鄉景色，主祀三山國王的振安宮，香火鼎盛，遊客絡繹不絕，而陳輝煌在這裡的居處是位於宜蘭縣冬山鄉群英村九份義成路，義稱陳輝煌義合公館。今已闢為陳輝煌紀念館。

陳輝煌冬山鄉群英村故居義合公館，今已闢為陳輝煌紀念館

　　陳輝煌的故里漳浦赤湖鎮位於漳浦縣東部沿海，北鄰佛曇鎮，西鄰湖西畬族鄉，南鄰深土鎮，東臨台灣海峽，近海為前湖灣和將軍澳，海岸線長17.25公

里。鎮政府設在北橋村，距縣城35公里。全鎮面積89.3平方公里，省道漳東線從東北向西南貫穿全境，交通便利。轄13個行政村，1個居委會，2個鎮辦場，人口5.3萬人。

陳輝煌故里赤湖鎮遠眺

西南的竈山山脈是本鎮與深土、湖西二鄉鎮的分水嶺。鎮的東邊沿海也有竈山余脈延伸，海沙在風浪推動下，越山侵入盆地，造成沿海沙灘，許多村社和田園被沙堙沒，居民生活艱難，因而自明至清，赤湖人移居台灣及東南亞者特別多。新中國成立後，政府在該鎮的海岸線沙灘營造起防護林帶6,869畝，有效抑制海沙繼續入侵。

今赤湖鎮中部至南部，宋代與深土、六鰲一帶同屬安仁鄉含恩里，明清時代為十五都，在清代設立的各保中，現屬赤湖鎮管轄的有赤湖、保安、東江、月嶼4保。今赤湖鎮西北部，宋代與湖西、佛曇一帶同屬嘉賓鄉常樂里，明清時代為十七都，在清代設立的各保中，今屬赤湖鎮管轄的有赤水保。民國二十三年（1934）實行保甲制度，赤湖分為赤湖、赤水2聯保，民國二十九年改為赤湖、赤水2鄉。赤湖鄉轄前張、半石、前湖、南峰、北門、西城、南門、東城8保（保安、月嶼屬金鄉）。赤水鄉轄赤水、後湖、觀洋、後黃、西潘，及今屬湖西鄉的後溪，今屬佛曇鎮的後許、軋內，共8保。民國三十二年，赤水鄉合併於赤湖鄉，原兩鄉16保並編為東城、南門、北門、北橋、西潘、後黃、亭里、半石、前張、南峰、赤水、觀洋、前湖、後許14保，轄182甲。至1949年，全鎮共有2,925戶，12,614人。

1949年新中國初期成立第六區，轄域包括湖西、深土，今屬赤湖鎮的有赤湖鎮及後湖、西潘、半石、前湖、前張、南峰、月嶼、保安、亭里等鄉。1956

年10月，前張鄉合併於赤湖鎮，後湖鄉合併於西潘鄉，前湖鄉合併於半石鄉，保安鄉合併於南峰鄉，亭里鄉合併於月嶼鄉。1958年9月成立赤湖公社，下分赤湖、月嶼、半石、湖西4個管理區。1961年撤銷管理區，原湖西管理區升格為

湖西公社。赤湖公社保留原赤湖、月嶼、半石3個管理區轄域，經過增設，共轄北橋、東城、西城、山油、西潘、前張、後湖、月嶼、南峰、保安、亭里、前湖、半石13個大隊及赤水農場、沙

繁華的赤湖鎮街景

荒林場。1984年9月，赤湖公社改為赤湖鄉，13個大隊都改為行政村。1988年5月，赤湖鄉改為鎮，並在鎮區成立一居民委員會。今鎮區擁有赤湖居委會以及北橋、西城和東城三個村委會。

赤湖有陳、莊、謝、鄭、黃、王、許、林、魏、李、康、姚等多種姓氏，最多的是陳姓。而在元代，曾姓是赤湖主要姓氏，首富曾仁禮倡建赤湖城。陳

赤湖鎮西城村一瞥

姓有兩支，一支是從佛曇大坑傳來的「太傅派」，主要聚居於後湖村赤水一帶及西潘村的下黃、長瑞；一支為「開漳聖王派」，源自漳州東郊（今屬龍海市顏厝鎮）的陳洲，開基於南宋，時間比較早，人數也比較多，到明代成為赤湖主要姓氏。

順治十八年（1661），清廷為對付鄭成功，下令「遷界」，強制沿海居民內遷；康熙二十年（1681）「復界」，赤湖鎮西北部的後湖一帶距海岸比較

遠，沒有劃在「界外」，不用遷民。這裡所說受過「劃界遷民」之苦的陳姓，指聚居在赤湖鎮中部、南部的陳姓，屬「聖王派」中的「北溪派」（又稱陳謨祖派），赤湖開基祖道昭、道明兩兄弟，於南宋景定年間（約1262）自漳州龍溪陳洲來居赤湖。道昭生3子，傳裔赤湖城內萬源，分衍前湖、湖西後溪、杜潯後因。道明生3子：孟業、仲業、季業。孟業分衍赤湖西城、北橋、前張、南峰、東溪、竹嶼；仲業分衍赤湖東城、南門、西謝、赤頭埔；季業分衍赤湖東門前。至清末，有一支「聖王派」中的「南江派」，從佛曇遷居赤湖半石，以「群業」之名附為道明派下第四房，赤湖鎮西北部後湖村及西潘村的後黃、長瑞陳姓則是由佛曇大坑（後澤）傳來，屬「太傅派」。

　　陳輝煌在赤湖的故里為赤湖西城村，該村位於該鎮東區，東鄰東城村，西

赤湖鎮西城村陳氏大宗祠崇孝顓堂

北鄰前張村，北鄰北橋村，南鄰南峰村。現有1,050戶，4,500人。村民大都姓陳，屬「聖王派」赤湖道明長子孟業公後裔。村裡有一座大宗祠崇孝堂（村民稱為陳氏家廟），該堂為赤湖陳氏總祖祠。其祖源自唐代漳州刺史陳謨，其十五世陳援北宋崇寧間居龍溪，為北溪發祥祖，二十世陳淳為朱熹的門生，南宋著名理學家，二十五世道昭、道明，道昭主要分衍赤湖城內、前湖、清西後溪，道明主要分衍赤湖西城、北橋、南峰、竹嶼一帶，屬崇孝堂派下有三萬多傳人。陳輝煌為道明派下裔孫。

　　崇孝堂始建於元朝至正二十五年，迄今已有六百多年歷史。時由道明長子長孫率領捐資倡建。清乾隆四十二年（1777）由裔孫陳斌（任澎湖安平協鎮）

主持重修，橫額「崇孝堂」三字係由清朝武狀元馬負書題。全祠占地320平方公尺，坐東北向西南，建築面積288平方公尺，以門廳、天井、正堂，以及磚埕照壁組成，單檐懸山頂，屋脊弧度舒緩，作剪瓷雕燕尾，木垂魚，正面作凹篤式，明間內收，正

赤湖陳氏大宗祠堂裡的陳元光祖訓

中開門，兩側開小門通次間。看架一斗三升，彎枋五連拱，加鏤花斗抱，花崗石正眉作五組高浮雕人物故事，菊瓣門簪，石門豎，兩邊青石旋紋高浮雕牡丹門鼓，青壽字夔龍紋七十二孔透雕雌虎窗，須彌座櫃台腳，鏡面牆用素面石堵採取者以上粉壁；門廳寬一間，七檁二架梁，四層疊斗，臥獅坐斗。正堂面闊三間，進深三間，點金柱二通三瓜五檁，圓雕飛鳳雀替；前軒卷棚式，臥獅坐斗，肥束不用束隨，透雕夔龍紋通隨。檐枋大量採用高浮雕人物，花卉。青石八角或鼓形連座柱礎，前廊用八角柱，白花崗石金柱，正堂神龕木雕均極具精緻。柱聯有「錦水榮光增瑞世，丹山儀羽振文明」，「崇德象賢文若武，雲龍變耀；孝先尊祖邁如退，汗馬輝煌」等。崇孝堂經歷年維修保護，2004年列為縣級文物保護單位，闢為村老人活動中心。

赤湖西城村陳輝煌故居原狀

　　西城村內另建有祭祀陳輝煌這一衍派的小宗祠堂光耀堂。祠堂門前有一對祠聯：「光前裕後家聲永振，耀祖榮宗門庭昌明。」以及在牆上刻有陳氏光耀堂捐資重修芳名單。祠堂內掛著「光耀堂」匾額，

下面供奉著仲業這一衍派的牌位。

筆者2012年底在該村調研時向村民問起陳輝煌的故居情況，村民告訴說：

其故居就在該村中間，遺憾的是原先破舊的老宅因無人居住，年久失修已經圮塌。2011年8月村委會在期故居遺址興建三層樓的「西城村幸福園」和老人活動中心， 2012年10月21日落成。有16孤寡老人入住幸福園，同時還闢置「村老人活動中心」，供老年人娛樂休閒。筆者在該村調研時看到的是剛竣工不久的占地面積1,500平方公尺的米黃色三層樓房。

赤湖西城村陳輝煌故居遺址上建起的村幸福園（圖中圓圈處）

赤湖因地處漳浦沿海，海上交通方便，歷史上有大量陳姓移居台灣者墾殖，為閩南地區主要台胞祖居地，如：康熙至乾隆年間，陳增素（北門人）渡台開基桃園大溪；陳仕窑、陳懿觀開基彰化，傳裔南投；陳寬仁（東溪人）開基彰化二水，傳裔，傳裔南投、台中，子孫近萬人。嘉慶間有陳丹，加入吳沙墾荒行列，後裔分布在宜蘭；嘉慶至咸豐年間，謝增福（後雄人）開基彰化之二水，陳丹開基宜蘭之頭城，陳望曾的高祖也開基宜蘭之頭城，陳輝煌開基宜蘭之三星，陳進財開基宜蘭之羅東。道光年間，陳增中開基桃園等地，都傳下眾多後裔，出了很多著名人物。到台灣任武官而在台傳下後裔的有乾隆四十年武進士陳光昭等。陳光昭是乾隆二十四年武舉人陳斌之子，陳斌曾任澎湖協鎮，晚年回居祖地，卒葬祖地，生前從台灣帶回一對青石窗，嵌在祖祠大門兩邊，成為台胞回鄉認祖的標誌。陳增中子陳登元，光緒進士，在台灣參加抗日鬥爭，失敗後離台居廈門；陳輝煌之孫陳逸松曾任台灣「考試院」委員等職，1973年回到大陸，1975年1月之後接連被選為第四屆、第五屆全國人大常委。80年代初曾回西城村謁祖，受到村民宗親的熱情款待。

近年來，台灣陳輝煌的後裔多次回村尋根謁祖，表現了兩岸宗親難以割捨的濃濃親情。

全鎮原有耕地3.49萬畝，其中水田1.74萬畝，農地1.75萬畝。歷史上村民以務農為主，因多沙地，多種花生。雖有街市，並不繁榮。民國時期有幾家「油車」，收購花生榨油，運銷廈門轉輸各地。現在，適合於沙地生產的花生仍是赤湖的主要土產之一，有大量花生在這裡交易，轉銷外地。

北橋和東城、西城等村都在鎮區所在地，是全鎮政治、經濟、文教中心，交通樞紐。改革開放以後，全鎮很多勞動力外出做工或經商。一些外出者回鄉辦廠，有幾家服裝廠，產品銷往北京、廣州、汕頭、晉江等地。1990年鎮政府擴建了東大街，並建起新的農貿市場，村民經營工商業者愈來愈多，現在，全鎮有50%勞動力在本地及外出做工或經商。農業繼續發展，荒山都開發種果。僅鎮區的北橋村就有桃李300多畝，龍眼、荔枝500多畝。

隨著經濟的快速發展，工業用地和社區的擴展，使原有耕地面積有所減縮，而沿海沙荒地則大片墾為耕地。荒山也大面積開墾種果。主要農產品有稻穀、番薯、花生和香蕉、荔枝、龍眼、桃、李等水果，還有蘆筍、大

大蔥是赤湖大宗的農產品，這裡是全省最大的大蔥生產基地

蔥、蘿蔔等蔬菜及食用菌。其中大蔥是全省最大的生產基地。

　　沿海還有近海捕撈及海水養殖業。

　　改革開放以來，該鎮工貿企業迅速發展，湧現企業千餘家，其中一半是工業企業，形成石板材、服裝、農產品加工三大產業，並有鑄造、鋼管、石雕、針織等業。隨著街道擴建，鎮區商店林立，共有二千多家，其中國營46家，集體282家，個體1,900多家。新建農貿市場兩處，十分繁榮。2001年鄉鎮企業產值11.9億元，其中工業產值9.1億元，財政總收入1,200萬元，農民人均純收入4,050元。到2011年，全鎮社會總產值達到30億元、工業產值達20億元、社會固定資產投資達10億元、財政總收入實現4,000萬元，農民人均純收入實現7,800元。

第六章
收復與開發台灣的民族英雄鄭成功

泉州大坪山上38公尺高的的鄭成功銅雕像

鄭成功是我國明清初著名的民族英雄。明天啟四年（1624）7月14日，鄭成功出生於日本長崎縣平戶市海濱，原名森，字明儼，號大木。7歲時（1631）被父親鄭芝龍接回國內，先到故鄉福建省南安縣石井（今石井鎮石井村）拜祭祖祠，後住安平（今晉江安海）鄭府。他年少好學，有大志。西元1645年，南明隆武皇帝在福州接位，見鄭森年輕有為，少年英俊，氣宇軒昂，忠心不二，封忠孝伯，授招討大將軍，賜他姓朱，改名成功，因此民間尊稱他為「國姓爺」。1653年南明永歷皇帝又封他為「延平王」。

1662年，他驅逐荷蘭殖民者、收復台灣，建立了忠於明朝的地方政權承天府，並為開發台灣作出了重要貢獻。

一、驅逐荷夷，收復台灣

鄭成功在東南沿海開展反清復明活動是在國內明清王朝交替和西方殖民主

鄭成功誓師出征台灣

義者侵略東方的時期展開的。清順治三年（1646）秋，清兵進攻福建，隆武帝被生擒。鄭成功的父親鄭芝龍在漢奸洪承疇的勾引下，率兵投降了清朝。鄭成功反對父親降清，率領部下先在廣東南澳島起兵，挺進廈門鼓浪嶼，於清順治七年（1650）占領廈門、金門。以後與清軍展開不斷的戰鬥，先後攻占福建漳、泉，控制了北至浙江舟山，南至廣東潮惠的東南沿海地區，他在堅持抗清的同時，又和侵占我國領土台灣的荷蘭殖民者展開長期的鬥爭，把收復台灣擺上軍事議題。

　　永歷十三年（清順治十六年，1659），台灣通事何斌到廈門，向鄭成功進自己親手繪制的台灣圖，介紹台灣狀況，陳說台灣人民飲受荷蘭殖民者欺虐的苦難，建議出兵攻取台灣。他告訴鄭成功：「台灣沃野千里，實霸王之區，若得此地，可以雄其國；使人耕種，可以足其食。上至雞籠、淡水，硝磺有焉。且橫絕大海，肆通外國，置舳興販，桅舵銅鐵不憂乏用。移諸鎮兵眷口其間，十年生聚，十年教養，而國可富，兵可強，進攻退守真足與清廷抗衡也。」（清、江日升，《台灣外記·卷十一》）何斌的話使鄭成功更堅定了收復台灣的決心。

　　鄭成功復台之役是1661年3月初到1662年2月初（中國南明永歷十五年3月到12月），鄭成功率戰艦120艘，將士25,000餘人，在金門料羅灣誓師航渡台灣海

峽，經澎湖乘潮水高漲時由鹿耳
門水道進入台江內海，先攻占了
今台南的赤嵌城，後圍攻熱蘭遮
城（今安平古堡），在9個月的
爭奪中，荷軍傷亡近2,000人，損
失慘重。鄭成功採用截段水源的
辦法，使荷蘭人斷糧斷水。永歷
十五年4月26日，鄭成功致書荷蘭
總督揆一招降：

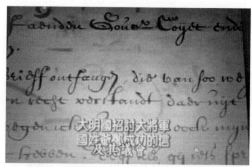

鄭成功由翻譯用荷文寫的敦促荷蘭人投降書

　　台灣者，中國之土地也，久
為貴國所踞，今余既來索，則地
當歸我，珍瑤不急之物，悉聽而
歸。

今台南市赤嵌樓旁邊，當年鄭成功受降處建起的紀念雕塑

　　1662年2月1日，荷蘭侵略
軍被迫投降。鄭成功勝利收復台
灣，結束了荷蘭人長達38年的
殖民統治，台灣終於重歸祖國懷
抱。

勝利驅逐荷夷的鄭成功受到台灣人民的熱烈歡迎（郵票圖案）

　　台灣人民歡慶台灣回歸祖國
盛況持續多日。2月10日（永歷十五年12月22日），鄭成功看到軍民歡慶勝利，
甚為喜悅，興賦一首《復台》詩，詩曰：

　　開辟荊榛逐荷夷，十年始克復先基；田橫尚有三千客，茹苦間關不忍離。

春秋時期，齊王田橫被劉邦將領韓信打敗，率領忠於他的三千將士退居齊國海上的一座小島（即今青島即墨市東南面海上的田橫島）死守，鄭成功以此典故自勵。此時「逐荷蘭」、「復先基」的使命在收復台灣後已完成，緊接而來的就是開發與經營台灣了。

二、鄭成功對台灣的深度開發

1、政治上：社會行政管理體制的建立。

在政治方面，鄭成功第一次在台灣建立中國人自己的行政政權機構，除原

台南洲仔尾在原鄭成功墓址所件的紀念碑

設的吏、戶、禮、兵、刑、工六官外，還依照中國傳統的行政制度，改台灣為東都，改赤嵌地方為承天府，為台灣最高行政機構，府署就設在赤坎樓；府城分為東安、西安、宋南、鎮北四坊，各設首領，管理事務；府之下設二縣，承天府以北叫天興縣、以南叫萬年縣。這是台灣設置郡縣的開始。《台灣縣志》對當時建制記敘稱：天興縣（縣治在今台灣嘉義縣佳興里）轄台島北路，萬年縣（縣治在今高雄縣興隆里）轄台島南路、中路之地。縣之內設安撫司，澎湖也設一安撫司。

　　鄭成功逝世後，其子鄭經入台繼位，政制有更張，改東都為東寧，縣升格為州。地方基層機構，「設四方以居商賈，設里社以管理番、漢。治漢人有州

官，治番民有安撫司。

府、縣地方設34里，里分幾個社，社設置鄉長。在社中，十戶為一牌，設一牌首，十牌為一甲，設一甲首，十甲為一保，設一保長，管理戶籍之事。

這是中國傳統政治體制和行政管理體系在台灣的首次應用。

2、經濟上：農業施行軍墾與民墾的結合，促進台灣大深度開發。

鄭成功收復台灣是準備開發台灣的。早在準備興師東征時，他就向部將們說明收復台灣的目的，他說：台灣「沃野千里，……我欲平克台灣以為根本之地，安頓將領家眷，然後，東征西討，無內之憂，並可生聚教訓也。」因此在東征數百艘兵船隊中，他注意籌集裝載了犁、種子及其他墾荒農耕器物，並有隨軍農夫。由此可見，鄭成功是準備在收復台灣後，在島上墾荒興農、發展農業生產。

在驅逐荷蘭侵略者後，他馬上面臨著二、三萬軍隊的糧食問題，他接受參軍陳永華的建議，仿效歷史上諸葛亮、姜維與杜預等人「寓兵於農之法」儘量不擾民，部署軍隊屯田，以軍隊自耕，來保證軍糧自給。在分派文武官員與士兵到各地開墾之前，鄭成功頒布手令諭：

東都明京，開國立家，可萬世不拔基業，本藩已手辟草萊，與爾文武各官及各鎮大小將領官兵家眷，聿來胥寧，總必創建田宅等項，以遺子孫計，但一勞永逸，當以己力經營，不准混侵土民及百姓現耕物業。

他安排侍衛二旅守安平鎮、承天府二處，其餘各部分赴南北兩路按駐地開荒種田。「插竹為社，斬茅為屋，圍生牛教之以犁」。屯田軍士，人人動手務農，無閒逸之人。屯田制的特點為亦軍亦農，耕不忘戰，農隙訓練武事，有警荷戈以戰，無警則負耒以耕。他們迎難而進，克服毒蟲、豺狼與瘴氣，惡水的

侵害，忍饑熬餓，披荊斬棘，開墾荒地為農田。

　　為了鼓勵私人墾荒務農，鄭成功將荷蘭殖民者的「王田」改為官田，並頒布文武官員私人屯墾特諭八條，規定文武官員家眷，在承天府地區可隨人多少圈地，永為世業，在其他各處，可隨意擇地開墾建莊，照樣永為世業，以佃以漁或經商，會聽其便。一般百姓也可申請墾田建莊。新墾田地三年內不起科（不收稅），三年後分上、中、下三等徵收賦稅。在特諭的鼓動下，文武官員和他們的家眷，以及百姓，無不積極開荒建莊。

　　此外，鄭成功還派人教給高山族同胞以大陸先進農業生產技術。當時，高山族人民農耕技術極為落後，不懂使用牛耕與釣鐮之法。鄭成功採納戶官楊英建議，發給犁、耙鋤等農具和耕牛，派農師教導高山族使用牛耕之法。這對高山族人民發展農業生產起了很大作用。由此，鄭成功與高山族人民建立良好關係，產生積極影響，共同開發、經營台灣。

　　被俘的荷蘭土地測量師菲力普・梅留下為鄭軍工作，他記錄下當時鄭軍開發土地的情況：每個將官手下有1,000至1,200人，在山腳和每個能開墾成水田的土地上，每一、兩百人為一群，很認真地耕種土地。他們種很多蕃薯，多到足以食用三個月。每個角落都備用來耕種，甚至道路也不例外。

　　鄭成功在入台5個月就暴病身亡，年僅39歲。其子鄭經繼任。鄭經重用有「臥龍諸葛」之稱的漳州人陳永華為東寧總制使，陳永華繼續實行鄭成功的鼓勵墾田政策，進一步制定和頒發一系列鼓勵墾殖的法令，各文武官員和士兵在不侵犯老百姓土地的前提下可以自由開墾土地，於是龐大的軍隊就變成了龐大的墾殖隊伍，使得台灣土地墾殖運動形成了高潮。經過艱苦奮鬥，屯田墾區不斷擴展，「南及鳳山、瑯王喬，北至諸羅、水沙連、半線、竹塹、雞籠等地方」。開闢大片農田，生產大量糧食，實現鄭成功要求「使野無曠土，而軍有餘糧」目標。

　　漳州曾經是鄭成功反清復明的重要基地，鄭軍與清軍曾在閩南沿海進行拉

鋸式爭奪對恃，爭戰時間長達三十多年，許多漳州人於此時投身鄭氏陣營，故鄭氏將士三萬餘人中，漳州人占了相當比例，鄭成功收復台灣後，漳籍將士跟隨鄭成功到了台灣，他們積極響應陳永華的屯田政策，其中五位將領墾殖成就最為突出：

一是鄭成功的參軍、龍溪人陳永華，他在六甲一帶開荒墾地，建設村落，就以墾地面積二甲、五甲、六甲而命名，六甲之名因此而來；

二是龍溪人、部將林鳳，他奉令率兵在台南赤山堡一帶屯田，至中社、龜仔港、大菁埔等地，篳路藍縷，慘淡經營，建立聚落，後人就以他的名字做為這裡的地名，稱為「林鳳營」；

三是海澄人、部將陳澤，他率部在台南至嘉義一帶屯田墾殖，並派人到漳州把將士家眷接入台灣，招募鄉親移民入台開墾。其夫人郭氏，胞弟陳丑、陳亥、陳拱皆隨之移台，加入墾殖事業中，他「效寓兵於農之法」，邊練兵，邊屯墾，「農隙則訓以武事，有警即負戈以戰，無警即負來以耕」，使「野我

台一線的六甲鄉旁的雕塑，就是林鳳營

曠土，而軍有餘糧」。台南因此呈現了一派欣欣向榮的景象。他的家族傳衍了「霞寮派」陳姓的一脈子孫，今仍多居於陳澤四兄弟的後裔，三百

台南忠義路的陳氏家廟德聚堂，這裡曾是陳澤將軍當年的府第

多年來繁衍於台灣各地，大多數在今台南市和嘉義縣，成為台灣陳姓家族眾多支派中的一支——「霞寮派」。今台南市忠義路七巷里有一座規模宏大的穎州家廟——「德聚堂」，就是陳澤當年的府第。

　　四是銅山人、何替仔，率部拓墾太子宮堡和鐵線橋堡（今台南縣新營鎮、鹽水鎮、柳營鎮及東山鄉一帶）；

　　五是雲霄人、部將何佑，他率所部駐墾社寮島（今基隆港中的和平島）。

　　另外，在明鄭時期，由於大量官兵眷屬和漳泉移台墾民的到來，墾殖事業進一步發展，這一時期從漳州移民的姓氏，據台灣各姓氏族譜統計有三十多姓。在台南、高雄、嘉義、雲林、甚至台北都留下他們開拓的足跡。如同安籍部將林圯率所部赴斗六口屯田墾荒，後人「名其地為林圯埔」，後成為經濟繁榮，居民數萬的大村落。清光緒十四年（1888）建縣治於此，為紀念林圯開墾之功而名「雲林」；詔安人徐遠招佃開墾大棟榔西堡（今嘉義六腳鄉、樸子鎮一帶）；龍溪人楊巷摘、陳子政等開墾嘉義六腳佃莊；蔡振龍、陳隆等開墾嘉義更寮莊；雲霄方姓族人與同安林姓族人共同招佃開墾高雄赤山仔莊；平和人林寬

台灣文獻中載漳州傳入台灣的土榨廍制糖情景之圖畫及傳入台灣的漳州農村土糖廍硤蔗用的大石輾

老、李逵等人開墾嘉義林內莊、潭仔墘莊；漳浦人向媽窮開墾雲林後潭莊；漳州人陳石龍等招佃開墾雲林坎頭頂；王錫琪招漳州人、同安人開墾淡北唭喱岸（今台北北投區吉利），唭喱岸的拓墾帶動了北投、關渡一帶的開發，使該地區成為台北最早的開拓之地。

正當鄭成功領導軍民開發經營之際，清王朝下令沿海五省「遷界」，強迫海濱居民遷入內地，致使人民流離失所，死亡相繼。鄭成功抓住機會，「馳令各處，收沿海之殘民，移我東土，開闢草萊，相助耕種」。大陸沿海數萬勞動大軍冒著禁令東渡台灣，為進一步開發台灣發揮了重大作用。

3、農業的發展促進了工商業繁榮。

台灣的手工業在鄭成功入台後才逐漸發展起來。當時十多萬軍民東渡台灣，定居創業，需要大量手工業產品。為此，鄭成功組織人力，動員工匠，「制器造艦」。「制器」，主要是興辦冶鐵業。鑄造、打制刀、鋤、犁等器具，以滿足軍民生活及農業生產之需。「造艦」，即造兵船以增強海上作戰軍力；造商船，以載運貨物，興販發展海外貿易，「時造鉅艦，販運東西洋而攬其利。」

鄭經時，東寧總制使陳永華積極發展民用手工業。因台灣「煎鹽苦澀」，味苦難食，永華便請來家鄉的晒鹽師傅，改變產鹽舊法，在天興瀨口海邊築鹽埕，瀠海水暴晒產鹽，使晒鹽技術在台灣廣為傳播，起到了上裕府庫、下資民食之效；他又把閩南家鄉的優質蔗種傳到台灣，並運來榨糖石磙，在台灣廣設榨甘蔗糖廍，教民「插蔗煮糖，興販各國，歲得數十萬金」；他還「教匠取土燒瓦，往深山伐木斬竹，起蓋廬舍，與民休息」，改變了墾民和許多原住民草棚茅舍的簡陋住宿條件，滿足屯田建莊善屋及建衙署的需要，使台灣有了與閩南一樣的磚瓦房屋；他鼓勵發展海上貿易，派人與日本、呂宋、暹羅等國發展貿易關係，輸出鹿皮、鹿肉、鹿脯、樟腦、硫磺、蔗糖、大米等土特產，販回銅鐵、器械，以解決因清廷經濟封鎖，致使台灣軍用民需物資奇缺的問題得以解決；此外還伐樟木熬樟腦（熬製樟腦）、創辦採金作坊等，使得台灣樟腦很快成為一大宗出口農產品。

4、文化上：儒學教育在台灣的發端，科舉制度在台灣的推行。

鄭成功入台後，為取代荷蘭人的宗教教育，鄭成功採取措施在島上傳播儒家學說，他招賢納士，禮待從大陸東渡台灣的鴻儒博士，讓他們講授經史。而真正意義上重視和興辦文化教育是從陳永華開始的，所以陳永華被稱為「台灣文化教育奠基人」。

陳永華在台南興建起第一座孔廟，在這裡辦起第一座府學，傳播儒家文化，被稱為「全台首學」

鄭經時代，當農業生產發展，軍民糧食問題解決之後，社會安定，百業俱興，文化教育就擺上了鄭經政權的議事日程。永曆十九年（清康熙四年，1665）8月，陳永華向鄭經請建聖廟、立學校，並陳述此舉的迫切性與重要意義，他說：「夫逸居無教，則近乎禽獸——自當速行教化，以造人才，庶國有賢士，邦以永寧，而世運日昌矣。」在陳永華的反覆勸說之下，鄭經採納了這一建議。陳永華於是擇地寧南坊，建明倫堂，翌年正月，聖廟建成，又在這裡設立府學，人稱「全台首學」。鄭經以陳永華為學院，葉亨為國子助教，招生員教之，育之，「台人自是始奮學」。

辦學造才，拔其優者，當官任職，是提高官員政治素質和理政能力的有效途徑和辦法。陳永華把鄭成功的招賢納士，改變為科班選拔秀士，即在台灣推行科舉考試制度，規定天興、萬年二州三年一試，州試有名者移府，府試有名者移院，各試策論，取進者入太學。三年大試。拔其尤者，補六科內都事。在台灣推行科舉制度，將島上的政治納入大陸的科舉制度體系，這是具有歷史意義的舉措。

三、明鄭政權開發經營台灣的效果

由於鄭氏政權的努力經營，到施琅攻克台灣，統一祖國之時，台灣的經濟社會已經與大陸相差無幾，他在著名的《台灣棄留疏》中談到了當時台灣的繁榮情況：

「臣奉旨征討，親歷其地，備見野沃土膏，物產利博，耕桑並輯。人民稠密，戶口繁息，農工商賈，各遂其生。」

1、人口劇增。至台灣歸清時，鄭氏帶去台灣的官兵眷口有七萬二千多人。加上台灣的原住民，連橫的《台灣通史》「戶役志」估計：「此時台灣之民，已近二十萬人。」

2、大量荒埔變成良田。據台灣有關資料，鄭氏時期台灣的土地開墾成果顯著，南北兩路開闢大片田園，墾殖基地達37處，開墾耕地達二萬多甲（每甲為大陸十一畝三分一

今天繁華的台南街頭

釐），比荷蘭時期增加了一倍多，其中90%在台南和嘉義及高雄等地。鄭氏政權開墾範圍「以台南為基礎，向南擴展到鳳山（高雄）、瑯嶠（恆春），往北推進到雞籠（基隆）、淡水。」興修陂圳22處（平安、鳳山地區的陂圳15處），農田有水利灌溉，收獲倍增，庶物蕃盈，百姓富足，財庫充盈。

3、村落數量急劇增多。鄭氏政權時期，是台灣開發以來村莊增加最多最快

的年份。據台灣史料反映，這一時期新建立的村莊和街市港口就有數百個。這些街市、港口和郡縣的湧現與增多，是開發活動快速發展的必然反映。而這些早期的市鎮、街市和港口，為台灣歸清後社會經濟的進一步發展奠定了紮實的基礎。

紀念鄭成功的台南開台聖王廟

4、中華文化及其子文化閩南文化開始在台灣傳播，成為如今台灣主流文化的源頭。

5、促進「番社」初步改變陋俗。使得台灣的少數民族開始接觸和學習到了中華民族的文化知識，受到了中原文明的薰陶，初步革除了一些陋俗，擺脫了蒙昧狀態，開始掌握了大陸先進的文化知識與生產技術，從此躍入了封建社會的門坎，促進了台灣的經濟社會的全面進步與發展。

6、鄭成功經略海外貿易的成功實踐，第一次使台灣的東西洋海上貿易樞紐位置發揮到了極致，這對我們今天走向世界，建設海洋強國，無疑具有極大的現實意義。

四、兩岸紀念鄭成功收復與開發台灣的功績

鄭成功逝世後，原葬於台南洲仔尾，康熙三十八年（1699）獲清廷批准遷骸故土，葬於泉州南安故里石井鄉康店村復船山鄭氏祖塋。對鄭成功率領數十萬軍民開發台灣，為國家捍衛疆土，為台灣人民造福，蔭及後代子孫。他開發與經營台灣其功甚偉，故被台灣同胞尊稱為「開台聖王」，為後人所謳歌讚

頌。連橫在《台灣通史》稱：

台北故宮復原的鄭成功畫像

台南鄭成功家廟中的鄭成功母子雕像

延平入台，建號東都，經繼立，改名東寧，開闢之功大矣哉，我台人當溯其本，右啓後人，以毋忘蓽路藍縷之功也。

章炳麟在為《台灣通史》作序時，也讚嘆：

偉哉！鄭延平之啓台灣也！

台灣「中央研究院」近代史所研究員陳三井先生說：

鄭成功把大陸制度文化移植到台灣來，成為引導台灣社會發展的一種精神力量。

台灣人民緬懷這位開台偉人，建祠奉祀，據統計，全台有大大小小的鄭成功廟一百多座，年節祭奠，長年香火不斷。前年，世界鄭氏宗親總會籌集鉅資，在台北市興建一座規模宏偉壯觀的鄭成功廟，以緬懷先賢的忠精愛國精神及其開台豐功偉績。

台灣如此眾多鄭成功神廟，香火長年旺盛，堪稱一大奇觀。這說明台灣人民懷念鄭成功開發台灣的功績，將他當作神明奉祀，用《台灣通史》作者連橫的話來說：象徵這位開台大神「永鎮茲土矣」。

五、石井草埔尾鄭成功故居

　　雖然鄭芝龍在安海（原安平）興建有規模宏大「鄭府」。但是鄭氏卻是在石井世代繁衍生息，那麼，其故居在哪裡呢？近年來，廈門、泉州兩地部分歷史專家經過詳細調查考證，確認石井草埔尾古宅屬鄭成功家族故居，是鄭成功祖父鄭士表（官至鎮國將軍）所建，也是鄭芝龍及叔父輩生於斯長於斯的祖宅。2006年9月7日，南安石井鎮召開「鄭成功故居暨新發現史料座談會」，會上學者進一步確認：石井鎮旁的草埔尾古宅就是鄭成功家族故居。

石井鎮草埔尾（今延平東路）鄭成功故居今貌

　　鄭成功後裔鄭夢彪說，有關人員從故居中清理出的文物有秤砣一隻，係花崗巖琢成，重達8公斤，圓柱形，兩面對稱標有「西亭」、「泉和」的陰刻字。據瞭解，此秤砣必須配用長達1.6公尺的秤桿，可稱物品200公斤左右，係當時鄭芝龍對外經商時進出貨的秤砣。他們還從書房裡清理出四方形的「介圭錫世之

章」印章一枚，除此之外，還有300多年前的一隻石臼、馬槽（包括殘片）以及一套祭陵用的酒具等文物。

目前，鄭成功故宅內還住著鄭氏後人，他們至今還特地塑兩尊鄭成功夫婦塑像恭奉於公媽廳中。

據史載，石井鎮草埔尾的祖居乃是鄭芝龍攜7歲兒子鄭成功從日本平戶返鄉的居住地，草埔尾原是鎮區裡面的一個小村子。鄭氏父子的府第原為三進式大厝（即深井、大廳、後廳）以及東護厝、西面書房，整座大厝的占地面積達3,000多平方公尺。上世紀90年代初，隨著石井鎮經濟社會的快速發展，一條新建的寬敞商業街道延平東路剛好從草埔尾村穿過，所以，目前除了故居後進的深井、大廳、書房及東護厝按原貌保存之外，其他房屋都已遭拆除。2012年7月筆者到這裡調研時看到，某房地產開發商看上了這一瀕海的村子，在故居旁邊規劃的濱海小區社區住宅（一期）工程已經開始實施，故居的保護面臨危機。

「相關連接」：1661年，為了隔絕沿海人民與台灣明鄭政權的聯繫，清廷實行遷界禁海，福建沿海一帶人民內遷30里，界內禁止百姓居住，出海，沿海30里內房屋一律燒毀。因此，石井包括鄭成功的該祖厝等建築物被燒得蕩然無存。也於此同時，鄭成功叛將黃梧為以掘斷鄭家風水龍脈為由，焚燒鄭氏鰲峰山大祖祠，挖掘康店鄭氏大墓。康熙十四年（1675）鄭經西征獲勝，占據漳、泉、潮三府，聞知草埔

台北士林鄭成功廟

南安水頭覆船山鄭成功墓

南安石井鄭成功紀念館

尾祖厝被焚、祖墳被挖掘等事，即回石井修樂齋公祖瑩，並親自撰寫墓誌銘。因戰事繁急，無法逗留多日，鄭經即委託鄭氏族長代為修葺祖輩所建故居。因族人長期隨軍征戰在外，無暇照看故居。鄭經交代，修建之後，可讓族中居住困難者搬入居住，修葺故居時，限於戰局未定，戰事紛繁，故只作簡單修復。現在遺留的大門只用紅磚築砌，並未用正規石件築砌，大門也顯得低矮，其高為2.35公尺，寬為1.25公尺。全厝雖是按原來範圍築砌的，並未恢復原貌。

六、鄭成功祖輩兄弟分居漳州

1、鄭成功高祖兄弟分衍龍溪古縣。據《榮陽鄭氏漳州譜》主編鄭惠聰考證，鄭成功的祖輩兄弟曾分居漳州。福建省人民出版社出版的《閩台關係族譜資料選編》收錄的鄭氏族譜也記載：鄭氏自唐光啟年間入閩，其中到達漳州的一支，在宋末時定居龍溪山北村，具體是在今天的龍海市洋西村，元朝時洋西村鄭氏有一支播遷到鄪山，也就是現在的龍海市顏厝鎮古縣村。

龍海古縣村口的村名石

　　在2002年舉行的紀念民族英雄鄭成功收復台灣340週年研討會上，台灣一

學者所著論文《漳龍衍派鄱山鄭氏之來龍去脈》記載了這樣的內容：當時南安鄭成功墓邊挖出的一塊宋代墓誌銘寫著鄭氏先人鄭伯可自莆田遷龍溪居北村(今龍海榜山鎮)，其次子均賢於元朝初年，自北村到古縣（今龍海市顏厝鎮轄）一帶開基。據鄭惠聰介紹，鄭成功之孫鄭克塽所書《鄭氏附葬祖父墓誌銘》也寫道：先世自河南滎陽入閩，由莆居漳乃移居於泉之南安，遂世為南安人。十一世鄭芝龍，十二世鄭成功。

另有龍海老文史專家鄭調麟編的《鄱山鄭氏源流世系》稱：鄭氏始祖可上溯西周鄭桓公。晉永嘉四年(310)中原士族南移，鄭氏入閩始祖是鄭昭（桓公的四十一世孫），卜居於永泰。南宋紹興年間，鄭昭二十六世孫鄭伯可自莆田遷龍溪，居山北村（現龍海縣榜山鎮）。南宋末年，鄭均賢自山北村移漳州城，後又移居古縣社塔尾埕，於此開基立業，為鄱山鄭氏之開基始祖。其後裔分播台灣為鄭芝龍、鄭成功、鄭克塽，澎湖為鄭建成，至今有住澎湖

始建於元初的鄭氏大宗祠

建於元初、供奉謝安的古縣大廟

之鄭紹裘。

　　幾條線索交匯一點，就是：龍溪古縣是鄭成功祖輩兄弟其中一支的分衍之處。古縣鄉民大都姓鄭，始建於元初的鄭氏大宗祠氣勢壯觀，宗祠內記載本土信仰與外來宗教故事的石碑，是印證古代移台史的活化石。

　　清順治八年至十一年(1651～1654)，鄭成功與清軍在漳州展開了三年的拉鋸戰，古縣是他招兵買馬、屯軍駐訓的營壘。至今，境內仍遺留有石磨、馬槽及鄭軍當年屯兵的四方土樓。據地方史料記載：鄭成功「據彈丸兩島抗天下雄兵」，戰略上決定他必須奪取漳州為犄角，才能保全和鞏固金、廈根據地。因為漳州建有牢固的石砌城牆，西北多山，地勢高聳，可攻可守；又有廣闊的平原，物產豐富，是大軍糧食、蔬菜的重要補給地；海路則可利用九龍江下游入海處的月港。

　　從1651年12月到1652年3月，鄭成功曾圍困漳州4個多月。後來清廷調集1萬多精騎從長泰抄小路入城，兩軍匯合後力量增大，鄭成功無奈撤軍退守古縣。清兵於1652年10月向古縣進攻，當時西風很大，鄭軍處在下風處，射出的火箭、火炮硝煙倒灌，嗆得眼不開眼，清軍乘勢攻擊，鄭軍被迫退往海澄。

　　鄭成功手下「五虎」大將之一的吳田也是古縣人。漳州坊間至今流傳著「吳田攻古縣」的故事：清康熙十四年(1675)，鄭成功之子鄭經準備攻打漳州，熟悉古縣地形的吳田被任命為先鋒。吳田因年輕時在家鄉曾被鄉人欺負，便要求先攻打古縣報仇，鄭經同意了。古縣人得知消息後忙派「家長」送米、酒至廈門與鄭經認親，說起古縣曾是其祖輩兄弟的「老家」，求他不要攻打「老家」。

　　但軍中無戲言，鄭經感到為難。後來他接受了軍師劉國軒的建議，一方面叫古縣「家長」準備好防禦對策，另一方面用縮短時間的辦法限制吳田的行動，要求他「入夜出兵，雞鳴繳令」。當夜，吳田率兵進入古縣，古縣人早已躲入土樓內，吳田圍著大樓團團轉，卻找不到樓門可入。此時，傳來雞啼聲，

吳田遵守誓言收兵。人們傳說，當時是古縣大廟內供奉的謝（安）王爺發力使
小母雞半夜啼叫。所以，至今，古縣人供奉謝王公都不以雞為祭品。

據研究閩台淵源關係的文史專家劉子民先生考證：清初，古縣鄭氏青壯年
大多加入鄭成功軍隊，並在隨後的驅荷復台中進入台灣，戰後留居台南開墾耕
種。清康乾期間，又有不少古縣鄭氏引親呼朋，結隊遷台。古縣人入台時，也
把家鄉奉祀的神明「廣應聖王」謝安塑像分香至新居地。現台灣各地奉祀謝安
的寺廟有25座，其中台南縣就有7座、高雄縣5座，許多奉祀謝安的廟宇都以此
為祖廟。台灣的謝安信俗也佐證了鄭成功在血緣和神緣上與漳州古縣有著千絲
萬縷的關係。

2、《漳浦營里鄭氏族譜》證實鄭成功祖輩兄弟一支分衍漳州。石井鄭氏
謹存的一本《石井本宗族譜》，係鄭成功父鄭芝龍於明崇禎十三年（1640）所
修，在其譜序中云：石井鄭氏元末所建祖祠至明嘉靖年間，因倭寇侵擾而「祠
宇墜於寒煙，譜系毀於兵燹。一本菀枯，幾聽於不可問。」說明舊譜在兵災戰
亂中遭毀，因缺乏有關史料，宗祖淵源問題已難考據。又鄭芝龍弟鄭芝鸞在同
時所寫的《本宗族譜序》中
說：無法述及宗祖淵源。關
於石井鄭氏開基祖何人，鄭
芝龍謹簡記為「獨我五郎
公隱石，與二三懿親若許若
無伍者，蔦蘿相附，意味投
合，遂於楊子山下石井家
焉。今武榮山邱壠俱在，

今天舊鎮港碼頭

則隱石公之所自來也。」實際上，開基祖的真實諱名是不清楚的，緣因年湮代
遠，「一本菀枯，幾聽於不可問」。而「隱石」只是宗祖之號，即「隱居於石
井」之意。故此，鄭成功的高祖，遠祖問題，幾百年來一直成為史學界之謎。

2007年5月，南安豐州社壇鄭萬全及石井鄭新新，發現了漳州《漳浦營里鄭氏族譜》（下稱《漳譜》，營里在漳浦六鰲），主編鄭明周，號易水，修譜時間為清道光九年（1829）秋。譜序中明確註明「此譜者先人所創之，後人成之，是祖代之源流也。」說明《漳譜》是在古譜的基礎上加以整理而成的。經泉州市鄭成功學術研究會副會長鄭炳山，《中華鄭氏通書》副主編、南安《崎峰鄭氏族譜》主編鄭榮都，《中華鄭氏通書》副主編、《榮陽鄭氏漳州譜》主編鄭惠聰，晉江鄭氏宗親聯誼會會長鄭坤元，泉州市鄭成功學術研究會延平分會鄭萬江、鄭新新等研考，認為《漳譜》是一本極其珍貴的史料，翔實記載了漳州古縣、漳浦舊鎮、埔尾等地鄭氏與南安石井鄭氏系同祖兄弟。

《漳譜‧小引》記載有泉郡「清源山西北峰之下，乃初祖籍也，歷稽舊跡，知實季有『四德公』：汶德、慧德、達德、光德。」同治戊辰年仲冬，漳浦營里鄭氏十六世孫鄭典章又在《存記》中記載了「四德公」之父是文欽祖，即文欽公有子四：長汶德，二慧德，三達德，四光德，後裔稱「四德公」。而初祖文欽公之具體籍地，《漳譜‧小引》中多

漳州龍海及漳浦鄭氏宗親前往金門祭拜祖墳

處提到為「清源山西北峰之下」的「南安雙路口」。經考證，元時「南安雙路口」明成化年間始稱「社壇」至今（今南安豐州鎮轄）。因「適遭元亂，群雄蜂起，兵燹孔熾」。文欽公及其四子於「元至正二年（1342）各挈家遠揚，負骸行走，自泉至漳，由漳而浦，求所為鞭長不及之地，於以息肩托足」。「四德」兄弟分開之地在「雙路口」，文欽公則隨老三達德於石井開基，其長子汶德、四子光德則到漳州的漳浦埔尾和舊鎮等地開基。

經漳泉兩地族譜研究者及石井鄭氏本宗鄭萬江、鄭新新、南安豐州社壇鄭

萬全等多次詳細考證，認定石井鄭氏開基祖隱石公，即《漳譜》中所記載的文欽公第三子達德公，因避元亂而隱居於石井，並隱去真名，改名諱綿，號隱石。

2007年11月，南安豐州社壇清源派鄭氏史祖地留守者鄭萬全，與晉江鄭氏宗親聯誼會會長鄭坤元，一起前往漳浦與鄭氏宗親敘親時，在漳浦埔尾村宗祠裡，發現了掛於廳堂上的一塊大牌匾，書「武略將軍」四個大字，兩邊上款小字為「元太子太保招討武略將軍署漳州路總兵林伯韜為漳州路巡撫安招討副使鄭汶德立」，下款小字為「乾隆二十七年臘月重修」。牌匾印證了《漳譜》中汶德公遷居漳浦的記載，即文欽公長子汶德公為浦尾3,000多鄭氏族人的開基祖。又在漳浦舊鎮村發現了舊鎮鄭氏開基祖光德公的古墓墓碑，再次印證了《漳譜》可靠的真實性。

根據上述有關資料的記載，說明《漳譜》有關淵源出處記載無誤。鄭氏入閩始祖為鄭桓公四十一世孫鄭昭。高祖為鄭桓公四十三世孫、過江始祖鄭庠五世孫鄭林芝（即《漳譜》的琳芝）。石井鄭氏與漳州古縣、漳浦舊鎮、埔尾三地為鄭氏先祖兄弟，其父為文欽公，三地開基時間同為元至正年間。

鄭成功先祖文欽公之長子汶德、四子光德公開基漳浦舊鎮及埔尾，在今年清明節舊鎮鄭氏宗親赴金門祭掃祖墳時再次得到印證。2012年3月清明期間，漳州市漳浦舊鎮鄭氏宗親到金門「石井鄭氏祖墳」掃墓，隨身帶來的一本100多年前的《漳浦營里鄭氏族譜》進一步肯定了漳州

漳州鄭氏宗親在金門延平郡王祠祭祖，向金門鄭氏宗親贈送錦旗

鄭氏與南安石井鄭氏緊密的血緣關係。

　　此次赴金門祭拜祖的漳浦鄭氏宗親會會長鄭啟茂先生說，《漳浦營里鄭氏族譜》記載，其先祖文欽公及其長子汝德公之墓被黃梧挖毀，此後下落不明。這次赴金門祭祀鄭成功先祖，驚喜地找到了祖墳。

　　在金門，閩南、金門兩地鄭氏宗親共同祭拜先祖，祭祀地點就在金門金城鎮夏墅的「明石井鄭氏祖墳」和「延平郡王祠」。祭祀中，鄭啟茂拿出族譜與墓誌銘對照，發現二者所載十分吻合。據悉，位於金門金城鎮夏墅的「明石井鄭氏祖墳」，是1959年7月金門國民黨駐軍在浯江山前挖掘工事時發現的。其中最寶貴的是一塊「皇明石井鄭氏祖墳志銘」，該墓誌銘是鄭成功兒子鄭經於康熙十五年（1676）丙辰所立，後移遷至金城鎮夏墅。按照該墓誌銘記載：鄭成功的先祖深江公、於野公及其夫人葬於南安康店大墓，五世祖西庭公與夫人譚氏原葬於陳厝鄉，四世祖象庭公葬於南安三十三都金坑山。順治十三年（1656），黃梧擅掇挖掘鄭成功祖墳。1658年，鄭成功部將協理五軍陳堯策通過賄賂獄軍，鄭成功先祖「八計（具）骨骸」才得以暫存廈門。18年後，也即康熙十五年（1676），占據金、廈的鄭經將先祖「八計（具）骨骸」遷葬至金門山前村，直到1970年移葬至金門金城鎮夏墅。墳旁是「延平郡王祠」，完工於1968年，祠址就是當年鄭氏海上閱兵處。鄭啟茂先生表示，《漳浦營里鄭氏族譜》的記載跟鄭經所記載的銘文內容全部吻合，其中，在鄭經記載的8名先祖中有文欽公的名字，而文欽公之長子汝德公、四子光德公就是漳浦鄭氏的先祖。

　　可見，鄭成功的先祖從河南進入福建後，四個兄弟分成四支，分別繁衍南安石井、漳州古縣、漳浦舊鎮、漳浦埔尾等地。

第七章
台灣文化教育奠基人陳永華

一、鄭成功的「臥龍先生」

陳永華（1634～1680），字復甫，鄭成功的「臥龍先生」、鄭經時期的「東寧總制使」。他曾力排眾議，支持鄭成功東征，在台灣建立明鄭政權，之後，他頒布屯田制，鼓勵墾荒，倡修水利，使軍餉民食得以解決；他請來家鄉的晒鹽師傅修建鹽埕，使晒鹽技術在台灣廣為傳播；他教民插蔗煮糖，上裕財庫下惠民生；他教匠取土燒瓦，改變了入台墾民草棚茅舍的簡陋住宿條件；他鼓勵發展東西洋貿易，解決台灣軍用民需物資奇缺的問題；他在府城築圍柵，建衙

台灣文化教育的奠基人、鄭成功的臥龍先生陳永華

署，禁淫賭，實施家鄉的保甲行政管理制度；他注重文化教育事業，興建台灣第一座孔廟，創辦第一所府學，首次把大陸的科舉制度推入台灣，培養出大量知識人才，因而被譽為「台灣文化教育的奠基人」。在陳永華的精心治理下，

台灣大治，社會安定，百業俱興，市井繁榮，逐步趕上大陸發展水平，因此台灣同胞說：鄭成功開台，陳永華治台。陳永華去世後，與夫人洪淑貞（字端舍，同安人）合葬於天興州赤山堡大潭山(今台南縣柳營鄉後果毅村

台南市府前路一段196巷20號的永華宮

古潭)，台胞懷念其恩澤，人們把他開荒屯田的地方稱之為「永華村」（在今台南縣北門鄉），把他從南安鳳山寺恭迎廣澤尊王香火來台南所建的廟宇改名為「永華宮」，並塑其像於該廟中後殿三樓配祀。

二、陳永華的故里之謎

關於陳永華的祖籍地，至今諸多地方史書記載大多認為是同安人。具體如下：

中國社會科學出版社2003年10月出版的《福建省志》「人物志」載：「陳永華，字復甫，福建同安人，生年不詳。」

方誌出版社2004年1月出版的《廈門市志》卷五十·第一章「人物傳」載：「陳永華（1634～1681），字復甫，同安縣人。」

連橫在《台灣通史》卷二十九·列傳一·陳永華列傳中也認為是「福建同安人」。

乾隆《泉州府志》卷五十七·「忠義」載「陳永華，同安人。」

　　台南市政府2005年出版的《陳永華》簡略傳記則模糊稱其為「同安龍溪北溪人」，把兩個不同的縣籍同列其中，讓人不知所云。

　　打開網路，絕大多數介紹陳永華的文章也都認為是「同安人」。

　　現實中人們也幾乎普遍認為他是同安人。如果是同安人，那麼又在同安何處呢？台南市政府2005年出版的《陳永華》第54頁稱：「清人得台後歸葬同安。」

　　歸葬同安何處？該

網路上以訛傳訛的陳永華籍貫介紹

傳沒有下文。近幾年來，網路和報紙等媒體經常登載有關陳永華在開發台灣方面的功績，其中「中國台灣網」有一篇轉載2005年5月27日《廈門日報》的文章敘述陳永華去世後所葬何處時稱：

　　陳永華，同安灌口人，……1680年，陳永華在台灣逝世，和夫人洪氏（同安人）合葬在天興赤山堡大潭山。清初歸葬故里同安灌口下店圩。

　　廈門市集美區政府網2005年8月15日發表陳清平寫的一篇題為「隨鄭成功開台的集美先賢」的文章稱：

　　集美區後溪鎮下店圩在上世紀50年代平整土地時曾發現陳永華墓葬並出土一枚水晶永華印章，三枚獅頭瓷印章，現由鼓浪嶼鄭成功紀念館收藏。上世紀

90年代初有台灣永華族裔孫來我區尋根。

　　這些文獻和這幾年來網站、報紙的文章對陳永華故里的表述最後都集中到兩個地方，一是廈門灌口鎮下店墟，二是今天後溪鎮下店墟。兩鎮的「下店墟」（村）是同一村。50年代，下店墟一段時間隸屬灌口，60年代初體制下放，隸屬後溪管轄。灌口和後溪歷史上都曾屬泉州同安管轄，到了1973年9月，同安劃歸廈門管轄，現在這兩個鎮都隸屬廈門市集美區。依此變動，陳永華就先是泉州（同安）人，後是廈門（集美）人了。

　　為進一步考察這位為台灣文化教育事業作出了鉅大貢獻歷史人物故里現在的情況，搜集他在故里有關傳說或趣聞，本書作者於2008年11月12日與漳州和廈門兩位資深文史與考古專家湯漳平教授、何丙仲

下店墟老村民張寶進在村後小山坡指點當年陳永華墓地遺址（圖中橢圓形處）

研究員專程找到後溪鎮下店墟（現為下店村），在鎮政府社會事務辦公室紀主任和下店墟一位老村民張寶進（72歲）協助下進行田野調查。

　　該村與城內村毗鄰，村子前面就是海灘，古代這裡是一個繁華的墟集，村後西北隅有一座約三、四十公尺高的小山頭，村民叫它「山頂頭」，我們在老村民張寶進帶領下來到半山腰一樹陰叢中稍平的地方，張寶進告訴說，當年「歸葬故里」的陳永華墓就在這裡。作為目擊者，張寶進親眼目睹了陳永華墓被盜的全部過程。

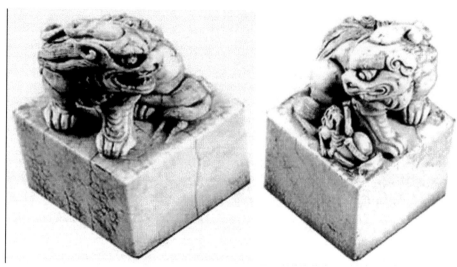

下店墟陳永華墓出土的陳永華瓷質印章

事實情況出人意外：陳永華的墳墓不是「平整土地」挖出來的，而是遭到盜墓破壞。五十多年前，下店墟村民從祖輩流傳下來的消息知道：村後小山坡上一座墳墓裡埋著一位清代從台灣移葬過來的「大官人」，他們並不知道這位「大官人」的姓名，幾位村民出於「挖點值錢東西」的想法，大白天拿了鋼釺鐵鍬鋤頭開始挖墓。因為就在村子旁邊，許多村民也來看熱鬧，當時才十六、七歲的張寶進也在現場人群當中。他親眼看到有兩副棺木被挖了出來，上面的紅漆還閃著油光，鑿開之後，裡面的屍骸穿著藍色官服，因水銀的作用還沒有腐爛。隨葬品有墓誌銘一塊、三枚印章、玻璃首飾等生活用品及防腐水銀數十公斤。「東西裝滿一大水桶」，張寶進說，「這事驚動了鄉里，鄉里派人把這些東西拿走了，聽說鑒定後和鄭成功有關，就上繳到廈門的鄭成功博物館。」當時已有文物保護意識的鄉領導使得這些寶貴的文物沒有因盜墓而流失。

儘管起因與「平整土地」有很大出入，但老村民張寶進所述盜墓的情況與《廈門日報》、集美區政府網所披露的出土文物的結果是吻合的。

墓中隨葬品墓誌銘和三枚印章說明了墓主的身份身分，這三枚印章兩枚是

獅頭瓷質篆書印章，上面用篆書刻著「復甫」和「永華」，另一枚是水晶印章，上刻篆書「鉁」兩字，這三枚印章現都珍藏於廈門鄭成功博物館。根據鄭成功紀念館原館長何丙仲教授2004年第3期《福建文博》上的研究文章，「鉁」就是陳永華在台南的府第花園「憩園」。為進一步弄清楚陳永華墓葬的情況，事後何丙仲研究員還數次親臨現場考查，出土的墓誌銘和三枚印章準確無誤地表明，該墓塋主人就是曾經在台灣叱吒風雲的鄭成功的「臥龍諸葛」、「東寧總制使」陳永華及其夫人洪氏。

這一意外的情況讓人得出了一個全新的結論：陳永華故里不是下店墟，他不是該村人。理由很清楚：第一，該村沒有姓陳的人（大部分姓張）；第二，這裡上年紀的村民至今對那次盜墓挖的是誰的墓都不清楚，更不用說年輕人了，當我們問起村裡的年輕人，對陳永華是誰他們一臉茫然；第三，本村的人不會挖本村人祖宗的墓，更何況墓就在村旁，一有動靜村民都看得見。

那麼，不是本村人的陳永華後人為何把其葬在這裡？有三種情況可以幫助我們解開這一歷史之謎：第一，張寶進老先生提供了一個情況：當時村子西北邊的小山頭也就是「遷葬」陳永華的地方是個亂葬崗子，附近許多村子也不乏有把墓做在這裡的；第二，該村地處海邊，從台灣過大陸的船只可以直達這裡；第三，墓主身份身分特殊——是明鄭政權的重要核心人物，對當時清朝政權來說是「亂臣賊子」，不好過於張揚把墓修上規模，更不能「榮歸故里」，牽累鄉人。

陳永華的後人大概基於這種種的考慮，在選擇安葬處上頗費苦心，最後選中了下店墟後面的這個小山頭，究其原因主要有三：一是台灣的陳氏後人每年到這裡祭祀，在台灣上船，在這裡起岸便到，十分方便；二是離故里龍溪縣北溪和夫人的同安最近，也算可以慰藉九泉之下陳永華及夫人的思鄉之苦了；三是該山頭是亂葬崗子，屬「公共用地」，容易「混跡其中」，即可掩人耳目，又不會有土地權屬之爭，不容易被人以「侵害本族風水」把墓挖掉。

　　經過討論，我們這三位來自廈門漳州的老「學究」共同得出了以上三點實事求是的原因。於是，在這一刻，在下店村山頂頭的陳永華墓遺址跟前，我們三人（實際應為五人——還有帶我們來到現場的後溪鎮社會事務辦紀主任和老村民張寶進）共同見證了陳永華不是同安（或集美）灌口（或後溪）下店墟（現為下店村）人的事實。

　　陳永華故里既然不在「下店墟」，那麼他的故里又在何處呢？這又是一個歷史之謎。本書作者經幾番查找，從乾隆《泉州府志》找到其是「龍溪北溪人」的記載，為此曾與漳州幾位文史工作者從薌城浦南到江東沿著北溪沿岸遍尋陳姓村子，均無結果。之後又得到以下幾條線索：

　　一是史志記載。幾本閩台志書儘管模糊卻仍流露出其為漳屬龍溪縣人的歸屬。

　　1、《泉州府志》卷五十七「忠義」記載其父陳鼎時稱其是同安人，接著又註明是「祖籍漳州北溪，乃入漳庠」；

　　2、關於陳鼎任同安教諭之時間，乾隆《龍溪縣志》卷十六《人物・忠烈》這樣記載：

　　陳鼎，丁卯舉人，癸未（崇禎十六年，1643年——作者註）授同安教諭，順治四年（1647）3月，大（清）兵入（同安）城，鼎縊死於明倫堂。

　　由此可見，陳鼎任同安教諭總共有4年時間。

　　3、《台南市志》卷五「教育志」對陳鼎陳永華父子的祖籍地也有同樣記載：

　　父鼎，祖籍漳州龍溪縣之北溪，故父子俱列漳庠。

4、光緒版《漳州府志》卷二十一・「選舉」則列出其子陳永華的籍貫：

陳永華，龍溪人，以子夢球貴贈承德郎。

5、中華書局2000年出版的《同安縣志》卷三十八・「人物」載：

陳永華(1634～1681)，字復甫，同安仁德里後溪人(另一說為角尾人——原注)。

該志指出其父子的故里「另有一說」，即龍溪的「角尾」（即今漳州龍海市角美鎮）。

「卷三十八」第三章人物表・「一、歷代進士名表・（一）文科進士名表」陳夢球（永華子）條有如下記載：

姓名：陳夢球
字號：號二受
鄉籍：角尾人

最重要的發現是查閱民國十八年版《同安縣志》卷之十五《選舉》「清舉人」第19頁，該頁關於陳夢球的記載如下：

陳夢球，石尾人，鼎孫，父永華，以才學著海外，後歸正白旗，中順天試甲戌進士。

在同卷「選舉・清進士」第17頁又有關於陳夢球的記載：

　　陳夢球，號二受，石尾人，鼎孫，永華子，由正白旗籍中授翰林院編修。
有傳。

　　這兩則寶貴史料一下子點明了陳永華故里的確切地點：龍溪縣管轄（後為
海澄縣管轄的）石尾
村。

　　角尾，即今之龍
海市（舊為龍溪縣）
角美鎮，石尾，即今
角美鎮之石美行政
村，位於九龍江北溪
東段三汊河北港近入
海口，符合史書所載

陳永華的故里——今角美鎮石美村北門自然村鳥瞰

陳永華故里在「龍溪縣『北溪』」地域。

　　《泉州府志》、《漳州府志》、《台南市志》和民國《同安縣志》四本志
書說出了陳鼎生活地點和居住處變遷的前因後果，有著相互補充的作用。由此可
以得出這樣的結論：陳鼎、陳永華原本是漳州北溪石美人，父子倆青少年都在漳
州讀書長大，都在漳州獲得秀才和舉人的名份（陳鼎於天啟七年即1627年中舉
人），在漳州奠定了他們的文化知識基礎。癸末（明崇禎十六年，1643）鄭成功
攻陷同安等地，陳鼎被任命為同安教諭，陳永華隨父母一同前往同安居住，4年
後（順治四年，1647）同安被清軍復克，父親自縊明倫堂，陳永華化裝成埋屍和
尚，與母親一起把父親的遺體背出同安城安葬，並投奔鄭成功，跟著明鄭輾轉台
灣，從此就沒有再踏入同安一步。民國十八年《同安縣志》的編纂者吳錫璜在記
述其子夢球的籍貫時，如實直書點出了具體地點：龍溪縣石尾（村）。

查石尾（美）村行政歸屬，歷史上屢有變遷，從明到清到民國，在很長時間裡石尾（美）因地處九龍江北溪近月港航道，水上交通便利，商業貿易發達，因此比角尾（美）還繁華，很長時間裡與角尾一起並列鄉一級建制，民國時期石尾區公所還設在這裡，至上世紀50年代末的「公社化」時期才隸屬角尾。而角尾在歷史上曾有一段時間隸屬同安，但角尾南邊的石尾（美）先隸屬龍溪縣，明隆慶海澄設縣後改屬海澄縣，從無隸屬過同安。筆者查閱民國十八年編印的《同安縣志》卷之六‧城市‧「墟」第4頁，看到了轄屬的「積善里：角尾墟」的記載，其中並無石尾墟。因此，2000年新版《同安縣志》編纂者在「選舉‧進士」陳夢球條就有意忽略了「石美人」的記載，只在「同安人」後面加括號說明：「另一說為角美人」，最多在「選舉」人物中點明是「角美人」。這就是陳永華「同安人」的人為來源。

記載陳永華三子維衡居石美祖厝及與鄰居糾紛事件的民國《同安縣志》

石尾（美）就在今角美鎮南邊，1947年與角美、東美並列為鎮級建制，1959年「公社化」時期才歸角美管轄至今。該村從宋末就開始建土堡，明嘉靖年間因倭寇騷擾嚴重，石美村民合力建造了城牆，有東西南北四個城門，今已蕩然無存，但東門西門南門北門的老地名卻一代代留傳下來。現在的石美片區共有3個行政村，即石美村、南門村、埭頭村，總人口一萬多人，其中石美村5,300多人，有北門、西門、東門三個緊密相連的自然村，北門自然村有2,000多人，是陳姓人口最多的村子（該自然村還有徐、黃二姓），有八、九百人口，陳永華的故里就是該自然村。

如下幾點情況能夠證明石美北門村就是陳永華的故里：

第一，村裡後山陳氏祖祠「寶鏡堂」祖先神龕中有陳夢球的牌位。

該村陳姓始祖傳下三兄弟，傳衍下來的眾多後裔分成三房，二房的宗祠叫「格承堂」，三房的宗祠叫「寶鏡堂」。50年代初當過石美鄉鄉長、現年83歲的陳俄鐳告訴筆者說，他是二房「格承堂」衍派裔孫，陳鼎、陳永華

石美村北門有陳夢球牌位的陳氏祠堂：寶鏡堂

父子是三房「寶鏡堂」衍派裔孫，他們居住之處在北門村的後山這一角落。

第二，民國十八年版《同安縣志》卷三十二·「人物錄」有陳永華的三子、陳夢球的弟弟陳維衡在北門故居舊址的記載：

陳維衡，字季璇，永華三子，年二十為諸生，有學行，漳石尾有祖厝舊址。

第三，該志同卷有關於陳維衡祖厝與鄰居黃氏糾紛的記載：陳維衡石尾祖厝舊址鄰居有黃姓貪其地，謀於衡曰：君祖屋廢不用，請為君求之，私奉三百金，維衡不允，黃氏強行要建，於是發生了糾紛，打起了官司。剛好兄夢球以翰林奉敕巡海，路過石尾，有司審實將治黃罪，衡復請曰：某與黃為同鄉，只求斷歸原主，不願推究其罪。諸親戚皆憤憤不平，衡曰：是非汝所知也，盛衰有時，今日何難盡法，後日可長保也。是時黃自分禍且不測，竟得免，感激難名，自是相敬愛數十年，莫敢窺伺。

筆者問起村裡上了年紀的村民，他們說，村裡祖祖輩輩口碑相傳著這個故

事，村民都耳熟能詳。無疑這也是陳永華故里就在這裡的有力佐證。

　　第四，個別學者已注意到陳永華不是同安人，而是漳州人。如研究閩台關係方面頗有建樹的學者、全國台盟中央常務副主席、福建省原副省長汪毅夫已經在四年前查閱民國《同安縣志》時就發現了這一情況，他對漳州史界因缺乏瞭解陳永華這一重要涉台人物（主要是認為其為同安人），導致忽視開展陳永華研究的現狀時說過這樣的話：

　　陳永華是鄭成功的參軍，一般認為是同安人，實際是龍海人。……據我所知，（漳州）還沒人注意到陳永華，漳州可以研究宣傳。（汪毅夫2008年1月13日在漳州博物館參觀「漳台族譜對接成果展」時與漳州市文化局、市台辦、市博物館、圖書館負責人談話紀錄）

　　可見，陳永華「同安人」之說，無疑是歷史誤會（或許還有人為因素），他完全就是漳屬的龍溪縣石美村北門後山陳氏三房寶鏡堂衍派傳人，只是其父曾在同安任過鄭成功的教諭，永華隨父母寓居同安4年，而且他後來娶了同安籍的賢淑夫人洪氏（字端舍），算是同安人的女婿。

三、加盟鄭氏政權，建設台灣社會

　　陳永華為人沉穩靜穆，不善於言談，但如果議論時局形勢，卻能慷慨雄談，悉中肯要。遇事果斷有見識力，定計決疑，瞭如指掌，不為其他人所動。與人交往，誠字為先。平時布衣疏飯，隨意淡如。

　　鄭成功占據廈門，圖謀恢復明朝江山，於是延攬天下士子。葬父之後的陳永華到廈門投奔鄭氏，時年20歲。「兵部侍郎王忠孝與（陳永華）談時事，覺

其大有經濟之才，遂推薦陳永華於鄭成功，」並告訴鄭成功說「（陳永華）是同安殉難陳鼎子」。鄭成功「與談時事，終日不倦」，見陳永華談吐不俗，胸有韜略，鄭成功非常高興，稱「復甫今之臥龍也」，即授參軍之職，並讓其為兒子鄭經陪讀。

南明永曆十二年（清順治十五年，1658），鄭成功北伐南京失敗，退守廈門金門，遭清軍圍攻，產生東征驅荷復台之念。永曆十五年（清順治十八年，1661）1月，鄭成功召集諸將商討征台事宜，很多人都認為不行，陳永華根據軍事形勢發展的要求，力排眾議，支持鄭成功東征主張。鄭成功很高興，派他輔助世子鄭經留守金廈，並對鄭經說：

陳先生當世名士，吾遣以佐汝，汝其師事之。（連橫《台灣通史》卷二十九）

康熙元年（也即南明永曆十六年，1662）初，鄭成功攻克台灣。

康熙元年（1662）5月，進駐台灣不到半年的鄭成功病逝，在台諸將舉鄭襲（成功之五弟）護理國政；黃昭、蕭拱宸等人偽造「成功遺言」，擁鄭襲為東都主，分兵準備抗拒鄭經。鄭經聞報，即在思明繼位發喪，授陳永華為諮議參軍，調集舟師準備過台。同年10月7日，鄭經率師抵澎湖，揚帆進攻台灣。在鹿耳門射殺黃昭，在州仔尾大敗蕭拱辰，正式繼承鄭成功的統帥權，在台灣建立以其親信陳永華、周全斌、馮錫範、黃安、洪旭等文武官員為核心的政權。

康熙三年（1664），清軍攻占金門、廈門二島，鄭經率全師退守台灣。翌年8月，授陳永華為勇衛，並加監軍御史之職。陳永華從此「職兼將相」，更加「剖心不貳」，全力輔助鄭經，成為鄭氏實際經營台灣的主要人物。

鄭經剛到台灣之際，一切剛剛開始，制度簡陋，民貧財匱，軍餉缺乏。據《延平王戶官楊英從徵實錄》記載：

時米糧不濟，官兵日只二餐，多有病歿，兵心嗷嗷。

陳永華授任新職後，不辭辛勞，親自考察台灣南北各社，弄清開墾情況，幫助鄭經制定以「足民食軍餉」為基礎的政策，頒布屯田制度，進行屯田墾殖，使軍士軍餉問題得以解決，老百姓也減輕負擔；他親臨台灣南北各社，鼓勵墾荒，倡修水利，引導種穀積糧；他因台灣「煎鹽苦澀」，便請來家鄉的晒鹽師傅，在瀨口修建鹽埕，「暴晒作鹽」，使晒鹽技術在台灣廣為傳播，起到了上裕府庫、下資民食之效；他又把家鄉的優質蔗種傳到台灣，並運來榨糖石磑，在台灣廣設榨甘蔗糖廍，教民「插蔗煮糖，興販各國，歲得數十萬金」；他還「教匠取土燒瓦，往深山伐木斬竹，起蓋廬舍，與民休息」，改變了墾民和許多原住民草棚茅舍的簡陋住宿條件，使台灣有了與閩南一樣的磚瓦房屋；他鼓勵發展海上貿易，派人與日本、呂宋、暹羅等國發展貿易關係，輸出鹿皮、鹿肉、鹿脯、樟腦、硫磺、蔗糖、大米等土特產，販回銅鐵、器械，以解決因清廷經濟封鎖，致使台灣軍用民需物資奇缺的問題；他在府城築圍柵，建衙署，禁淫賭，將都城分為東安、西定、寧南、鎮北四坊，各設首領，管理事務；又實施家鄉的社會管理體制，在都城周圍設34里，里分幾個社，社設置鄉長。在社中，十戶為一牌，設一牌首，十牌為一甲，設一甲首，十甲為一保，設一保長，管理戶籍之事。這是中國傳統政治體制和行政管理體系在台灣的首次應用。

當糧食、住所及社會管理等一系列事務逐漸就緒、走上軌道之後，陳永華便開始進行文化教育事業建設，建孔廟，辦學校，廣泛培養知識人才。同時採納侍衛洪旭的建議，令各鎮於農隙時習武，加強武備。

陳永華清廉為政，鄭經看到他家境清貧，贈予大船讓其做一點海上貿易，告訴他說「商賈僦此，歲可得數千金，聊資公用。」永華不予接受，鄭經強與

之，沒幾天，遭大風觸岸而毀，「鄭經再送之，再遭風敗」。永華笑著告訴鄭經別再送了，他說：「我知道自己沒有富貴命，不要再浪費你的錢了。」

在陳永華的精心治理下，台灣大治，「民間悅服，相率感化」，社會安定，百業俱興，市井繁榮，人們安居樂業，文教事業也日益發展，逐步趕上大陸發展水平，吸引了福建、廣東的老百姓成群結隊，冒著被抓殺頭的危險，偷渡海峽紛至沓來，每年渡台者達數萬人。鄭氏以嚴治理，而陳永華以寬持之，這樣過了幾年，台灣就逐漸繁盛起來。

四、首設府學，倡行科舉制度

由於屯田墾殖的成功，幾年裡民眾衣食俱足，社會安定。永歷十九年（1665），陳永華向鄭經提出「建聖廟，立學校，以培育、拔擢人才」的建議。但鄭經認為：「荒服新創，不但地方褊促，而且人民稀少，姑暫待之將來。」陳永華引經據典，力陳教育之重要：

昔成湯以百里而王，文王以七十里而興，豈關地方廣闊，實在國君好賢，能求人材以相佐理耳。今台灣沃野數千里，遠濱海外，且其俗素醇，若得賢才而理之，則十年教養，十年生聚，三十年真足與中原相甲乙，何愁偏促稀少哉？今既足食，則當教之。使逸居無教，何異禽獸？須擇地建立聖廟，設學校，以收人才，庶國有賢士，邦本自固，而世運日昌矣。（吳密察撰《台灣通史・唐山過台灣的故事》）

他認為，台灣沃野千里，遠濱海外，民風淳樸，若能舉賢才以助理，經過一段時間教養生息，便能趕上中原地區。應當擇地建立聖廟，設學校培養人

才，國有賢士，邦本自固，就會一天天好起來。鄭經終被說服，同意設立學校，發展台灣文教事業，並授命陳永華負責有關文化教育事宜。

陳永華創建一套自上而下較為完整的教育體系。全台設立「國子監」，為最高學府，頒令各府、州、縣設立「府學」、「州學」、「縣學」、「義學」。還要求「番社」村落各社遍設「小學」，方便少數民族子弟入學受教育。《台灣外紀》卷十三記載：「永曆二十年（清康熙五年，1666）正月，……令各社設學校，延師令子弟讀書。」為了減輕少數民族同胞的負擔，鼓勵他們送子入學，特地規定，凡是少數民族子弟「就鄉塾讀書者，蠲其徭役」。把教育與選拔人才相結合，把大陸的科舉制度推入台灣。規定台灣兒童必須「八歲入小學，課以經史文章」。三年兩試。江日升的《台灣外志》卷之二稱：「照科歲例開試儒童。州試有名送府，府試有名送院，院試取進，准充入太學，仍按月課之。三年取中式者，補六官內都事，擢用升轉。」這是台灣學校教育和科舉制度相結合的開始，民眾「自是始奮學」。教育和科舉制度的施行，大大促進了儒家文化在台灣的傳播。

陳永華親自在承天府（今台南市）寧南坊鬼仔埔大興土木，建造文廟，設立學校。康熙五年（1666）春正月，文廟建成，旁建明倫堂。這是台灣有孔廟之始。3月，又建學院，陳永華親任學政，聘請禮官葉亨為國子監助教。故台南文廟有「全台首學」之稱。

陳永華創建於康熙五年的台南孔廟，今稱「全台首學」

「全台首學」是台灣中華文化生根的地方。享有「全台首學」盛譽的台南

孔廟，是中華文化在台灣最早生根的地方，它位於今台南市南門路。大殿為大成殿，梁上懸有清帝御筆匾額，內祀至聖先師孔子神位，兩旁祀四配十二哲神位，東西泮廡祀歷代先儒先賢；後殿為崇聖祠，祀孔子五代祖先神位，兩旁祀五配五從神位。其建築模式與配置與大陸各地的孔廟完全一樣，值得一提的是，其建築材料全部來自福建，梁柱皆為上等木材閩北「福杉」。台灣光復後，除了殘破的建築之外，尚保存有頗具歷史價值的石碑24塊，重要匾額3塊：一是大成殿內康熙御筆「萬世師表」，一是咸豐帝復筆「德齊巾壽」，以及知府蔣元樞1777年所撰「全台首學」。

台灣考棚考試圖

1945年，修復正殿與明倫堂，以後又四度修整，使其成為台灣歷史最悠久、保存最完整的文廟。這是後話。

當時學院初建，急需大量的教育人才。陳永華一方面通過各種途徑延聘大陸知識分子渡台，「以教秀士」。另一方面，當時遷居台灣的明代遺臣多為知識鴻博之士，陳永華鼓勵他們發揮專長，幫助傳播中原文化。

所以江日升《台灣外志》卷之二評說：「台灣之學校教育自此開始」。

陳永華創建的明鄭時期台灣教育體系示意圖

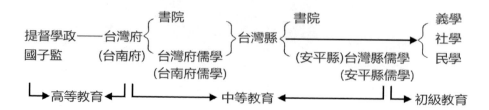

五、遭猜忌自解兵權抑鬱而終

　　1674年，陳永華任東寧總制使。這時三藩叛亂，受耿精忠之約，鄭經率師離島伐清。鄭經子鄭克臧監國，陳永華於是協助女婿鄭克臧總管台灣政務。侍衛馮錫範同鄭經回台，見永華把握重權，而諸事方正敢為，且又屢受諷刺，心裡存有忌恨。所以表面上與陳永華和氣相處，暗地裡與國軒密謀奪取陳永華權力的問題。國軒知道陳永華的書生意氣，教錫範解假辭兵權以誘之，錫範喜其善策。一日，會永華於公所，範曰：「自愧扈駕西征，寸功俱無，歸來仍居其位，殊覺赧顏。諸凡檢點明白，即當啟辭，杜門優游，以終餘年。」永華果然中計，聽了錫範這番話後心想：他是一介武夫，尚能知道謙退，而我是一文士，怎麼能夠久戀重權呢？於是鄭經一歸來即搶先上奏，請求解辭兵權。鄭經徵求錫範的意見，錫範說：「復甫勤勞數載，形神已焦。今欲乞休靜攝，情出於真，宜俯從之。但其所部將士，可交武平伯焉是。」於是鄭經依錫範之議，准允永華告辭。1680年3月，陳永華將所轄部旅交劉國軒。軒啟辭者再，經令命至三，軒始統永華軍，而錫範仍任侍衛如故。永華方悟為錫範所賣，悔之無及，又見鄭經喪失圖復中原之志，諸將領又多講究享受，把家國大業置之腦後，官場勾心鬥角成風，因憂悒成疾，當年年底在台南病逝，享年46歲。鄭經親臨弔喪，諡文正，贈資政大夫正治上卿。

　　清翰林學士李光地聽說陳永華病逝，向康熙皇帝上疏祝賀說：「台灣未可卒圖者，實由永華經理有方。今天心厭亂，使之殞命，從此（鄭氏政權）亡可立待。」併力推施琅為福建水師提督，進攻台灣，鄭克塽降，台灣歸入清廷管理。

　　陳永華死後，與夫人洪氏（字端舍）合葬於天興州赤山堡大潭山，即今台南縣柳營鄉後果毅村古潭，台灣歸清後其後代把其遺骸遷葬靠近故鄉的後溪鎮下店墟村邊一座叫「山頂頭」的小山頭，可惜在上世紀50年代遭盜墓而致蕩然無存。

台南縣柳營鄉後果毅村古潭的陳永華衣冠塚台(

吳錫璜纂《同安縣志》載：永華育有三子一女，長子夢煒，次子夢球，三子維衡，女陳氏，為鄭經子克臧婦。夢煒任工官，鄭氏降清時奉降表納款於清，內渡進京，康熙皇帝感念永華之賢，親自召見煒，授船廠副將；夢球以才學著海外，康熙三十二年（1693）中解元鄭基生榜舉人，三十三年（1694）進士，康熙帝嘉其父（永華）忠義，「擢翰林院編修，每對大臣曰此忠義永華子也。……督學山西未任卒」。維衡「字季璇，年20為諸生，有學行，漳石尾有祖屋，……，居家端重，宗族親友皆雅重之。」

在台灣，民眾為感念陳永華的德澤，四處設廟祭拜，其中台南府前路上的「永華宮」後殿塑有陳永華像配祀，香火興盛。當年在天興州赤山堡大潭山（今台南縣柳營鄉後果毅村古潭）的陳永華夫妻合葬陵墓在「清初歸葬同安」後，台灣的族人沒有把其廢棄，而是「於原址攏土成墳並勒其碑，原碑由花崗巖製成，高94公分，橫78公分，厚12公分。碑文寫著：

皇明贈資善大夫，正治上卿，都察院左都御史，總制咨議參軍，監軍御史，諡文正陳公暨配夫人淑貞洪氏墓。

該墓址於1952年定為台灣省古蹟。

連橫十分讚賞陳永華的才華智略，對他的早逝深為扼腕，在所纂的《台灣通史》稱讚他的治台功績：

永華器識功業與武侯等，而不能與輔英主以光復明室，彷徨於絕海之上，天（意）也。然而開物成務，體仁長人，吾輩至今猶受其賜，澤深哉。

第八章
征台保台第一功臣施琅

一、從投鄭到降清

施琅(1621～1696)，字尊侯，號琢公，
福建晉江人，自幼生長在海邊，少年時代從
師學劍，武藝超群。崇禎十六年（1643），
施琅到離家不遠的安平（今安海）投奔族
叔、鄭芝龍的心腹部將施福，加盟鄭軍，施
琅奉命討伐泉漳一帶「山寇」，因有戰功，
被提為游擊。次年，崇禎皇帝在北京煤山上
吊，明亡。福王朱由崧在南京即位，年號弘
光，封鄭芝龍為南安伯，鎮守福建，擢任施
琅為副總兵。清順治二年（1645），黃道周
和鄭芝龍等擁立朱聿鍵為帝，改元隆武；晉

施琅彩雕像

封鄭芝龍為平虜侯，旋封平國公，又封部將施福為武毅伯，提升施琅為僉都督，
擔任左先鋒。時施琅隨黃道周北上抗清。翌年，鄭芝龍率部降清，施琅隨鄭歸
清，旋同降清的施福進征廣東。12月，鄭芝龍子鄭成功在浯州（今金門島）起兵
反清。順治六年（1649），施琅在潮州遭反清降明的李成棟部將郝尚久圖謀陷
害，被困饒平，後突圍而出，招集餘部，得800健卒，駐紮黃崗。時鄭成功奉永

歷皇帝（桂王朱由榔）為正朔，以金（門）、廈（門）為根據地，舉起反清復明大旗。鄭成功至黃崗邀施琅入夥，施琅遂率部加入鄭軍。施琅又一次投靠明朝。鄭成功對施琅頗為器重，為鄭成功的左先鋒（相當於總兵），凡軍機大事均與他商議；施琅對鄭亦盡心效力，戰功赫赫。沒過多久施琅就成為鄭成功最為得力的將領。

施琅青年時個性極強，之後不久因軍事上的問題常常與脾性相同的鄭成功發生突衝。順治八年（1651），施琅因反對鄭氏「捨水就陸」的戰略方針和強征百姓糧餉的做法，與鄭氏產生了尖銳的分歧。次年4月，施琅手下一名親兵曾德因做錯事受斥責而改投鄭成功，被鄭收留。施琅帶人把其捕捉後來並處極刑，這事成為施鄭交惡的導火繩。隨後，鄭成功便將施琅及其父施大宣、其弟施顯投入牢中，施琅在押解途中逃脫，藏在副將蘇茂家中，並請人從中調停。但鄭成功非但不接受調解，反而派人前去刺殺施琅。行刺失敗後，鄭成功一怒之下竟將施大宣和施顯殺了，將施琅逼上了投清之路。

降清之後，施琅被授為同安副將，之後升遷總兵。康熙元年(1662)，施琅被任命為福建水師提督，1665年，封靖海將軍。

二、多次上疏，奏請征台

1、兩次征台，因風受挫

康熙三年（1664），已擢升靖海將軍的施琅就向閩浙總督李率泰、靖南王耿繼茂建議率兵「進攻澎湖，直搗台灣」，使「四海歸一，邊民無患」。而新執政的康熙皇帝在攻占廈、金的勝利形勢下，也樂觀地想乘勝進軍台灣，以期早日一統天下，命施琅擇機「統帥水師，伺機進取，以奏膚功，勿以日久為慮」（《康熙統一台灣檔案史料選輯》）。於是，施琅躊躇滿志，在當年農曆11月和翌年3

月，兩度率師征台，卻意外地遇強颱風所阻，沒能奏效。出師失利的原因有二，一是受到重用的施琅存在著報效朝廷的急燥心理，二是朝廷的命令也不容許有太長時間的拖延。照理，這兩次出師時間是台灣海峽少有颱風的季節，但人算不如天算，卻都出現意外出現颱風天氣。關於這一情況，與施琅同鄉同時期人、康熙台灣府儒學教授施德馨在所著《靖海紀事》中也有反映：施琅「掛靖海將軍印，統諸鎮征剿台灣，往往為颱風所阻，以故暫停止。」

施琅兩次征台，不僅沒能奏效，還被風浪吞沒及損毀數條小船，損失了兵員十多人。因此他一面修葺船隻，一面上疏朝廷，「懇請皇上多加體恤，要求允其候有南風訊息時，率師復征」。在奏疏中，施琅還提出「澎湖乃通往台灣之要衝，欲破台灣，必先攻取澎湖」的意見。十多年後的實踐證明施琅這個預見是完全正確的。

2、任內大臣，遊說京官

因兩次征台失利，施琅的意見沒有被採納，台灣問題暫被擱起，朝廷於是裁撤福建水師，調施琅入京任內大臣。由於李率泰和耿繼茂對兩次征台失利情況的調查和據實稟報，康熙皇帝並沒有對施琅失去信任，體現在康熙八年（1669），因施琅「勞績甚多，加伯銜」（《清聖祖實錄》卷三十一）。但征台失利增加了朝廷內部主撫派的理由，朝中不少大臣認為八旗軍隊不善海戰，海峽「風濤莫測，必難致勝」，不主張武力解決台灣問題，又加上康熙十二年（1673）十一月爆發的東南邊疆「三藩之亂」（「三藩」是指平西王吳三桂、平南王尚可喜、靖南王耿精忠三個藩鎮王發起的反清叛亂事件），叛軍接連攻克漳、泉、潮、惠等閩粵七府和廈、金兩島，朝廷議事重心和兵力都轉到解決「三藩之亂」事件上來，更無暇顧及台灣問題。

施琅在任內大臣以後，繼續為實現征台的目標進行不懈的努力。首先他充分利用在京城的方便，廣泛與朝中大臣結朋友，利用各種場合，宣傳解決台灣問題

的主張和見解，化解他們對自己存在的誤解，爭取更多要臣的支持。如同鄉人、文淵閣大學士兼吏部尚書李光第就是其中一例。李光第雖是施琅同鄉，但以前對施並不瞭解，與朝中許多大臣一樣，都以為兩次征台是其指揮失當所致。所以，施琅經常赴李家款敘鄉情，談論舊日海上兵事，終使李光第「所由知公而信之深也」（陳萬策：《施襄壯公家傳》）。經過施琅赤誠的努力，包括李光第在內的許多朝廷重臣都逐漸加深對施琅的瞭解，改變了以前的看法，成為施琅的摯友，這是施琅後來能夠被重新起用為福建水師提督並率師征台的重要基礎。

3、時來運轉，施琅復出

施琅在京城就這樣過了12年，形勢終於有了可喜的轉機。康熙十五年（1676）秋，靖南王耿精忠和平南王尚之信先後降清，會同清軍進討鄭軍。康熙十七年（1678）秋，「三藩之亂」的倡起者平西王吳三桂病死。至此，長達5年的「三藩之亂」基本解決。這樣，清鄭雙方力量就發生了根本變化，康熙十六年（1677），清軍連克漳、泉、潮、惠等七府。十九年（1680），又攻克廈、金兩島，鄭軍重新退守台灣，清鄭隔海對恃局面再次形成，台灣問題也再次浮出水面。清廷也終於可以集中兵力解決台灣問題了，康熙皇帝採納部臣意見，作了兩手準備：先行招撫，以和平解決台灣問題為上策。若無奏效，再選擇適當時機武力進取。

對台灣的招撫工作隨即開始，面對朝廷的招撫，明鄭多次要求「不剃髮」、「世守台灣」。如果清政府同意鄭氏的要求，台灣這塊自古以來的中國領土，就會從中國分裂出去。康熙帝在遣使與鄭氏代表談判中許諾，包括「若遵制剃髮歸順，高爵厚祿，朕不惜封賞，即台灣之地，亦從彼意，允其居住。」對明鄭政權的招撫條件甚至比十多年前更為寬容。但台灣方面顯然對此沒有興趣，談判遭到重重阻力。然而不久，明鄭政權內部卻出了問題。康熙二十年（1681）正月，鄭經病逝。島內隨即出現了權力之爭的內訌，先是治台良相陳永華的兵權被侍衛馮

錫範設計奪走，接著是手握大權、經營有方的陳永華婿、鄭經長子鄭克臧被馮錫範誘殺，馮擁立其婿、年方12歲的鄭經次子鄭克塽。台灣社會政治動盪不安。這一情況當即被福建總督姚啟聖偵知。姚即把此事密報朝廷，認為：「此天亡海逆之時也。」並上疏建議：「會合水陸官兵審機乘便直搗巢穴（台灣）」，並提出「當此任者非施琅不可」（《台灣外記》卷八）

康熙採納了姚進取台灣的建議，但任命萬正色為水師提督，率師征台。然而萬正色卻提出「台灣難攻，且不必攻」的意見，反對以武力進取台灣。在這關鍵時刻，李光第也力挺施琅復出任水師提督。康熙終於同意李和姚的意見，於7月28日下詔書云：「……施琅熟悉彼處地利、海寇情形，可仍以右都督充福建水師提督總兵官，加太子少保，……克期統領舟師進取澎湖、台灣。萬正色改為陸路提督。」（《清聖祖實錄》卷九六）

三、文武相濟，平台首功

康熙二十年（1681年），施琅復任福建水師提督。康熙帝還在瀛台召見已年屆花甲的他，諭道：「爾至地方，當與文武各官同心協力，以靖海疆。海氛一日不靖，則民生一日不寧。爾當相機進取，以副朕委任至意。」令其即赴前線，操練水師，待機進取台灣。（《康熙起居注》·第1冊）施琅受寵若驚，風塵僕僕，日夜兼程。十月，抵達廈門，準備進軍台灣。

由於福建前線存在著姚啟聖和施琅軍政兩套班子，特別是與閩浙總督姚啟聖在南風出兵還是北風出兵問題上意見相左，行動起來難免相互掣肘，而軍機是稍縱即逝，不容拖延。因此施琅一到廈門，立即上書要求「專征」台灣，即在軍事指揮方面享有獨自決策權。在其意見被否決後，施琅又執意堅持再次上書。康熙帝雖然認為為人臣者不應如此「妄奏」，但他還是網開一面，把施琅的意見交諸

大臣討論。討論中，明珠贊成施琅的意見，主張「著施琅一人進兵似乎可行」，康熙也隨即表示同意明珠意見，令「施琅相機自行進剿」。

康熙批准「專征」使施琅大受鼓舞，上任以後，施琅積極訓練水師，督造戰船，選拔將領，全心籌措征台計劃。

康熙二十二年6月14日（1683年7月8日），施琅率領水兵2萬餘人，大型戰船300餘艘，中小戰船230餘艘，從福建東山海域揚帆起程，一路乘風破浪，鋒芒直指台灣的戰略前哨澎湖列島。

關於施琅在東山出師收復台灣的具體啟航地點，在東山縣乃至省內外文史學界，早有爭議。一說在東山銅陵，一說是東山宮前。而「宮前說」唯一依據是：一、「宮前灣舊稱平海澳」；二、「施琅屯兵在宮前天后宮出師」。「宮前說」傳播多年，不但在漳州延引入志、傳訛媒體，且影響海內外。

東山縣政協副主席、地方文史工作者劉小龍經多年尋覓史料認真求證之後認為：清康熙二十二年施琅出師收復台灣的「宮前說」，純屬以訛傳訛，必須推翻。他為此鑽進故紙堆整整作了近6年的尋覓考究，而後得出結論：施琅征台師出東山銅陵而不是宮前。劉小龍撰文指證「施琅攻台師出銅陵」推翻「宮前說」一事，在台海兩岸史學界引起了反響。

劉小龍認為：諸多史籍文獻其實都清楚地載明，施琅征台屯師於銅山灣，誓師於銅陵，祭江於銅山港，從銅山（銅陵）啟駕放洋，直抵澎湖。他列舉了如下四大證據：

其一，施琅舟師屯集銅山

施琅征台誓師起錨地東山銅陵天后宮

港。《台灣外志》（海上見聞錄定本卷二）載有：施琅「……會同督臣姚啟聖，

統率舟師，開駕至銅山。」；「六月十四日，施將軍自銅山開船，大小五百餘號，姚總督撥陸兵三千隨征。」民國稿本《東山縣志》卷一載有：「東山港，舊作銅山港」。

其二，征台營署設在銅陵水寨大山。清代杜臻《澎湖台灣紀略》與江日升《台灣外志》等都有施琅出師前夜「觀音」（觀音山又稱名仙山、水寨大山）和「關壯繆」（關帝封號）「托夢」的記載。《銅山志》施琅攻台後在東山重修關帝廟這一記載與之相互印證。

其三，征台督師大臣姚啟聖入駐銅山部院衙門（故址仍存，成一地名至今）。《銅山公署志》、《靖海記事》、《台灣府志》、《台灣外志》、《詔安縣志》等，都有姚啟聖、施琅於康熙十九、二十、二十二年3次在部院衙門坐鎮的史載文字為證。

其四，施琅祭江地是銅陵天后宮前的西門澳（今稱西門兜）。

劉小龍強調，征台水師提督施琅和督師大臣姚啟聖既然「屯兵銅山」並「誓師銅陵」，斷斷乎不會悖情悖理棄宮廟於不顧，而捨近求遠，棄大逐小，率大小500餘號戰船、2萬餘將士之師，到距離銅山60里外偏僻小漁村的一個小廟，去舉行征台的祭江儀式的。

至於之前史界普遍認為的「宮前的天后宮有康熙禦賜牌匾，所以施琅在此祭江」的說法，實際上，康熙禦匾並非宮前天后宮獨有，福建省的莆田平海澳有之，龍海浯嶼及台灣澎湖天后宮有之，銅陵天后宮亦有之（民國二十九年，東山國民政府反對封建迷信時毀失）。

「宮前說」者聲稱：「宮前村初時村名叫『平海澳』……康熙二十四年（即台灣歸清之後）才把『平海澳』改名為『宮前』」。對此，在東山土生土長的劉先生最有發言權，他說：明代的宮前村叫「宮仔前」又稱「靈宮澳」，有民國版《詔安縣志》史料可證。

「宮前說」者認為「銅山即是宮前」，把「銅山」與「宮前」等同起來，這

就犯了一個歷史常識性錯誤：在當時，銅山屬漳浦縣六都，宮前屬詔安縣五都。該論者還由此把施琅「誓師銅陵」、「從銅山啟駕」改寫為「從五都宮前灣起航」。這種想當然的立論方法，不合史學工作者的嚴謹態度。

史海鉤沉，劉小龍撰文指證「施琅攻台師出銅山」推翻「宮前說」一事，在台海兩岸史學界引起強烈反響。

本書作者認為，劉小龍以史料說事，確鑿有力，對「宮前說」的否定，無疑對起了正本清源的作用。

話說回來，施琅出兵台灣選擇了一個最恰當的時機：鄭經死後，鄭氏家族內部紛爭不斷，新繼王位的鄭克塽無力控制局面；由於農曆六月間是台灣海峽颱風盛行之時，施琅前兩次渡海攻台就因颱風半途而廢，故鄭軍主將劉國軒斷定清軍不會在此時冒險渡海，對清軍進攻毫無防備。

鑑於以往的教訓，施琅把選擇出兵的季節、時間、風向等條件作為一件大事，派專人查閱氣候資料並進行了海情和風向、風力的實地觀測。攻台之前，清軍制定了詳細的作戰計劃，但在選擇北風還是南風的風向出兵這個關鍵問題上，軍內存在不同意見。施琅認為：台灣地區高溫多雨，特別是在偏南風向下，風速和緩順暢，有利於舟師橫渡海峽。他多次向皇帝上書陳述自己的意見，就南風和北風對航海軍事的影響優劣做了比較。他說：「乘夏至南風成信，當即進發搗巢。蓋北風剛硬，驟發驟息，非常不准，難以預料；南風柔和，波浪頗恬，故用南風破賊，甚為穩當。」他的理由最終說服了康熙帝和其他將領。

施琅把平台的首選目標定在澎湖是非常正確的。台灣本島地域狹窄，缺乏戰略縱深，澎湖是其外圍防禦的惟一屏障。台軍主帥劉國軒也認識到了這一點，將台軍主力悉數擺在澎湖，並建立了堅固的防禦工事，還在媽祖宮、風木匼尾、西嶼頭、牛心灣等要衝地點加築炮城14座，沿海築造高牆深溝20餘里，安設銃炮，準備與清軍決戰。面對鄭軍的嚴防死守，施琅採取了靈活的作戰方針，將清軍分為三路，以左右兩翼牽制敵人，主力居中直搗敵陣船隊。

　　7月9日，清軍到達澎湖八罩島(今望安島)，並停泊於此。從10日起，清軍向澎湖島台軍發起攻擊，與駐守澎湖的鄭軍將領劉國軒部隊展開激戰。清水軍迅速利用有利的西南風向條件，使用「五點梅花陣」，用多艘戰船圍攻鄭軍一艘，集中兵力作戰。「炮火矢石交攻，有如雨點，煙焰蔽天，咫尺莫辨」，「風利舟快，瞬息飛馳，居上流上風之勢壓攻擠擊，無不一當百；又有火器火船，乘風縱發，煙焰彌天。」（彭孫貽・靖海志・卷四）。清先鋒藍理率7船衝入鄭軍中，共擊沉、焚毀鄭氏船隻14艘，焚殺鄭氏官兵2,000餘人。藍理，漳州漳浦人，在澎湖海戰中任先鋒，激戰中被炮彈擊中腹部，腸子流出，藍理奮不顧身，撕戰袍裹住，拖腸血戰，救施琅出重圍，為攻取澎湖立下赫赫戰功，深得康熙皇帝讚賞。清聖祖曾令藍理解衣，親撫其瘢，於康熙四十二、四十五年(1703、1706)御書兩匾賜

漳州市區岳口街清初豎立的康熙為褒獎征台先鋒藍理而御筆親題的「勇壯簡易」牌坊

之：勇壯簡易、所向無前，並在在漳州市區新華東路岳口街賜立石牌坊褒獎。

　　話說回來，清軍攻勢凌厲，炮火猛烈，鄭軍終於抵擋不住，四處逃散，劉國軒和少數將領乘船逃回台灣。澎湖一戰，清軍先後焚毀、擊沉和俘獲鄭軍大小船隻近200艘，殺死鄭軍將領、頭目300餘名，士兵12,000餘名，另有165員將領和4,800名士兵倒戈投降。劉國軒帶領31艘小船逃回台灣。此役，清軍陣亡官兵329人，負傷1,800餘人，船隻毫無損失。

　　施琅一戰定澎湖，殲滅了台軍精銳部隊，打開了入台門戶，鄭氏敗局已定，島內人心大震。施琅獲勝後並不急於繼續進攻，而是在澎湖「撫綏地方，人民樂

業，雞犬不驚」，甚至派人撈救跳水未死的台軍官兵，使得台灣、澎湖軍民「莫不感泣，皆願內向」。與此同時，施琅建議朝廷「頒赦招撫」鄭氏，以爭取和平統一台灣，使台灣百姓免去刀兵之災。康熙帝也同意施琅的招撫政策。

鄭克塽、劉國軒見大勢已去，施琅「無屠戮意」，也願意納款投降。施琅提出：劉國軒和馮錫範前來面降，「將土地人民悉入版圖」，遵制剃髮，移入內地安置。7月11日，鄭克塽派人到澎湖施琅軍前呈降表，曰：

「為舉國內附，仰冀聖恩事。……自省重愆，誠為莫贖。然思皇靈之赫濯，信知天命有攸歸，逆者亡，順者昌，……茲特繕具表章，並延平王印一顆，冊一副及武平侯臣劉國軒印一顆，忠臣伯臣馮錫範印一顆……赴軍前，繳奏版籍、土地、人民，待命境上。數千里之疆土、悉歸王宇，百餘萬之戶口，並屬版圖。…」

8月13日，施琅率領舟師到達台灣，鄭克塽、劉國軒等帶領文武官員軍前迎接，各鄉社百姓亦沿途「壺漿迎師」，熱烈歡迎。鄭克塽、劉國軒、馮錫範等向施琅遞送了正式的降書，並繳納了延平王等冊印。至此兩岸終於實現了和平統一。台灣正式納入清朝的版圖，實現了康熙皇帝和施琅「四海歸一」、「天下一統」的願望。

施琅從1664年上書請求收復台灣，至1683年統一台灣，前後共計20年時間。

四、善待鄭氏，保台功臣

清軍攻下澎湖以後，有人向施琅進言：「公與鄭氏三世仇，今鄭氏釜中魚、籠中鳥也，何不急撲滅之以雪前冤？」施琅卻說：「吾此行上為國、下為民耳。若其衛壁來歸，當即赦之，毋苦我父老子弟幸矣！何私之與有？」他還向鄭氏手下的人聲明，「斷不報仇！當日殺吾父者已死，與他人不相干。不特台灣人不

澎湖馬公島上的施公祠

殺，即鄭家肯降，吾亦不殺。今日之事，君事也，吾敢報私怨乎？」

施琅到台灣後，果然不計前嫌，冷靜處理國事與家仇的關係，不但沒有誅殺一人，而且還到鄭成功廟祭拜，肯定了鄭成功開發台灣的貢獻，與鄭克塽等人「握手開誠，矢不宿怨」。他疏請減輕台民的賦稅負擔，妥善安置歸降的鄭氏官兵。

施琅克復台灣的捷報傳到京城，康熙皇帝十分高興，他當即祝酒賦詩一首，滿懷激情的寫道：

牙將受降秋色外，羽林奏捷月明中。海隅久念蒼生困，耕鑿從今九壤同。

其喜悅之情，溢於字裡行間。

他仍然覺得詩意未盡，又特意寫了一首讚揚施琅收取台灣的詩。詩中寫道：

島嶼全軍入，滄溟一戰收；降帆來蜃市，露布徹龍樓。上將能宣力，奇功本伐謀；伏波名共美，南紀盡安流。

康熙皇帝盛讚施琅收復台灣是建了一件奇功，把他和漢代伏波將軍相比美。

康熙皇帝把台灣的歸降看成是施琅為清朝「掃數十年不庭之鉅寇，擴數千里未闢之遐封」，所以又發布了對施琅封侯的「制誥」，稱讚施琅「矢心報國，大展壯猷，籌劃周詳，布置允當，建茲偉伐，宜沛殊恩」，封施琅為「靖

海將軍侯，世襲罔替」。

康熙22年（1683）中秋佳節，康熙帝召見了平台得勝歸來的施琅，「解所禦龍袍敕賜，親制褒章嘉許」，還表彰他「矢心報國，大展壯猷，籌畫周祥，布置允當」，「加授靖海將軍，封靖海侯，世襲罔替」（施琅：《靖海紀事》下），令其永鎮福建水師，「鎖鑰天南」（所以人們後來又稱施琅為靖海將軍），並特准在澎湖大山嶼媽宮城內及台南城內檨仔林街建生祠，稱為「施將軍祠」。

施琅收復台灣後，在清廷內部產生了一場對台灣的棄留之爭。許多大臣對台灣的戰略地位缺乏認識，竟然認為「日費天府金錢於無益，不若徙其人而空其地」。大臣中主張守台者只有姚啟聖和施琅等少數人。在這緊要關頭，施琅提出了著名的《恭陳台灣棄留疏》（寫於康熙二十二年12月），在此疏中，施琅力陳台灣對我國戰略地位之重要性：台灣「乃江、浙、閩、粵四省之左護」，「台灣一地雖屬外島，實關四省之要害」，「棄之必釀成大禍，留之誠永固邊圉」。施琅對西方殖民者覬覦台灣多年的情況有所瞭解，認為「紅毛」（西方殖民者）「無時不在涎貪，

對台灣前途命運起重大作用、收入台灣文獻的施琅《台灣棄留疏》

亦必乘隙以圖」，若一旦讓其占有，必定會以台灣作為基地，利用「精壯堅大」戰艦進犯大陸沿海，「此乃種禍後來，沿海諸省斷難晏然無虞」，國家安全和領土完整將會受到嚴重威脅。

在隨後的幾次奏陳中，施琅還指出：台灣土地肥沃，物產豐富，交通發

達，棄之未免可惜；「耕桑並耦，魚鹽滋生」，滿山遍野種植有各種竹木，「一切日用之需，無所不有」。還盛產木棉，「經織不乏」，「舟帆四達，絲縷踵至」，怎能拱手送人？

施琅還在疏中指明守衛台灣並不會增加政府的財政負擔。他說：海氛既靖，內地溢設之官兵儘可陸續裁減，以之分防台灣澎湖兩處。……共計一萬兵員，足以固守，無增兵增餉之費。，至於兵餉來源，一是可以按照以前的亦寓兵於農辦法，無庸盡資內地之轉輸也，二是先實行三年減免台灣賦稅的優惠政策，可以解決兵餉問題。

康熙開始對台灣的重要性是認識不足的。他說：「台灣僅彈丸之地，得之無所加，不得無所損。」朝中不少大臣也不敢違背皇帝的旨意，有的甚至主張「空其地，讓夷人居之」。對於台灣的棄留問題，朝中大臣議論紛紛，福建總督姚啟聖、施琅、趙士麟等竭力主張保留台灣。施琅上奏的《恭陳台灣棄留疏》是一篇決定台灣命運的光輝篇章。對於台灣的重要性，施琅早就認識到了，他早先的《盡陳所見疏》和後來的《曉諭澎湖安民示》、發往台灣的《安撫輸誠示》、《諭台灣安民生示》等，都指出台灣屬大清「版圖」，「得一土則守一土，安可以既得之封疆而復割棄？」由於施琅力主保留台灣，最終促成清政府在1684年設台灣府，隸屬福建省，駐兵1萬戍守。

五、高齡去世，恩榮有加

康熙三十五年（1696）3月21日，一代名將施琅，病逝於福建水師提督任上，享年76歲。此時康熙皇帝正在西北親自指揮平定噶爾丹叛亂，平叛回京時已是6月9日，當他閱悉施琅之遺疏後，大為傷感，對這樣一位為收復台灣、統一國家立下卓著功績的勛臣的病逝而哀悼不已，諭令：施琅之祭葬從厚，加贈

施琅陵墓 位於泉州惠安縣黃塘鎮與洛江區河市鎮交接的虎窟坡地上，係施琅與其妻王氏、黃氏合塋。

太子少傅、光祿大夫，謚襄壯。葬於福建惠安。次年，施將軍廟在媽宮澳東街興建，康熙三十七年（1698）8月12日，康熙命於施琅墓前立碑紀述其功績，並親作《敕建碑文》。在碑文中，康熙稱施琅「才略夙優，忠誠丕著」，謂其進征澎湖和台灣時，「能上度天時，下審地勢；更行間諜，收拾人心。」建立大功後，「能遵從朕訓，保有命名。」當年9月11日、14日和16日，康熙分遣福建分守興泉道、布政司參議王之麟連續三次諭祭施琅，並在祭文中讚揚施琅「忠勇性成，韜略夙裕」、「果毅有謀，沉雄善斷」，給予施琅以極高的評價。

施琅去世的消息傳出，福建和台灣各地軍民盡皆痛哭，民眾為施琅建立祠廟，尊奉他為神明，每年祭祀，相沿成習。在台灣和澎湖地區共建有兩座紀念施琅的祠廟。在本島是台南縣寧南坊的施將軍祠，該祠原係清廷允許為施琅所建之生祠。

已故著名明清史專家傅衣凌先生曾指出：「鄭成功的復台和施琅的復台雖各有具體原因，但是都隱藏著中華民族的大義。」「兩人的處境不同，征台的出發點不同，但是他們對台灣戰略地位的重要性則有同樣的認識，都堅定地主張保衛台灣。從他們兩人對台說施琅不是鄭成功的叛徒，而是他的繼承者。」

在施琅的故鄉福建省晉江縣施琅紀念館中，有這樣一副對聯：「平台千古，復台千古；鄭氏一人，施氏一人。」這是對鄭成功和施琅功績客觀、完美的寫照。

六、故里晉江龍湖衙口村今昔

施琅將軍的故里衙口村位於「中國織造名鎮」、著名僑鄉晉江龍湖鎮區東南

部。改革開放以來，
龍湖鎮發揚祖輩「敢
拚會贏」的精神，改
造傳統農業，大力招
商引資，發展工業
企業，並取得顯著成
果。其中紡織業是龍
湖鎮起步較早，發展

中國織造名鎮晉江龍湖鎮街頭一景

較快的製造產業。至今基本形成集切片、化纖、織造、染整、拉鏈、電腦繡花、
織嘜、化工、包裝、成衣生產一體的完整工業體系和日臻完善的生產供應銷售網
絡，現有紡織服裝企業1,300多家，擁有年產值超千萬元的紡織服裝企業76家，
化纖業的生產設備大多處於國際先進水平，成為福建省最大的紡織產業生產基
地。2004年12月，龍湖鎮被中國紡織工業協會授予「中國織造名鎮」稱號，2010

年又通過「中國織造名鎮」復
評工作，2011年工業產值達
234.8億元，財政收入達7.19
億元，農民人均年收入11,110
元。

該鎮的衙口村就座落於這
座充滿生機活力的龍湖鎮東南
部，人口5,000多人，面積近

施琅故里晉江龍湖衙口村刻石

5平方公里，東臨浩瀚的深滬灣碧藍海域，西邊與南潯村為鄰。該村始建於北宋後葉，屬晉江縣弦歌里。元朝屬十七、八都。明清兩朝沿襲舊制。民國時在衙口建霞坡鎮，1949年後改霞坡鎮為衙口鎮，衙口仍為鎮所在地。1958年，撤鎮設人民公社，衙口屬龍湖人民公

衙口村街景

社，同時轄二個行政村。1978年公社改鄉，1991年龍湖鄉改為龍湖鎮，衙口村屬龍湖鎮轄。

與晉江大多數村莊一樣，衙口的先民來自河南光州，施姓人口占絕大多數，另外一小部分為粘姓（滿族）等。幾百年來，漢滿兩族和睦相處，融為一體，共同創建家園。古時，衙口亦稱南潯，因村南有潯江（亦稱潯海）而得名。當年肇基晉江的施氏可分為二個支派，前一支為錢江（前港）派，較於衙口早200餘年；後一支即衙口，謂之潯江派。二個支派合稱為錢潯兩江。又因衙口的發展與海有莫大的關聯，所以從清代開始，潯江施氏的堂號多稱為「潯海」。

「衙口」這一村名可追溯到清初。其時村落規模已較大，人口淵藪，初具集市雛形。清初遷界時，居民徙往青陽，集市隨之而廢。康熙二十二年（1683），施琅

施琅故居東側的施氏大宗祠

183

將軍征台勝利後，沿海復界，居民回遷。施琅將軍因功受朝延封賞，返鄉大興土木重建祠堂，並建造家廟、靖海侯府（即施琅故居）、都衙、東衙、西衙等8座相互毗連的龐大官邸，並在前面鋪設寬敞石埕，俗稱府衙。是時周圍五鄉十里的居民大都往府衙門口的石埕進行集市貿易。從此「衙口」作為集市名，很快就被叫開，以至「南潯」這一村名最終被「衙口」所代替。

由於交通和人口的因素，衙口商業起步較早，清代已形成相當的規模。加上地緣和人緣的關係，對台貿易尤其發達。外出經商開市者甚多，如石獅的第一條街道（現在的觀音亭一帶）即是衙口施能起所建。安海的不少店鋪也是衙口人所建。民國時期，衙口街道縱橫交錯，分布著米行、魚行、布行、藥行、杉行、建材行、油坊、珠寶、百貨、文具、典當、食品加工、菸酒製造等數百家店鋪和作坊。著名的商號有長順、盛益、合瑞、活源、瑞成、合興、捷成、盛吉、重美等十餘家。時人將衙口與安海、石獅、永寧合稱為晉江四大集鎮。

衙口人傑地靈，歷史上人才輩出。如清初統一祖國版圖的靖海侯施琅將軍、被康熙皇帝譽為「天下第一清官」的施世倫等。據《潯海施氏宗譜》記載，衙口從宋至清，曾出進士17人。靖海侯府（施琅故居）建成於康熙二十八年（1689），迄今已有300多年歷史。該府邸坐北朝南，占地2,324平方公尺，原為五開間三進帶雙護厝硬山式大型穿斗式建築，牆體大多採用「出磚入石」和「一斗一臥」。結構精巧。前附石埕，後帶花園，呈長方形，規模恢弘。由於年久失

施琅故居：靖海侯府，現已闢為施琅紀念館

修，侯府破損嚴重。近年來經過地方政府的精心修復，靖海侯府與其面前新拓建的侯府廣場連為一片，重現往日宏偉氣勢，成為晉江一景。靖海侯府東邊緊連著施氏大宗祠，為五開間三進硬山式建築，占地1,451平方公尺。兩組古建築交相輝映，構成具有閩南風格特色的清初大型官宦與祠堂建築群。此外，該村富有特色的古建築和大量的多層次進深、紅磚白石、燕尾脊、雕梁畫棟皇宮式的傳統民居建築，在村裡比比皆是，保存基本完整。其中施琅故居和施氏大宗祠雙雙列入國家重點文物保護單位。而1986年於靖海侯府辟置的施琅紀念館，每年接待來自海內外成千上萬的參觀者，成為泉州市重要的愛國主義教育基地。

施琅紀念館中珍貴的清代施琅雕像

衙口是台灣同胞的主要祖籍地之一，當年有不少鄉人跟隨施琅收軍收復台灣和開發台灣。三百多年來，他們的後裔大部份在台灣繁衍生息。加上後來的海峽兩岸貿易頻繁，去台人員更多。據台灣資料統計，目前施氏人口已逾十萬，其中大部分出自潯江支系。衙口又是著名僑鄉之一，旅居港澳地區和東南亞等國家的僑親達二萬餘人。

為瞭解施琅故里詳細情況，筆者於2012年8月初專程到衙口村採訪。剛接近衙口村，公路邊上的路

施琅故居中的施琅起居室

燈桿上便看到懸掛著的「衙口旅遊區——國家AAA景區」的宣傳旗牌。進入衙口村，沿古民居厝群穿過一條狹長的村中街道，進入眼簾的是8,000多平方公尺的寬闊的施琅廣場，廣場四周豎立著黨和國家領導人以及軍隊高級將領的諸多題詞。其中全國人大副委員長蔣樹聲的題詞「功在一統，利澤千秋」真實反映出後人對施琅將軍的客觀評價。穿越廣場就到了施琅故居（靖海侯府），門牆上的門牌寫著：「衙口村潯江區295號」。現這裡辟置為施琅將軍紀念館。施琅將軍紀念館由四個展廳組成，在這裡可以看到施琅將軍從小學文習武、當上總兵和福建水師提督、統一台灣以及封侯等過程的珍貴文獻實物資料。其中第一個展廳靖海侯府為整座紀念館的核心，有66間房。在此展廳入門最顯眼的中央陳列是施琅將軍清代雕刻石像，該石像被譽為鎮館之寶，已經被北京故宮博物院列入清史展覽中。據該館工作人員介紹，2004年11月25日上午，金庸先生參觀該館時，對這座石像鍾愛有加，還特意在石像旁與其合影。

談起衙口村近年來的發展情況，村民告訴筆者，衙口村位於閩東南丘陵地帶，土地大多為沙質旱地，特別適宜種植花生，所以花生是該村主要農作物。衙口花生表皮黃裡透紫，經過特制的衙口花生肉仁味道鮮美獨特。衙口歷史上就有製作熟花生的傳統技術。據傳清朝光緒年間，村裡的一戶村民施性曾苦心研究花生蒸煮工藝，將花生清洗後加入少量食鹽，用旺火猛煮，煮花生做到時間短、熟得快、出油量少。並將蒸煮的花生晒乾後進行密封保存，成為「白晒花生」。這項製作工藝特別成功，製作出來的產品皮色美豔、香脆可口，令人百食不厭，因而銷量日廣，爾後施性比就專門從事花生的加工與營銷。自此「衙口花生」得以遠播，延至今日，衙口花生已有200多年的歷史，銷量一直不減，成為泉州出口的重要傳統土特產。1988年，衙口花生就作為福建名產晉京展覽，獲得金獎。

該村還利用這裡的歷史人文和自然景觀，大力發展旅遊產業。衙口海灘自然風光旖旎，半月形的一灣碧波，風平如鏡；十里沙灘，細白如雪，灘前碧波萬頃，灘面開闊，百畝林帶，綠蔭如蓋。此處沙灘海水潔淨、水溫適中，是踏

衙口村深滬灣海濱泳場

矗立著施琅鉅型雕像的衙口海濱風光

浪戲水和開展沙灘排球、放風箏、跑馬等各種沙灘活動的理想場所，如今已辟為海濱浴場。每當盛夏金秋，遊人如織。2003年11月18日，施琅雕像揭彩儀式在這片雪白的沙灘上舉行，衙口人引以為豪的施琅將軍鉅型雕像兀然矗立。施琅將軍雕像高16.83公尺，總高19.83公尺。這位為平台和保台建立了卓越功勛的將軍身著戎裝，外罩披風，扶劍面海，炯炯有神的目光矚望著海峽對岸的寶島，將軍期盼著兩岸早日統一。

　　鉅型施琅雕像的落成，為該村濱海又增加一旅遊景點。2006年開始規劃建設的衙口村「靖海幽思」施琅紀念中心工程和「衙口趕海」大眾濱海度假中心等一批旅遊服務娛樂項目已作為晉江市重點開發的旅遊觀光項目已經建設完成。現衙口景區已名列國家3A級旅遊景區。

第九章
籌台宗匠藍鼎元

一、藍鼎元其人

　　藍鼎元，字玉霖，號鹿洲，福建漳浦莨薌
鄉（今赤嶺鄉）山平村山尾頂自然村人。康熙
十九年（1680）8月27日（西曆9月19日）生，
在他10歲時，父藍斌「染寒疾」早逝，之後由
母親許氏一手扶養成人。他的祖父是當地有名
望的讀書人，因此藍鼎元自幼受儒學熏陶，5
歲便能成誦四書五經，11歲進鄉里龜山學堂，
稍長還涉獵天文地理。因家鄉地處閩南沿海，
他曾多次隨同出海捕漁的鄉親，「溯全閩島
嶼，歷浙洋舟山，沿南澳海門以歸」，詳細考

漳浦赤嶺鄉提供的藍鼎元像

察了福建浙江沿海島嶼港灣情況。他讀書善於獨立思考，從小養成關心時政的
習慣。其淵博的知識和經時濟世之才頗受知縣陳汝咸賞識，招入門下，加以指
導，拔童子試第一。康熙四十六年（1707），陳汝咸推薦他到福建巡撫張伯行
創辦的福州鰲峰書院，與同鄉蔡世遠共同纂訂先儒諸書。兩年間，他抓住修纂
先賢諸書的好機會，用心研讀了周敦頤、程頤、程顥、朱熹等大儒之著作，學
識日以至臻。後因母親年老多病，讓他十分牽掛，於是謝絕張伯行的挽留，堅

辭歸家，在家鄉教書和著述，並服侍母親扶養弟妹，直到母親去世。

康熙六十年（1721）夏，台灣朱一貴舉事，南澳總兵、族兄藍廷珍受詔率師平息這一事件，藍鼎元應族兄之邀，隨師入台，當上藍廷珍的高級幕僚，由此進入台灣，步入軍政界，時年41歲。他在台灣前後有一年多時間，做為戍台軍事長官的高參，他必須全面瞭解台灣的歷史、地理、風土民情等

藍鼎元故里山平村山尾頂自然村一隅

情況，才能為制定軍事決策提供準確的依據。所以，他深入各地，仔細考察收集地理民情和軍事布局等相關資料，足跡遍及全島，為平定戰亂、經理台灣出謀劃策，寫出了許多有卓識遠見、切中治台時務的精辟政見文章，「為台灣的開發和建設作出了不可磨滅的鉅大貢獻，他的治台政論，事發於沉思，切乎人情物理，明心具性，不假外求，表現出非凡的才華與卓識。他的事蹟和光華文章，史家多加讚賞。」（《鹿洲全集》（上），廈門大學出版社1995）為時人所注目，是入選《四庫全書》中涉台文獻最多的作者，被稱為「籌台宗匠」。（嘉慶十年〔1805〕任嘉義縣教諭的謝金鑾撰的《蛤仔難紀略》）

從台灣回大陸後，藍鼎元的經世才華受到朝廷的重視，雍正二年（1724），他以真才實學被選入京都，進入全國最高學府，受命校書內廷，負責分修《大清一統志》，其文才得到雍正皇帝的青睞，之後先後任職廣東普寧知縣、廣州知府，雍正十一年（1733）6月23日（西曆8月1日）病逝於廣州任上。葬於今漳浦湖西鄉政府旁邊。其長子藍錦雲後來遷居台灣屏東里港，繁衍

為當地大族。

二、治台思想及其實施

藍鼎元隨同藍廷珍到台灣平定朱一貴之亂，在台灣住了一年多，他在參戎軍機之中，在軍事活動結束之後，對台灣的地理、風土人情、社會民俗等作了較為深入的調查瞭解，寫出了許多關於台灣防務、用兵、治政、撫民、理「番」等方面的主張和政策性文獻，主要的思想和建議有：

第一，整頓吏治，確保台灣社會穩定。

在清政府統一台灣之後，開始在台灣設府和縣，派出了官員到台灣任職。這些仕台官員之中，有許多勤政清廉之士，但也不乏營私舞弊的貪官汙吏。而且台灣遠離大陸，朝廷的約束鞭長莫及，因此，對一心想謀取私利的官員來說，到台灣當官就是他們最好的「致富」機會。一些耐不住清貧的仕台官員往往利用權勢欺壓百姓，搜刮民脂民膏，肥其私囊。藍鼎元認為：「台中胥役，比內地更熾，一名皂快，數十幫丁；一票之差，索錢六、七十貫或百餘貫不等，吏胥權勢，甚於鄉紳，皂快煊赫，甚於風憲，由來久矣。」（《鹿洲全集》（上），廈門大學出版社1995）朱一貴事件便是因台灣府太守王珍酷政，苛捐雜稅過於繁重、「民眾苦無訴處」而引起的。

瞭解朱一貴舉事深層政治因素的藍鼎元，認為要「亡羊補牢」的辦法是整頓吏治，官廉才能政清，社會政治才能長治久安。他認為：「私則不公，欲則不潔，……，故居官以廉為稱首。」（《鹿洲全集》（下），廈門大學出版社1995）他還認為，作為領導的官員不僅自己要有好的操守，還要善於以廉潔要求部屬，要「知其名而處之當，使廉能得以伸其志。苟節而不肖者，有所憚而不敢妄為」，（《鹿洲全集》（下），廈門大學出版社1995）他建議，必須

在實踐中考驗官員的德才水平，提拔重用那些被實踐證明是德才兼備之士，他認為，對待朱一貴事件的不同表現就是檢驗官員德才水平的試金石，應對那些在這一事件中「忠於職守的、陷賊而不屈的、陣亡殉難的」給予嘉獎，給予重用，給予撫恤；對貪生怕死的、棄地而逃的，要給予撤職查辦，嚴加懲處。他認為：「國家刑賞異用，所以鼓勵臣節矣……有春夏而無秋冬，則四序不成；有慶賞而無刑威，則亂賊接踵」、「守土之臣，文武一例。」他尤其讚賞在戰鬥中被朱一貴部將所擒慷慨引頸就義的中營游擊劉得紫，認為其「忠貞之操，深可嘉尚。願執事特疏褒旌，以為千秋志士之勸。」這些主張集中反映在其所著的《東徵集‧論台變武職罪案書》、《棉陽學準‧卷四‧閒存錄》等文獻中。

顯而易見，藍鼎元的史治主張是從維護封建統治的立場出發，但這些主張對抑制封建官吏對黎民百姓的欺詐，對緩和台灣社會官民矛盾，穩定台灣社會，利於百姓民生，無疑是有積極意義的

第二，整飭防務，確保海疆平靜。

台灣納入中央政府的行政管理之中，清政府正式派出兵員駐守。但在收復台灣初期，朝廷對台灣的「棄」與「留」還在爭議，因此才有深明台灣重要性的施琅力排眾議，於收復台灣的當年12月22日上陳了一篇不朽之作《台灣棄留疏》，力陳「台灣一地，雖屬外島，實關四省之要害，固黨議留，斷斷乎其不可棄。」雖然朝廷最後採納了施琅的「主留」說，但對台灣防守僅停留在「唯恐台灣再度成為逋逃之藪，反清復明之根據地，只求安定，並無積極開發經營之意，防務亦採取消極政策」（曹永和著《台灣早期歷史研究》），因此派到台灣的兵員只有七千餘名，但台灣幅員千五百里，也就是說，這些數量的兵員顯然與台灣重要的防守任務是不相適應的。藍鼎元認為，必須從思想上重視台灣的重要而特殊的地位，他在《平台紀略》一文中認為：「台灣雄踞海外，直關內地東南半壁。沿海六、七省，門戶相通。其亂其平，非於國家渺無輕重

者。」在該文中他還從歷史上外國對台灣的覬覦與染指說明它在國際上的重要
地位：「台灣海外天險，日本、荷蘭素所朵頤之地，東南風順利，十餘日可至
關東，此齒脣密邇之區，未可以（一般）遐荒海島目之。」所以他堅決反對忽
視經營台灣的各種說法和做法。由此可見，藍鼎元是較早從全國大局甚至從世
界戰略的高度來闡述台灣重要地位的學者。

在朱一貴事件平息之後，朝廷大臣在討論要否繼續駐兵台灣時，一些官員
提出，兵員駐台有諸多不便，應移師澎湖，來往和管理都比較方便，這就是當
時的「台鎮移澎」之議。此議傳至台灣，藍鼎元憂心似焚，他急忙上書《台灣
水陸兵防・第三》中陳述自己的意見，認為「部臣不識海外地理情形，憑意妄
斷，若果台鎮移澎，則海疆危若累卵」、「以澎湖總兵控制台灣，猶如執牛尾
一毛欲制全牛，雖有孟賁、烏獲之力，總無所用」。他言之鑿鑿，情之耿耿，
最終說服了朝中大臣，取消了「台鎮移澎」之議。

藍鼎元和施琅一樣，對台灣重要地位一次次中肯的奏疏，對重視台灣開發
與防衛的大聲疾呼，其所述觀點對後來人們認識台灣的重要地位，對執政者當
局制定對台政策影響很大，終於使朝廷愈來愈多有識之士認識到了台灣不是可
有可無、無關緊要的島嶼，從而開始認真地對待台灣、經營台灣，在這方面，
藍鼎元功不可沒。

在解決對台灣重要地位認識的基礎上，他在《平台紀略總論》的奏疏中進
一步提出了必須儘快改變台灣地廣兵少的局面。「欲為謀善後之策，非添兵設
官經營措置不可也」他根據自己調查的情況，不僅如上已述堅決反對「台鎮移
澎」之廷議，而且對全島的軍事布防提出了很有針對性的建議：

1、基隆是全台腹背旁門要害，「距淡水僅有百餘里，倘日本、荷蘭鉅艦入
港，淡水營官兵斷不能知」，應在這裡「修補炮城，增設水師一營以守備，領
官兵五百，戰艦七隻防守其地」；

2、半線上下六百餘里，自昔空虛。今已設立彰化縣，雖有一營兵力防守，

但這裡六、七百里皆是山海奧區，民「番」雜錯，而竹塹埔寬長百餘里，彰化守備兵力弗能及此，應設屯田守備一營，駐兵五百，平時兼屯墾，使「生番」不敢出截行人，農民得以安心耕種，還可解決兵餉問題；

3、在淡水八里岔增設巡檢一員，佐半線縣令之所不及；

4、中路羅漢門一帶也很重要，可內控「生番」，外屏郡治，是朱一貴舉事之處。今雖在崗山增設守備，但羅漢門卻無兵把守，而崗山至府治（台南）僅三十里，上有總鎮標兵，下有南路營參將，因此應把崗山兵員移駐羅漢門，設千總一員，兵三百；

5、下淡水新園設守備一營，兵五百；

6、台灣南端的琅嶠，為台南要害之區，亦宜增設千總一員，增設駐兵三百，屯墾防守，既能解決兵餉來源，又能起到防守之效。

他認為，倘能如此，則可使台灣南北布防合理，千里幅員首尾相濟，聲息相通。

從台灣當時的防務情況看，藍鼎元的上述建議無疑具有前瞻性和建設性，也具有很強的務實性和操作性：1、當時的情況是，朝廷不可能從大陸增派兵力入台，增加軍餉也有困難，於是藍鼎元提出了「興保甲，辦團練」，募農為兵，寓兵於農，兵民結合的辦法，把兵員與地方農業生產、與保護地方安全結合在一起，「家家戶戶，無事皆農，有事皆兵」，既能保家衛土，又能防外來侵略，可謂兩全其美；2、面對大陸兵員入台防務時間過長、軍士思鄉嚴重，影響防務的情況，藍鼎元繼施琅之後，再次強調入台駐軍實行「班兵制」的好處，對水陸兵種進行換班輪替，同時注意對一些技術好的舵工水手骨幹軍士酌情多留一段時間，給予優惠待遇，以利培養新手，鞏固部隊戰鬥力。

這些建議集中體現在藍鼎元所著的《鹿洲全集》中的「奏疏」——《台灣水陸兵防》、《平台紀略總論》等文獻中，它更深入地闡述班兵制的諸多優點，使朝廷進一步堅定該辦法的實施決心，班兵制成為清代戍台兵制。

第三，關注民生，以贏得民心為治台上策。

作為福建社會一名知識分子，藍鼎元深深懂得「得民心者得天下」的道理，他從儒學的民本思想出發，對仕台官員執政如何關注民生贏得民心提出了許多好的建議：

1、在如何處置捲入朱一貴事件中的一般民眾，他認為應區分主從，嚴懲只限於鉅魁數人，對眾多的協從應取「皆令自新，勿有所問」的辦法。因為對大多數人來說，參與朱一貴舉事大多是迫於鄉親，礙於情面，並非本意要造反，而且濫殺無辜，其實無益，對他們網開一面，是爭取民心之舉。

2、反對大規模勞民傷財的劃界遷民。為防止再生滋亂，一些官員主張將住於山裡不易管理的漢人逐出山外，拆毀其宅，山口用鉅木堵塞，山外以十里為界，挖溝建牆，十里內民家俱令遷移他處，認為這樣可以使喜歡作亂的「奸民」無險可憑，亂可自除。藍鼎元在《複製軍遷民劃界書》中認為，這種辦法不可行，因為遷出山裡的群眾田地從何而來？重建家園的資金從何而來？防止漢人進入山裡，各山口需要派人把守，把守的人及其費用從何而來？千五百里的挖溝建牆是大工大役，「計用人工不下三五萬，計費錢糧不下十萬兩，派之於官，則無可動支之項；派之於民，則怨聲四起，必登時激變。」他責問道：自古有安民無擾民，有治民無移民，無故使千五百里如帶之封疆，使千五百里之平民百姓流離失所，是為國家呢，還是為民眾呢？

總督覺羅滿保連續接到藍鼎元關於反對遷民劃界的意見書，覺得說得入情入理，於是放棄原議，使台灣人民避免了一場人為的災難。

3、建議朝廷允許大陸家眷入台。台灣收復之後，清廷出於消極防台的考慮，多次頒發「嚴禁大陸人員赴台」和「不准大陸家屬到台灣探親居住」的禁令，已在台灣的也不能把家眷帶來。康熙六十年（1721）又進一步嚴申：「嗣後台屬、文武大小官員，不許攜家帶眷。」朱一貴事件平息後，這種限制仍然沒有改變。這是朝廷對台灣不放心，實際上以其在內地眷屬為人質，以免到台

灣的官員士兵萌生異志。但這一政策反而使台灣官不安其位，民不安其生，導致台灣男女性別比例嚴重失調，成為社會動盪的隱患。藍鼎元看到這一社會問題，遂向朝廷提出解除家眷渡台禁令。他在《經理台灣》的奏疏中說：要清除台灣社會隱患，「必先使遂其有室有家之原，蓋民生各遂家室，則無輕棄走險之思。一妻入門，則慾食慾衣，有子有女，則衣食日繁，不得不力農負販，計圖升斗，以免妻子一日之饑寒。此不待禁令而自然馴服者也。」因此，「必得諭旨，飭著文武地方官，凡民人欲赴台耕種者，務必帶有眷口，方許給照載渡，編甲安插。其先在台灣墾田編甲之民，有妻子在內地者，俱聽搬取渡台完聚，地方汛口，不得需索留難。」

朝廷最終採納了藍鼎元的建議，雍正十年（1732），朝廷終於解除了不許赴台人員攜帶家眷的禁令。到乾隆五年、十一年、二十五年間，又先後三次頒發允許家眷渡台的詔書。這樣，從明末開始大規模開發以來的台灣社會，男女比例嚴重失調的現象在一定程度上得到緩解，之後，台灣人口得到大幅度增長，農業開發進一步發展。

對民生問題，是藍鼎元最關注的事。他還就以教育推動移風易俗、鼓勵墾荒、倡節儉、禁賭博、開倉賑災、平抑物價等方面有專門的建議並多被地方官員所實施，推動了生產的發展和社會風氣的好轉，使台灣進入了穩定發展的時期。

第四，剿撫並用的理「番」思想及其實踐。

在台灣開發之初和以後相當長的一段時期裡，妥善處理「番社」問題是每個仕台官員必須面對的大事。因此連橫在《台灣通史》中稱：「理番之事，台灣之大政也。成敗之機，實係全局。」藍鼎元在台灣期間，還有許多「番社」未融入文明社會，不服官府管理，並以其「出草獵人頭」的「番害」阻礙著農業墾殖事業的進一步發展。官府對他們是「撫之不易，剿之不忍」。

當時的地方官曾採取一種隔離政策：漢人進入「番」界者杖一百，到

「番」界狩獵的，杖一百，還要徒三年，到「番」界開墾種植的，要把所禁之地歸還「番社」。這些規定雖對「番」人起保護作用，但人為地隔離了漢「番」往來，也阻礙了農業開發的發展。

藍鼎元反對這種作法，他在《與吳觀察論治台灣事宜書》中認為，必須改變漢「番」隔絕狀態，而加大農業開發可以改變這種狀況，因為：「若田園平埔，無藏身之所，番人則萬萬不敢出也。荊棘日辟，番患自消。」所以，最好的辦法是「聽民開墾」。

但為了防止「番」人對墾民的危害，官府應在「生番」出沒的要隘設遊巡守望，大張炮火，虛示以威，使之畏懼而不敢出來傷害墾民，若其鬧事，則可大震軍威，連根撲滅，使「番彝」知國法萬不可犯，而後才能一勞永逸。他認為，這樣才能起到「以殺止殺，以番和番；征之使畏，撫之使順」。這樣堅持下去，「生番」就會轉化為「熟番」，大片的「番社」就會成為戶口貢賦之區。

實踐證明，藍鼎元剿撫結合，剛柔並用治「番」思想，大大推進了農業墾殖的深入發展，加強了漢「番」之間的往來、溝通與交流，促進了「番社」融入文明社會，對台灣社會和諧發展具有積極的意義。

第五，積極主張加強對空白地方的行政管理。

清廷統一台灣後，僅在台灣設一府三縣（台灣府，台灣縣，鳳山縣，諸羅縣）歸屬福建省管轄。這些行政權力機構集中在台灣南部西海岸地帶，對中部、北部和東部（即山後）廣大地區，不僅如前已述沒有派兵員把守，也沒有行政機構管理，這些寬闊地區就出現了行政管理的空白，這種情況持續了二十多年，一直到朱一貴事件之後，仍是如此。因此藍鼎元建議：在虎尾溪以北，大甲溪以南的半線地區新設一縣（即彰化縣），自虎尾溪以上的淡水、大雞籠、山後七、八百里地帶，全歸新設的縣管理；在北面設淡水廳，以固北部，待開墾事業發展，人丁多了，再另設一縣。他說：只要有官吏，有兵防，就會

民墾如歸，不招自來、立致萬家。

他在《平台紀略》一文中認為，選擇官吏非常重要，只要擇實心任事之員，為台民培元氣，勿加刻剝，「以實心行實政，自覺月異而歲不同。一年而民氣可靜，二年而疆圉可固，三年而禮讓可興，而全台不久安長治，吾不信也。」

朝廷採納了他的建議，雍正元年（1723），基本上按照藍鼎元所劃定的範圍，設立彰化縣（取「彰顯王化」之意）和淡水廳。之後台灣北部發展很快，進入清中葉，台灣的經濟、政治、文化中心已逐漸從台南轉移到了北部，整個台灣的經濟社會也得到了迅速地發展。

藍鼎元的治台主張內容十分豐富，博大精深，其中最有代表性的《與吳觀察論治台灣事宜書》一文，涉及了治理台灣的方方面面，包括有：信賞罰，懲訟師，除草竊，崇節儉，禁菸賭，儆吏胥，別陋規，寬租賦，正婚嫁，興學校，獎孝悌，編鄉勇，築城池，教樹畜，行墾田，復官莊，恤澎民，撫熟番，招生番。被稱為著名的「治台十九策」，是一整套系統的治台方略，為仕台官員必讀之篇。

三、皇帝讚賞，台官借鑒

藍鼎元著述甚豐，「著述多關台事」，在清初涉台朝野人士之治台思想與主張中略高一籌，都從台灣的實際出發，具有很強的針對性和務實性，使「其後官台者多取資焉」。（連橫《台灣通史》）

在他的積極建言之下，朝廷終於放棄「台鎮移澎」的動議，並使對台灣的防務從消極趨向積極，由防範轉向開發，為台灣的進一步開發與建設奠定了思想與政策基礎。

　　他的許多籌台方略和主張，有的在當時就被立即採納，有的為以後的仕台官員所採用，雍正二年（1724）任台灣道的吳昌祚就曾向藍請教治台方略，連台灣首任巡撫劉銘傳在推行洋務運動、開展台灣近代化建設中也不乏參酌藍鼎元治台方略之處，有學者認為「他（藍鼎元）的治台措施後來都成了劉銘傳的改革藍本」。（《藍鼎元研究》，廈門大學出版社1994）

　　光緒十一年（1885）台灣建省，首任巡撫劉銘傳「精讀鹿洲公之著述，作為重要施政之參考」。（《台北市藍氏宗親會第三屆會員大會手冊》）

　　首先，在對台灣地位重要性的認識上，劉銘傳承繼藍鼎元的台灣是「東南門戶」觀點，他說：「台灣是東南七省門戶，各國無不垂涎」、「一有釁端，輒欲攘為根據」。（《劉壯肅公奏議》卷二）

　　與藍一樣，他也認為應切實加強台灣防務，添兵設防，穩固台灣。

　　其次，在具體治政措施上，一是理「番」措施借鑒藍的主張，禁止劃民遷界，反對漢「番」阻隔，實行開山撫「番」。在劉銘傳執政時期，「番害」仍然嚴重，當時「番社」有800餘社，20多萬人口，每年死於「番害」的漢人仍有千餘人。同時，一些漢人中的不法之徒卻出沒「番」地，侵占「番」民田廬，誆騙「番」民財物，「番」民殺人也大多為此，「奸民被殺則訴於官，官輒興師剿辦；番社被冤則無官可訴。」（《劉壯肅公奏議》卷二）針對這一情況，劉銘傳以藍鼎元對漢「番」一視同仁的原則，實行漢「番」利益兼顧之策，恩威並用，剿撫結合，對滋事「生番」，令人入社勸導，如肯就範，則優撫之，若恩撫不從，方行圍剿。對官府凌虐「番」民，漢人侵占「番」地的，均予嚴處，絕不偏袒。他十分讚賞藍的反對劃界遷民的主張，認為「撫番者，就而撫之，非遷而撫之也」。應在招撫之後「教之耕織，使饒衣食，方可無慮反復」。（《劉壯肅公奏議》卷二）根據生熟「番」的不同特點，應分別採取不同的政策措施，把開發「番」地與撫「番」結合起來，邊開發邊促進「番」漢接觸，在開發中把「生番」變成「熟番」。二是採納藍鼎元的「重在教化」

的主張，除了保留和修建原來就有的儒學、書院、義學、社學，倡導科舉，培養人才之外，還和大陸一樣，創立了培養近代翻譯人才的西式學堂和電信技術電報學堂。此外還創辦了「番學堂」，招募各「番社」酋長及頭目的子弟到學校，免費學習中華文化及詩書禮儀，使「番社」陋俗逐漸改變。

其三是在發展經濟方面，承繼了藍鼎元力倡農桑、獎勵墾荒、減輕稅賦、

座落於湖西鄉政府前的藍鼎元墓

發展生產的思想。在賦稅問題上，台灣開發的早期，由於地籍制度的嚴重漏洞，導致賦稅管理的混亂，出現政府稅收減少，農民負擔卻在不斷加重的怪現象。這種現象一直到劉銘傳執政時仍存在。藍鼎元的賦稅思想是不能「病民」，他指出，台灣田糧和內地不同，「內地計弓論畝，台灣計戈論甲，每戈長一丈二尺五寸，東西南北各二十五戈為一甲，每甲約等於內地十一畝三分」，但台灣土地「新辟土肥，丈報皆實，又或荒埔饒瘠，溪谷沖淹，肥饒無常，地震水沖，乍墾乍棄，滄桑攸復」，「恐其後有額無田，為官民之累不少」，所以不可輕易丈量登籍加賦，以免加重農民賦稅負擔。

台灣屏東地圖

這一符合台灣實際情況的主張得到劉銘傳的充分肯定，因此，他組織了力量對

全台耕地田園進行了一次認真徹底的清丈，第一次比較徹底地弄清了台灣已開發的田園實際總數，並進行登記編冊，實施了賦稅整頓，達到了既減輕農民負擔，又增加了政府稅收之效，從而調動了農民生產積極性。

藍鼎元治台思想與方略貼近台灣現實，切中台灣時弊，又恰合治旨，實施後能收到切實的效果，不僅為許多仕台官員所採用，就連後來的幾位清帝也予以肯定。雍正六年（1728），清世宗看到藍上疏的《經理台灣》一文，極力稱讚文中所提出的各項治台策略和措施，並高度肯定他的才華。乾隆五十三年（1788），清廷在平息林爽文事件後，對如何經理台灣，乾隆皇帝曾令閩督李侍堯等人參考藍鼎元的《東征記》，並稱讚藍鼎元「所論台灣形勢及經理台灣，其言大有可採。……藍鼎元之語，適與朕意相合」。（《大清高宗純皇帝實錄》卷1281頁）嘉慶時嘉義縣教諭謝金鑾在《蛤仔難紀略》一文中，稱其為「籌台之宗匠」，是第一個對藍鼎元的涉台思想和文獻予以高度評價的仕台官員，也是後人稱之為「籌台宗匠」之始。《清史稿·藍鼎元傳》稱：「（藍鼎元）謂諸羅劃地更設一縣，總兵不可移澎，後諸羅析彰化，更設北路三營，總兵仍駐台灣，皆如鼎所言。」

四、藍鼎元後裔開發屏東里港

1、藍鼎元家族入台移墾里港

里港鄉位於台灣屏東縣西北端，北鄰高雄縣美濃鎮，西及西北鄰高雄縣旗山鎮，東鄰高樹鄉，東南連鹽埔鄉，南接九如鄉。該鄉位處屏東平原之上，地勢平緩，荖濃溪與新南勢溪流經鄉境，並合流為二重溪。

該鄉舊稱「阿里港」。根據台灣學者楊森富的研究，阿里港原是屏東西拉雅系平埔族一個村社，阿里港社的平埔族人，應該是這裡最早的居民。康熙末

年，總兵藍廷珍及其族弟藍鼎元奉命平定朱一貴事件後，隨父來台的藍鼎元長子藍雲錦對台灣產生了深厚的感情，看上了屏東這片兩面臨海後有靠山且土壤肥沃的荒地，帶領其麾下數百名不願離開的漳、泉士兵，定居於里港地域，從事墾荒，始成村落，成為大陸墾民拓墾屏東平原之肇始。

　　藍雲錦在這裡的墾殖成效，吸引了閩南墾民的更多湧入，促使了里港地區經濟社會的初步繁榮。乾隆十三年（1748）以後，阿里港逐漸發展成為一個當地重要的商埠，「商旅貿易，五方鱗集，市極喧嘩」，成為當地漢、「番」商業貿易交通的集鎮、屏東平原北部地區重要的蔗糖集散轉運中心。乾隆二十九年（1764），阿里港街終於出現在當年刊行的《（重修）鳳山縣志》的地圖插圖裡了。從該志可見，在乾隆四十七年（1782），於「阿里港街，媽祖宮前、市仔頭、營盤口、仁和路、國王廟前、永安街、北勢街等各街，商民往來輻輳貿易交關之所」，豎立「禁開賭強乞剪綹碑」，顯示阿里港已儼然成為下淡水溪上游沿岸重要的商埠。

　　里港藍姓居民屬於鹿洲公藍鼎元這一支系。由於藍鼎元在台時間並不長，故今日定居於屏東縣里港鄉的鹿洲公裔孫，以藍雲錦為開基（一世）祖。藍雲錦，字國祥。朱一貴事件發生時隨父來台。藍鼎元隨堂兄藍廷珍來台平亂後即回大陸，直到藍鼎元過世後，藍雲錦才帶領族人來阿里港定居。現在里港共有藍姓後裔數千人，主要經營農業。藍雲錦率鄉親移民開墾阿里港以來，借助清廷鼓勵開墾的政策之便，在阿里港周圍大力拓墾（《屏東縣志》卷二），終於成為阿里港地區首屈一指的大墾戶。直到藍媽田時代（藍鼎元之第五世嫡孫），

今日屏東街道一瞥

藍家仍然擁有七百多甲的土地，而且阿里港及附近地區的糖廍都是他們藍家所有，對地方事務有很大的影響力。因此，藍家堪稱清領時期阿里港地區最顯赫的家族及屏東地區的地方領袖。台灣學者稱：里港之拓墾在屏東平原的開發史上占有舉足輕重的地位。

至於藍雲錦選擇阿里港作為定居之緣由，據里港藍家後裔藍敏女士（1921年生，藍鼎元第五世孫）所言，她在1989年親赴大陸至其先祖家鄉漳浦縣赤嶺鄉探尋藍鼎元出生地後，終於明白其緣故：因為漳浦縣的湖西鄉、赤嶺鄉與龍海隆教鄉等三個鄉，大部分為藍姓人家。該地氣候怡人，且近海，農業景觀與阿里港非常相似，藍雲錦因對祖籍地的感情之故，選擇了阿里港。

除了祖籍地的感情因素之外，藍家之所以選擇阿里港定居也有其時代的客觀因素，即與清廷對台灣的鼓勵開墾政策有關。清領初期朝廷對於漢人移墾台灣，尤其是對他們入台開墾荒地持鼓勵政策。

當時，大陸移台拓墾，大都由與官府關係密切又有勢力的大型墾戶，尋覓一塊地勢高亢又靠近水源的土地，並查明「四至」（即東、西、南、北地理位置）後，再向所屬官廳申請「墾照」。這就是雍正四年（1725）巡台御史尹秦《台灣田糧利弊疏》所提到的：

「竊查台灣……所有平原總名草地。有力（即大墾戶）之家，視其是高而近溪澗淡水者，赴縣呈明四至，請給墾單，其所開田園，總以甲計。」

同時，這些大墾戶利用少數民族村社必須繳納人頭稅的規定，向平埔族土地業主洽商，每年以「代納番餉」的名義換取開墾和草地耕作的權利。十八世紀初期鳳山縣（包括屏東平原）幾位著名的大墾戶，如施琅將軍、施世榜，乃至藍鼎元家族，都是以此種模式進行大規模開墾活動的家族。（陳秋坤《清代屏東地區土地契約與官方文書》，《屏東文獻》第2期）

至藍鼎元之第五世嫡孫藍媽田時代，藍家在阿里港地區仍然擁有七百多甲的土地，且阿里港及附近地區的糖場都是藍家所有。藍家還經營糖部、米糧，

糖、米郊事業。藍媽田於道光十五年（1835），曾主持建築阿里港城的工程，如今阿里港城已拆除，只留下一塊石碑在里港公園內。

藍家的第八代嫡孫藍高川（1872～1940），大量購買土地種植蔗園（土地範圍直至現今高雄縣），並創立台灣商工銀行（現為台灣第一銀行前身），成為全台名門望族之一。如今，藍家在里港富有人文傳奇的開墾故事，列入里港鄉中學、小學的鄉土教材課程之中。

2、里港藍家古厝

位於屏東縣里港鄉玉田村玉田路48號的藍家古厝，主體為傳統閩南式建築，其規制被民間稱之為九包五、二進式閩南燕尾式四合院，相傳原本共有120個門，占地廣達千餘坪，約於1723年由一世祖藍雲錦所創建。

屏東縣里港鄉藍氏古厝

藍家古厝除了前廳的主要活動空間外，兩側及後面均遍設廂房，整體呈「凹」字型，主要建材大都來自漳州。過去人口多，住在兩端的親戚相互往來，可以由貫穿全宅的走廊通行（俗稱120

里港鄉藍氏古厝之西洋式大門

門），雨天也不會淋到雨。

主入口仿照傳統三關六開門樣式，中間圓形窗式則有藝術裝飾的式樣。中央山牆以勛章卷草泥塑裝飾主題。藍家古厝門樓於1923年改建，加入西洋式元素，有紅磚及水磨石子兩種不同建材交互使用，顯出紅白相間橫帶紋飾，有不同裝飾和色彩、花紋，這是藍家古厝門樓的突出特色。

正廳後二進形成祭祀內埕，這是藍家後世子孫年度祭祖的場所。藍家古厝院邸寬敞，院外椰林挺立，院內林蔭涼爽，綠意盎然，自然紓解了屏東燥熱的空氣。整體而言，藍家古厝建築氣勢雄偉，目前藍家古厝所有人藍榮治已向地方文化部門申請列為文化古蹟。

五、故里漳浦赤嶺鄉山平村今昔

1、赤嶺鄉經濟社會概況

漳浦縣赤嶺鄉是藍鼎元的故鄉，該鄉是漳州三個少數民族畬族鄉之一。改革開放以來，座落於山區的該鄉大踏步調整農業種植結構，大力發展特色農業、優質農業、訂單農業，取得了明顯效果。2011年工農業總產值達2,593萬元，其中，全村晚熟荔枝8,000畝，年產量600萬斤，年產值900萬元，高優龍眼2,000畝，年產量180萬斤，年產值140萬元，優質楊梅3,500畝，

山平村萬畝高優龍眼基地

2010年及2011年都在600萬元以上，引進訂單農業，發展毛豆200畝，芭樂150畝，蜜柚50畝。隨著廈漳泉同城化不斷推進，特別是廈漳跨海大橋已於2013年上半年建成通車後，與廈門距離縮短為30多公里。該鄉利用靠近廈門的地理優勢，提出要主動融入特區，沿519、522、526縣道兩側發展綠色食品生產企業，建設廈門特區菜籃子基地。大力發展生態養豬和杏鮑菇等高效益農業，同時圍繞打造「一村一品」，發展大行畬鄉蜜柚、山平晚熟荔枝、石坑淡水養殖等有機食品生產基地，做大做強農業加工企業，促進農業效益、農民增收。2011年，全鄉農林牧漁業實現總產值6,214萬元，農民人均純收入達到7,380元。

2、赤嶺鄉是台灣藍氏同胞的主要祖籍地

據統計，台北、高雄、宜蘭、屏東、金門等市縣有近5萬藍姓人口是赤嶺畬族鄉「種玉堂」分出遷居台灣的後裔。在清代，這裡走出了為兩岸統一、為開發建設台灣做出了重大貢獻的「藍氏三傑」藍理、藍鼎元、藍廷珍（其中藍廷珍為鄰鄉湖西頂壇村人，但同為「種玉堂」衍派）。兩岸關係「解凍」以

台灣藍氏宗親回鄉尋根考察

來，回鄉尋根謁祖的台灣藍氏宗親一年比一年多。據該鄉統計，近十年來，每年平均有10多批台灣藍氏宗親組團回來，每個團平均有一、二十人，較大的團有上百人。

根據這一情況，該鄉注意發掘和發揮涉台資源的作用。2011年12月，由赤嶺鄉協辦的「漳州藍氏與台灣關係研討會」在漳州隆重舉辦，進一步密切兩岸藍氏宗親交流與合作。2012年6月18日，來自海峽兩岸的民族鄉鎮長、畬族藍氏

宗親代表及台灣少數民族社團等80多人，在漳州歡聚一堂，共商發展大計，簽署《海峽兩岸民族鄉鎮交流與合作框架協議》，對加強兩岸少數民族間的交流與合作，推動現代特色產業合作與發展具有重要促進作用。交流期間，赤嶺鄉與台灣苗慄泰安鄉建立友好鄉鎮。另外，赤嶺鄉還注意發揮本鄉特有的民族宗教信仰的作用，開展「三官大帝」民俗文化交流。「三官大帝」是兩岸畬民共同民俗信仰，山平村「三官大帝」廟是海峽兩岸最早「三官大帝」廟，由山平「三官大帝」廟分香到台灣有十幾處。近年來，該鄉（村）積極開展「三官大帝」民俗文化交流，台灣聖德宮還定期組織信眾到山平「三官大帝」廟朝拜掛香，山平「三官大帝」也多次到台灣巡安。

3、藍鼎元故里山平村今昔

　　藍鼎元出生於赤嶺鄉山平村的山尾頂自然村，在這個山村裡讀書和生活。

山平村位於赤嶺鄉西北部，東鄰石椅村，西接石坑村，南連東坑果林場大行村、土塔村，北隔虎尾山和九嶺山與官潯鎮西北村交界。2011年全村總戶數458戶，常住人口2,002人，其中藍氏村民1,842人（還有少數王姓村

今日山平新村

民），是畬族集居點。山尾頂自然村現有人口130多人，都是藍姓。

　　據石椅村種玉堂《藍氏族譜》載：山平村藍姓村民係元末明初慶福公從龍溪（今龍海）隆教鄉遷入長卿（赤嶺古稱）繁衍而來。該村開基祖為慶福公第三子（三房）藍蕃公派下第十二世孫藍毅叟，毅叟傳初芬、初茂、初蕙，初蕙傳宗明、斌、宗哲，藍鼎元是斌之長子，係蕃公派下第十五世。

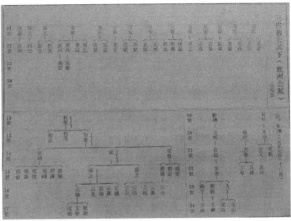

湖西赤嶺鄉藍氏族譜　　　　　赤嶺藍氏族譜中的藍鼎元房派世系表

　　該村經濟歷來以農業為主，主要種植水稻和晚熟荔枝，共有500多畝晚熟荔枝，平均每戶有一百多株，是赤嶺鄉種植晚熟荔枝最多的村子。

　　改革開放以來，山平村也與全市各地農村一樣，致力於傳統農業的種植結構調整，根據本村山坡地多的實際，2009年成功引進生態養豬企業「趴趴跑」畜牧養殖場，發展放養於山坡上的土黑豬。目前養殖場總占地面積約1,100畝。其中養殖用地200畝，配套種植用地800畝，其他規劃配套項目用地100畝。養殖場三面環山形

藍鼎元後裔山平村山尾頂自然村村民藍主文向作者指證頂厝藍鼎元故居遺址.

成自然隔離帶。該場共有土黑豬一萬多頭，已成功註冊「趴趴跑」商標，進行工廠化生產。每天出欄的十多頭土豬在漳州6家專賣店裡供不應求，成為省經貿委的菜籃子工程之一，實現了品牌效應。

　　據介紹，山平村土黑豬飼養週期長達一年，通過在山坡上放牧，讓其每天

處於天然狀態餵養，加上現代化管理，使土
黑豬肉質比普通飼料圈養的生豬更加營養鮮
美，市場好評不斷，市場價格比普通商品肉
豬高出一倍，經濟效益良好。今年出欄數以
近萬頭，明年計劃在1.2萬到1.5萬頭之間，
2013年爭取達到3萬頭，計劃產值在4,000到
5,000萬元之間，並逐年遞增。如今，「趴
趴跑」土黑豬產業依靠特有品種和品質進軍
高端消費市場，充分帶動了周邊養殖戶，使
村民從中受益，有近百村民（主要是婦女）
在「趴趴跑」公司打工，既能照顧家庭，又
有工資收入。除了發展生態養豬業之外，該

很受消費者歡迎的山平村「趴趴跑」生態土黑豬

村還利用靠近東南花都的地理優勢，開始發展花卉產業，現已種植各種珍貴花
卉上百畝，多產業發展大大增加了村財和村民收入，2011年，全村村財收入28
萬元，村民人均純收入達7,000元。

第十章
阿里山神吳鳳

一、撫「番」之事，治台難題

　　台灣少數民族（明中期後稱「東番夷」）同胞是台灣最早的居民，台灣古文獻均稱之為「番」，把他們居住的村落稱為「番社」。在很長的時期裡，台灣同胞按照居住地點的不同把少數民族分為「平埔番」和「高山番」。其中「平埔番」的活動範圍北起宜蘭平原，經台北盆地，西部海岸平原，抵屏東平原一帶；「高山番」則主要分布於中央山脈一線及其「山後」（即台灣東海岸線）地帶。據荷蘭人於明永曆四年（1650）的調查資料，當時全台共315個「番社」，約15,249戶，68,657人，分屬北部、南部、淡水、卑南等四個地方集聚區，其中「平埔番」總人口數約有五萬餘人。該資料不包括居住台灣東北的噶瑪蘭族及東部花蓮地區阿美族等荷蘭人沒有調查到的「番社」，在當時，這兩個人跡罕至地區的「番社」至少還有一萬餘人口。

　　在康熙年間台灣設府之後，人們又根據「番社」是否歸順政府服從教化把其分為「生番」與「熟番」，考察過台灣「番社」的康熙年間漳浦人藍鼎元在其《鹿洲全集・上》中說：「台灣土番，有生熟二種，其深居內山，未服教化者為生番，其雜居平地，遵法服役者為熟番。」

　　依據台灣官方資料，十七至十八世紀，即台灣大規模開發之明末清初，台灣少數民族村社有三百餘個，其中大部份為「平埔番」，少數為「高山番」

（大多不在清廷統治教化的範圍內）。平埔「番社」規模不大，一般為數百人不等，台灣南端的瑯嶠則有少至數十人的，只有新港（今雲林縣轄）至諸羅（今嘉義縣）一帶繁榮地區的「番社」較大，每村人口有數百至一千人不等。（台灣學者洪麗完：從平埔原住民世界到漢人優勢社會之形成）按照這一計算，這一時期台灣少數民族人口已增至十來萬人。

由於「番社」較長時間與外界社會相隔絕，因此保留著許多本民族的風俗習慣，對進入其「領地」墾屯的漢族墾民實行聚眾而攻殺則是台灣大規模墾殖之際經常發生的事，因此有「生番殺人，台中常事」之說。而秋收後的「出草」殺漢人割首級進行「粟祭」之陋俗，則是當時墾民常常要遇到的「番害」，成為台灣開發時期墾殖事業發展的最大障礙，如何撫「番」理「番」成為每位仕台官員所面臨的最棘手問題，正如不少仕台官員所說的：「撫之不能，剿之不忍。」（藍鼎元：《鹿洲全集》）因此，「故自開闢以來，官司之所經畫，人民之所籌謀，莫不以理番為要務」、「理番之事，台灣之大政也」。（連橫：《台灣通史》）因此在以漳州人為主要族群的台灣大規模農業開發過程中，墾殖大軍首當其衝面臨的就是嚴重的「番害」，在處理漢「番」關係的艱難過程中，許多漳籍先賢為之做出了卓越的貢獻，他們以自己的思想、智慧、心血甚至生命，促進了「番社」改變陋習，融入文明社會的潮流，融洽了漢「番」關係，從而推進了墾殖事業和農業生產的發展。時任阿里山通事的吳鳳就是其中傑出的代表。

二、康熙年間的阿里山「番社」

康熙二十二年（1683），清水師提督施琅率軍一舉收復了台灣，實現了全國的統一。當時清政府也採納仕台官員對台灣少數民族的稱呼，在許多頒發的

詔書或規定中把台灣少數民族稱為「番人」，為加強對「番社」的管理，官府還設置「理番通事」一職，選派能說「番」語通達「番」情的社會賢達擔任，其職能一方面是為了在語言上加強與「番社」的溝通，使官府的各種政令通達「番社」，另一方面是便於辦理已歸順的「番」民納餉、安排差役等事。「番社」族群的不同，生活狀況和習俗也各不一樣。吳鳳擔任的阿里山通事，管轄的「番社」是諸羅縣境內的平埔「番社」和山地「番社」，平埔「番社」居住於新港、目加溜灣、蕭壠、麻豆等社，這些「番社」在鄭氏時代就已經是較大的村社，此時這些平埔「番」民是歸順政府服從政令的「熟番」，他們已經學會種植水稻，能使用牛耕、犁耙，開溝引水灌田，後來還出租、典當和出賣土地。他們與漢人進行貿易，用鹿皮、鹿肉等土產，交換鹽、糖、布、鐵器等物，生活比較富裕，與漢族墾民能夠和平相處。經過長期雜居、交往、通婚和文化上的相互影響，民族關係逐漸改善。

這裡的山地「番社」居住在阿里山大山叢中，阿里山是諸羅一帶最大的山脈，山前山後各居住著山豬毛社、卑南覓各社的「傀儡生番」，大小共有48社，每社有數百人或數千人不等，各社都有酋長統轄。

台灣名勝阿里山

一直到乾隆中期，這些「番社」均處於未開發階段，屬於尚未服從政府教化的「生番」。這些「番社」的生產活動主要是狩獵和漁撈，以射獵為主要生活來源，還種植一些芋、黍等農作物，他們因生活生產的需要也經常通過「熟番」與漢人進行以物易物的簡單交易，用土產鹿皮、鹿肉等換取大陸來的

珠、布、鹽、鐵、火藥等。他們性情兇猛，經常襲擊殺害漢族墾民，獵取誤入山裡的漢族人頭，以獵人首級多寡論英雄，漢族墾民都很害怕，沒有人敢踏進山裡，而官兵又不敢進山征討，這更助長了他們的這一陋俗。另外，在秋收新穀登場之際，他們還有著「出草」獵取人頭用以「粟祭」的野蠻風俗，認為只有這樣才可保證來年豐收且全族人畜平安，否則，必定災禍降臨。祭祀的那一天，各「番社」殺牛宰羊，聚飲歡呼，以歌頌祖先的雄武。編於清代各時期的台灣各地史志對此均有記載，不管是較早的黃叔璥著的《台海使槎錄》、高拱乾編纂的《台灣府志》，周鐘瑄修、陳夢林撰的《諸羅縣志》，或是晚些時候（光緒年間編）的《新竹縣志》，均能在「番俗」條目中看到此類情況。黃叔璥（康熙末年台灣朱一貴事件平定後朝廷派到台灣巡視的官員）撰於乾隆元年（1736）的《台海使槎錄》卷七「番俗六考」載：

傀儡生番，動輒殺人割首以去，骷髏用金飾以為寶。以殺人多者為雄長。故殺人之案，歲不絕書。

台灣文獻叢刊第一四一種《諸羅縣志》（康熙五十六年）第172頁「番俗」載：

以殺人為雄長，取其首烹剝去皮肉，飾骷髏以金，持以誇眾，眾則推以為長。不悛者內山生番，而南路傀儡番尤甚。

《台灣文獻叢刊》第六十一種、編於光緒二十四年的《新竹縣志》在卷五《風俗》‧「番俗」中云：

凡有出草（殺人曰出草——原注），長於埋伏掩襲，出沒茂林豐樹中……

道光十八年，縣城外十里地方，尚有生番出而殺人。

　　由此可見，在台灣開發活動過程中，幾乎年年都有發生「生番」殺害漢人的事件，甚至晚至清道光年間，還有這種情況出現。

　　為了安定地生活和生產，推進阿里山地區開墾事業的順利發展，吳鳳之前的阿里山通事與少數民族酋長定下協約，每年給「番人」兩名漢人，男女各一名。當「番社」到了秋收的時候，便以這兩名漢人作為「粟祭」之用，但是，儘管這樣做，「番」民仍然經常不守約束，時有殺害漢人的事情發生。

三、和睦漢「番」，慷慨赴難

　　吳鳳，字元輝，清康熙三十八年（1699）正月18日出生在漳州平和縣大溪鎮壺嗣村烏石社。壺嗣村元代稱「後徐」，乾隆五十五年（1790）稱「壺祠」，民國二十三年（1934）改稱「壺嗣」，「文化大革命」中改為「後時」至今。

　　康熙四十二年（1703），閩南大旱，山區的壺嗣村一代田裡顆粒無收，村民四處逃荒。5歲的吳鳳時隨父吳珠、母蔡良惠跟著許多鄉親渡海

平和大溪鎮後時村吳氏宗祠中的吳鳳靈位

遷台，先是住在諸羅縣堡美街（即現在的嘉義縣興中街），後遷至大目根堡鹿麻莊（即現在的嘉義縣竹崎鄉仁義村）。吳鳳從小跟父親學醫，10多歲就常

跟父親去阿里山社為「番民」治病。16歲時，即康熙五十三年（1714），吳鳳與父親一同回壺嗣烏石社，祭祖訪友，爬上靈通山採雞血藤，熬煮雞血藤膏，運往台灣阿里山送給「番民」服用。他作事行俠仗義，誠信待人，還經常為「番民」治病及傳授衛生知識，教他們耕種和用山上的材料自制手工藝品，增加經濟收入。因此深得「番民」信賴與敬慕。當時，這裡居住著48個「番社」，秋後「出草」殺戮漢人祭神的事時常發生，所以，地方官員往往在通往山區「生番」居住的交界處立石警示，告誡人民不要侵入「番」界，以免遭到不測。在墾殖事業的發展過程中，撫「番」、理「番」工作也日益受到重視，從康熙中期開始，官府設置「理番通事」一職，招募識「番」語、通「番」情的人士為通事，負責開展撫「番」工作，處理諸「番」事宜。清康熙六十一年（1722），條件具備的吳鳳被任命為阿里山通事。

吳鳳平時就經常目睹「生番」殺漢人「粟祭」的殘忍場面，他上任後決心改變「番社」這一陋俗，促使漢族與「番社」能和諧相處。為此，他就任後即與「番」民約法三章：一是嚴禁社商、社棍的活動，以杜絕剝削「番民」的弊端；二是清還移民借地，以制止侵占，並督課「番」稅，以絕詐惑；三是剔除宿弊，以刷新政治。他本人亦以身作則，奉行奉公、守法、愛民三大原則，以誠教化，謝絕饋送，拒收賄賂，使少數民族同胞得以安居樂業。吳鳳同情「番」民生活的艱苦，耐心地教他們墾殖、醫療及製造手工藝品等各種知識。同時，還教山地兒童讀書寫字，教山胞婦女紡紗織布，經常為山胞看病、供藥。

「番」民習以族鬥，常以刀矢相見。吳鳳以赤誠與公正，為他們排難解紛，化解矛盾。同時進一步調解「番」民與漢人兩族間的糾紛，使「番」漢交往比較密切。然而，長期以來「番」社每逢稻穀收獲季節，必定「出草以『粟祭』」，漢人遭殺害之事仍屢有發生。

上任後第二年，稻穀又快登場時，阿里山的「番」民要求履行前任通事

「每年給二人作為『人牲』祭神」的約定，催吳鳳要「粟祭」的祭品（頭顱）。吳鳳耐心勸告酋長，要革除「出草」惡習。吳鳳問道：「康熙六十年朱一貴之亂，你們參與造反，大舉下山殺人，一共殺了多少漢人，骷髏都在哪裡？」酋長告訴吳鳳尚存四十多個。吳鳳說：「就用這四十多個骷髏作祭品吧！一年用一個，還可用好多年呢！」

　　山民們勉強聽從了吳鳳的勸告，從此阿里山停止「出草」達40餘年。

　　斗轉星移，一晃過了40多年。老酋長去世，其子奧哥被推舉為新酋長。清乾隆三十一年（1766），積存的骷髏用完了。山民紛紛要奧哥恢復「出草」。奧哥與吳鳳商量。吳鳳建議用牛頭以代，奧哥同意了，但不少山民說牛頭不頂用。吳鳳說：「老酋長沒殺人已40多年，山上年年豐收，很少乾旱，沒有疾病，這是大家看得到的。」言之有據，山胞才勉強以牛頭祭神。翌年，「番社」又來取人頭，吳鳳還是勸說，仍使以牛頭祭神，就這樣又過了3年。

　　第四年（即乾隆三十四年，1769）出現了新情況：阿里山「番社」瘟疫流行，死了很多人。「番社」認為是這幾年秋天粟祭沒有人頭祭神所致，於是各社酋長商議若吳鳳再推辭，則不管如何要殺漢人以祭。8月初，他們氣勢洶洶地找到吳鳳，要求給人牲祭神。吳鳳以理以法誠懇勸誡，雖聲淚俱下，依然不能說服他們。於是，他作了捨身求仁的準備，決心豁出自己性命革除「番社」出草粟祭惡習。農曆8月9日，他召集「番社」代表，沉痛地說：「我任職40多年，不曾有一事虧待你們，須知殺人犯法，況且殺了好人祭神，神不但

台灣同胞在吳鳳蒙難處（今嘉義吳鳳公園里）建起的紀念吳鳳的雕像

不保佑，反將生氣而降災。如今，我既然和你們有約在先，就只准你們殺1人，此人朱衣紅巾，明日將在官廳前山道上徘徊。今後，再不准傷害其他人。」山民代表聽了十分滿意，歡呼而去。

第二天清晨，霧蒙蒙風嘯嘯，吳鳳束裝如約，騎著白馬，徘徊在山道上，即刻被預先埋伏在樹叢中的射手射倒。山民一哄而上，待揭開紅巾一看，發現死者竟是他們的好朋友吳通事，頓時愕然失措，眾人懊悔痛哭，聲撼山林。各社酋長聞知，紛紛奔來撫屍號哭，無不懺悔。這是乾隆三十四年（1769）8月10日發生之事，時年吳鳳71歲。

這件震動台灣的事件在早年台灣一些資料中有著完整的記載，如清咸豐五年（1855）的學者劉家謀的《海音詩》及附文、清光緒二十年（1894）的學者倪贊元的《雲林縣採訪冊》以及連橫出版於1920年的《台灣通史》。

海音詩云：

紛紛番割總殃民，誰似吳郎澤及人。拚卻頭顱飛不返，社寮俎豆自千秋。

附文：沿山一帶有學習番語、貿易番地者，名曰「番割」；生番以女妻之，常誘番出為民害。吳鳳，嘉義番仔潭人，為蒲羌林大社通事。十八社番，每欲殺阿豹厝兩鄉人，鳳為請緩期，密令兩鄉逃避。久而番知鳳所為，將殺鳳。鳳告家人曰：「吾寧一死以安兩鄉之人。」既死，社番每於薄暮見鳳披髮帶劍騎馬而呼，社中人多疫死者，因致祝焉，誓不敢於中路殺人。南則於傀儡社，北則於王字頭，而中路無敢犯者。鳳墳在蒲羌林社，社人春秋祀之。

雲林縣採訪冊載：

吳鳳，打貓東堡番仔潭莊人。少讀書，知大義，能通番語。康熙初，台灣內附，從靖海侯施琅議，設官置戌，招撫生番，募通番語者為通事，掌各社貿

易事。然番性嗜殺，通事畏其兇，每買遊民以應。及鳳充通事，番眾向之索人；鳳思革敝無術，又不忍買命媚番，借詞緩之，屢爽其約。歲戊戌，番索人急，鳳度事決裂，乃豫戒家人作紙人持刀躍馬，手提番首如己狀，定期與番議。先一日，謂其眷屬曰：「兇番之性難馴久矣，我思制之無術，又不忍置人於死。今當責以大義，幸而聽，番必我從；否則，必為所殺。我死勿哭，速焚所製紙人；更喝『吳鳳入山』。我死有靈，當除此患。」家人泣諫，不聽。次日番至，鳳服朱衣紅巾以出，諭番眾：「以殺人抵命，王法具在；爾等既受撫，當從約束，何得妄殺人！」番不聽，殺鳳以去；家屬如其戒。社番每見鳳乘馬持刀入其山，見則病，多有死者；相與畏懼，無以為計。會社番有女嫁山下，居民能通漢語，習聞鳳言歸告。其黨益懼，乃於石前立誓永不於嘉義界殺人；其厲乃止。居民感其惠，立祠祀之。至今上四社番猶守其誓，不敢殺撓打貓等堡。

在《台灣通史》卷三十一「列傳三」裡，對於吳鳳「捨生取義」經過的描寫，與眾多史料的記載大體一致：

　　……越數日，番酋至，從數十人，奔鳳家。鳳危坐堂上，神氣飛越。酋告曰：「公許我以人，何背約？今不與，我等不歸矣。」鳳叱曰：「蠢奴，吾死亦不與若人。」番怒刃鳳，鳳亦格之，終被誅。大呼曰：「吳鳳殺番去矣！」聞者亦呼曰：「吳鳳殺番去矣！」鳴金伐鼓，聲震山谷。番驚竄。鳳所部起擊之，死傷略盡。一、二走入山者，又見鳳逐之，多悸死。婦女懼，匿室中，無所得，亦槁餓死。已而疫作，四十八社番莫不見鳳之馳逐山中也。於是群聚語曰：「此必吾族殺鳳之罪。今當求鳳恕我！」各社舉一長老，匍匐至家，跪禱曰：「公靈在上，吾族從今不敢殺漢人。殺則滅！」埋石為誓。自是乃安。尊鳳為阿里山神，立祠禱祀。至今入山者皆無害。

　　總而言之，吳鳳的捨命勸誡的結果是明顯的，「番社」酋長奧高邀阿里山
48社頭目集聚在豬馬勞社，舉行厚重的禮儀祭奠吳鳳之靈，發誓從此革除出草
粟祭惡習，並立碑勒誓，阿里山「番社」沿襲千年的「粟祭」由此革除，再沒
有殺害漢人的事發生，漢「番」從此和睦相處。

　　吳鳳育有兩子，長子吳汀援，次子吳汀異，目前已經傳第十一代，大多仍
然世居嘉義縣竹崎鄉的仁義村，務農為生。

四、兩岸同胞，紀念吳鳳

　　嘉慶元年（1796），繼
任通事楊祕根據漢、「番」
同胞之心願，在今嘉義縣中
埔鄉社口村原吳鳳辦公衙門
故址闢置吳鳳祠園，立廟
（阿里山忠王廟）禱祀，從
此吳鳳被台灣民眾尊為「阿
里山神」，每年的農曆8月10
日吳鳳忌日舉行祭祀。漢族

建於嘉義縣社口村的吳鳳廟

與這裡的少數民族同胞聯合舉行盛大祭典，歲歲頂禮膜拜，至今不衰。

　　該祠民國初年為地震所毀。1917年，邑人重新建祠，稱「阿里山忠王
廟」。1956年重修時蔣介石先生特為吳鳳廟題「捨生取義」匾額。1984年鄉里
擴建並大修該廟，於翌年9月竣工，開光之際，兩岸同胞以不同方式共同緬懷這
位殺身成仁的鄉賢。福建省、台北市「平和縣同鄉會」贈給該廟一面寫著「義

德流芳」的牌匾，台灣政界名人也紛紛題墨紀念，其中吳伯雄的牌匾寫著：
「萬世垂仁」，各界民眾也送來不少楹聯，表達對吳鳳的景仰之情，如：「正
氣塞滄冥，恩敷萬戶；捨身還大義，祀享千秋」、「捨己救群黎，前生合是如
來佛；馨香綿百世，此處應開大道場」，等等。該廟現為三級古蹟保護單位。

　　此後，台灣同胞仰慕吳鳳遺德，紛紛以塑像冠名的方式紀念他。在台灣嘉
義縣，吳鳳生前供職的阿里山一帶，有「吳鳳鄉」、「吳鳳中學」、「吳鳳公
園」。吳鳳公園裡，在吳鳳當年殉難處，建起了吳鳳成仁碑，碑文記載了吳鳳
簡要生平和殉職事蹟。吳鳳事蹟編入了台灣小學國語課本。嘉義火車站廣場，
塑立起吳鳳騎馬銅像。這些紀念性建築物，成為當地著名的名勝古蹟，吸引大
批海內外遊客前來瞻仰憑弔。

義仁村吳鳳族人居處

嘉義縣竹崎鄉義仁村是當年吳鳳居住之處。這裡平時少有人跡，環境清幽古樸，至今吳鳳後裔仍居住於此。吳鳳故居及遷葬後的吳鳳墓都在這裡。吳鳳在殺身成仁後，原本葬於中埔鄉社口村「吳鳳公園」裡的「吳鳳成仁處」，1956年，其後裔將吳鳳遺骸遷葬回嘉義縣竹崎鄉義仁村，嚴家淦先生為吳鳳新墳題寫了墓銘。

　　吳鳳在該村的故宅背倚清華山，前臨牛稠溪。村後清華山麓的吳鳳墓保護
完好，莊嚴肅穆。其墓聯曰：

　　秉浩然氣，以救世心，為生民定命，立德立功同不朽；捐百年身，樹千秋
業，受萬家屍祝，其人其事永流芳。

嘉義縣義仁村後清華山麓的吳鳳陵墓

吳鳳殺身成仁的事蹟在上世紀80年代初因「原住民運動」的興起而出現一些不同的聲音，產生一些爭議，主要爭議的情況如下：

1、部分人士認為：吳鳳死後，鄒族尚有出草的紀錄，因此所載吳鳳事蹟為假。反對者則認為依照記載，鄒族僅承諾不殺漢人，並未禁止出草活動，與歷史記載並不突衝。

2、部份人士認為：《海音詩》成書在吳鳳死後80年，而《雲林縣採訪冊》成書時甚至已過百年，可信度令人懷疑。但反對者則認為原住民口耳相傳的口述歷史同樣沒有可信度，且《雲林縣採訪冊》作為地方誌，應有完善的調查及考據。

3、支持地方文獻記載的歷史學家認為：各處地方誌雖於滿清割讓

後時村中的吳氏宗祠報本堂，該祠堂中牌有吳鳳史陳列室

台灣時有所失散，以致現在無法查證吳鳳的相關史料，但《雲林縣採訪冊》成書時各地尚有完整的地方誌，所載吳鳳事蹟應有相當可信度。

爭議導致產生了一些負面的效果：吳鳳鄉被改為阿里山鄉，嘉義車站的吳

鳳雕像被撤除，吳鳳事蹟在小學課本修訂中被刪除。

儘管如此，大多數台灣同胞仍然肯定吳鳳為和睦族群所作的貢獻，嘉義縣吳鳳廟仍香火鼎盛，吳鳳故居與吳鳳廟仍是招攬遊客的著名觀光景點。

同樣，在吳鳳祖籍地漳州平和縣大溪鎮鎮壺嗣（後時）村，村民們也在紀念這位被台灣同胞所敬仰的宗親先賢。

早在清朝乾隆年間，村民們建起吳氏宗祠「報本堂」。如今，報本堂宗祠修葺一新，大堂兩側，辟置為吳鳳史蹟陳列館，館內右側擺著吳鳳神位，中懸畫像，鬚眉皓白，神采奕奕，配以楹聯：

碧血凝青史，丹心燭九鈞。

左邊陳列壺嗣吳氏子孫東渡台灣世系表，右邊陳列與吳鳳有關的生平事蹟等史料。館中楹聯數幅，其一：

閩山烏石盡義臣，吳鳳故里人傑地靈，賢能輩出；台島中埔埋忠骨，元輝廟前松青竹翠，蘭桂齊芳；

其二：

豈高官方能建勛業，一片丹心垂史牒；是大勇始可言仁人，千秋俎豆享吳鳳；

其三：

耿耿丹心留青史，巍巍正義化頑民。

　　該宗祠建築面積有230平方公尺，占地面積1,200平方公尺，坐西北朝東南，雕梁畫棟，布局依次為大埕和照壁、前門、祠堂。前門兩側有一對青石抱鼓，兩側走廊為七檁卷棚式。祠堂面闊3間，進深5間，都是懸山燕尾頂式建築結構，保持明末清初的建築風格。每年的農曆8月10

靈通山下美麗的山村─吳鳳祖籍地平和大溪後時村今貌

日，村民都要準備各種各樣的祭品，聚集在報本堂裡，舉行傳統的祭祀活動，紀念這位被台灣同胞尊為「阿里山神」的先賢。

　　歲月悠悠，二百多年過去了，吳氏宗祠保存完好，經過幾次修繕，鮮亮堂皇。它就像一位飽經風霜、依舊健朗的老人，向人們娓娓述說著先賢吳鳳，述說著他的每一個動人故事。

五、吳鳳世系，故里壺嗣

　　據後時村珍藏的乾隆五十一年編的《壺嗣吳氏族譜》所載，壺嗣吳氏祖籍河南光州固始，五代時隨王審知入閩。到了育友公這一代已世居漳南。育友公生三子，長子沖一，次子致一，三子漢一。漢一公居住地為漳浦縣域，漢一公生二子，長子伯和（諱傑，號乾祐，生於至正元年，卒於明洪武八年），伯和生三子，長子文應，次子文科，三子文舉。「因海寇作亂，三兄弟各擇地隱

居。文應公移來平和後徐（今後時）居住，見壤地膏沃而潤澤，從漳浦帶來大小麥種而種之。」該譜記載了文應公於明洪武四年(1371)從漳浦陸鰲（民國初年簡寫為「六鰲」）遷徙到後徐肇基，成為後徐吳氏開基一世祖。文應公生二子，長子仲祿，次子子安，是為二世。傳到吳鳳的爺爺吳連是第十一代，吳鳳的父親吳珠是十二代，到吳鳳是十三代，此時已到了康熙中期。這裡數月沒有下雨，糧食作物顆粒無收，走投無路的村民四處逃荒。於是幼年的吳鳳跟著父母渡過海峽，投奔早些時候移台墾殖的鄉親，到了阿里山山區居住了下來。於是就有了本節如上所述之事。

　　至今600餘年，後時吳姓已傳衍26代，繁衍子孫後裔4萬多人。因地小人口密集，歷代多有裔孫外遷定居，近則遷往雲霄、山格、小溪、漳州、廈門，遠則遷往台灣、香港、泰國、馬來西亞、日本、美國等。其中渡台者尤眾。因此後時村村民流傳著一句民諺：「老虎跳過牆，牆角翻一翻，生兒生孫過台灣。」編修於乾隆五十一年（1786）的《壺嗣吳氏族譜》，除了記載吳珠、吳鳳父子遷台外，從十世開始，明確注上「遷台」、「出台」、「往台」、「渡台」的達179人，其中有：十世公恕，十一世登高、九效、九法，十二世珠、家銘、朝稱，十三世鳳(隨父吳珠遷大目根堡鹿麻莊)、芳、重浚、重涉等10人，十四世敦、玉、丕、歡等32人，十五世交、抄、練、清等43人，十六世燦、鐘、衍、蔽等51人，十七世喊、曾、濠、烏耳等25人，十八世聰明、都等5人，十九世水養、紅狗等6人，這些祖籍壺嗣的吳姓同胞，主要開基繁衍於台中、台北、高雄、基隆、台南和嘉義、桃園等地，到目前傳衍的子孫已經超過了萬人。這些祖籍壺嗣的吳姓同胞，主要開基繁衍於嘉義、宜蘭、台中等地，到目前傳衍的子孫已經超過了萬人。

　　本書作者為了弄清楚吳鳳故里的情況，在平和縣老區辦公室蔡主任、政協文史委張主任的陪同下，專程來到後時村調研。

　　後時村位於平和縣南部，靈通山東南麓，與詔安、雲宵相連，左有獅仔

嘴山（村民按其山形
稱之為公獅山），右
有出米石山（村民稱
之為母獅山），是一
個風景秀麗的山谷地
帶。在這片長滿茂林
修竹的大山谷中，分
布著石寨、宜盆、峰

後時村旁靈通山支脈栩栩如生的獅子峰

山、山布、大二、後時六個行政村。按《壺嗣吳氏族譜》所載，後時的開發應
是從元末開始。翻開《平和縣志》，該縣志稱：「明朝以前無考」。從道光
十三年（1833）起，開始出現「厚嗣」村名，到民國22年，「厚嗣」變成「壺
嗣」，屬一區（崎嶺區）管轄。1949年新中國成立初期，歸第九區（大溪鄉）
管轄至今。「文化大革命」中因村民覺得村名筆畫多難寫，就按閩南話諧音改
稱「後時」。該村現有兩個自然村：後時和田坑，後時是村部所在地。全村總
人口1,950人，460多戶，9個村民小組，全部姓吳。從50至70年代末，因「以
糧為綱」的影響，該村與所有農村一樣，單一的農業經濟，幾畝瘦瘠的山田，
糧食產量極低，在「大躍進」的年代裡，該村村民開山種過毛竹、茶葉，建過
茶場茶廠，但都擺脫不了貧困。80年代開始，在省市政府「大念山海經」的號
召下，村民們就像當年渡台的先賢一樣，積極開發村子四周的荒山，發展經濟
作物，漫山遍野種上了當時價格不菲的荔枝，成為遠近聞名的荔枝主產區，荔
枝也開始給村民們帶來了幾年的富裕生活。但從90年代之後，荔枝市場價格走
低，果賤傷農。於是村民開始在田裡改種香蕉。此外，在政府的引導下，三分
之一的村民外出打工。如今，該村村民有一百多戶靠香蕉和外出打工建起了新
房，全村去年人均純收入達5,000多元，擺脫了世代相襲的貧窮，走上了小康生
活的道路。

後時村村民告訴作者12當年吳鳳故居所在之處（村民手所指荔枝園中）的烏石村遺址

問及吳鳳故居，村長吳漢宗和80歲的退休教師、老村民吳松秀告訴說，當年吳鳳就住在後時自然村西南隅名為烏石一個小村子，這個村子的幾十戶村民在當年大旱之際已逃荒殆盡，早已變成一座棄村，在上世紀80年代大種水果時期，村民們在該村廢墟上種上了荔枝樹。烏石座落於一座小山頭，吳鳳故居所在處已長滿荔枝樹，雜草叢中一些斷垣殘磚還偶而可見，它們在見證著這片荔枝林曾有過的故事。

六、吳鳳後裔回鄉尋根祭祖

與台灣關係密切的後時村，在兩岸關係解凍後的30年來，回村尋根謁祖的台胞絡繹不絕。近年來，隨著兩岸民間交流的進一步發展，台灣「阿里山神」吳鳳故里——後時村作為該縣一個富有特色的涉台人文景觀，受到廣大遊客尤其是台胞的青睞。據該村村民反映，這幾年有許多嘉義縣的吳鳳後裔回村訪親謁祖，僅近兩年每年都有十多批數百人，他們在後時（壺嗣）村找到了自己的「根」，還熱心家鄉公益事業，捐資助學、

台灣嘉義吳氏宗親扶鸞吳鳳神像回歸後時故里

修路，幫助家鄉發展經濟。文應公第二十一代孫吳松柏，儘管生在台灣，長在台灣，但從小就記住了父輩的教導：「根」在大陸。1989年，他從台灣來到廣東省東莞市創辦潤豐集團。經過十幾年的拚搏，吳松柏創辦了十多家企業，產品暢銷世界各地。隨著事業蒸蒸日上，吳松柏尋根念頭日益心切。2001年以來，他領著家人，拿著家譜，先後4次來到平和縣大溪鎮尋根。經過仔細核對，終於在壺嗣雲美店自然村找到了祖籍地。從此，吳松柏先生十分關注家鄉的發展，他尤其熱心家鄉教育事業。2007年他捐款21萬元給後時壺峰小學裝修教學樓，2008年全縣開展中學校園整潔行動，吳先生回到家鄉學校參觀，得知後時中學一棟實驗樓由於資金不足無法裝修時，當即慷慨解囊捐款50萬元，如今實驗樓已裝修完畢並投入使用。吳先生情繫桑梓的愛心之舉，備受當地村裡宗親的讚譽。

　　2009年是吳鳳誕辰310週年，也是吳鳳為睦和族群、捨己成仁240週年。為緬懷先賢，弘揚吳鳳的「仁者愛人」理念，吳鳳的故里後時村於11月19日（農曆10月3日）舉辦「海峽兩岸紀念吳鳳誕辰310週年大會」及系列活動，台灣嘉義36名吳鳳後裔宗親首次扶鸞吳鳳神像回歸故里授香暨認祖歸宗，參加紀念活動，進香《吳氏家廟》，拜謁吳文應一世祖，共同緬懷先賢吳鳳。當天，新修建的「台灣阿里山神吳鳳故里平和壺嗣吳鳳史蹟陳列館」開館揭牌。在陳列館裡，受全國人大常委會委員長吳邦國委託，全國

2009年11月，兩岸首次公祭阿里山神吳鳳祭典在平和靈通山下的後時村隆重舉行

人大常委會副委員長兼祕書長李建國題詞的「台灣阿里山神吳鳳故里平和壺嗣吳鳳史蹟陳列館」燙金牌匾與剛開光安奉的吳鳳五彩神像交相輝映，兩岸吳氏宗親歡聚後時村，以隆重的「三獻大禮」公祭「阿里山神」。

第十一章
台灣近代化建設第一人沈葆楨

一、沈葆楨生平

　　沈葆楨（1820～1879），字幼丹，又字翰宇，福建侯官（今福州）人，洋務派主要人物。生於清嘉慶二十五年（1820）。清代抵抗侵略的著名封疆大吏林則徐之婿。道光二十七年（1847）進士，選庶吉士，授翰林院編修，之後在京官考核中以「一等」成績升都察院監察御史。咸豐五年（1855），沈葆楨出任江西九江知府，第二年，又署廣信知府（今上饒市）。太平天國楊輔清部圍攻廣信時，在其夫人林普晴的鼎力協助下，指揮軍民打退了太平軍將領楊輔清的進攻而保全了廣信，不僅名聞

中國船政與海軍之父沈葆楨像

天下，而且擢升為廣饒九南道道台。後由於性格耿直得罪上司，於是去職回家養親。咸豐十年（1860），重被起用，授吉贛南道道台，沈以父母年老而婉辭。於是被留在原籍辦團練，曾國藩對他很是賞識。咸豐十一年（1861），曾國藩請他赴安慶大營，委以重用。不久，推薦他出任江西巡撫，倚用湘軍將領王德標、席寶田等，在與太平天國政權的鬥爭中屢立戰功，1864年捕捉太平天國幼天王、洪

228

仁軒等。

　　兩次鴉片戰爭戰敗，英法聯軍步步緊逼，致力打造近代海軍的左宗棠，向朝廷舉薦沈葆楨為福建船政大臣。沈葆楨毅然接受了這個艱鉅的任務，同治六年（1867）年接替左宗棠任福建船政大臣。到光緒元年（1875），任內共8年。他主持馬尾船政局創建、歷盡艱辛，在福州馬尾港建起中國近代歷史上第一座造船廠，完成了第一期造船計劃。同時設立船政局前、後學堂，為中國近代海防建設

沈葆楨在福州馬尾主持興建的福建船政局，今為馬尾造船有限公司

培養了大批優秀人才和專業骨幹（如嚴復、詹天祐、鄧世昌、薩鎮冰等），並將生產的輪船裝備了我國近代史上最早的兩支海軍艦隊──南洋和福建水師。所以，他又被稱為「中國船政和海軍之父」。

　　同治十三年（1874），日本以琉球船民漂流到台灣東南部的牡丹社一帶，在與這裡的少數民族突衝中遭殺為借口，發動侵台戰爭，企圖占據台灣。清廷派沈葆楨為欽差大臣，赴台辦理海防，兼理各國事務大臣，籌劃海防事宜，交涉辦理日本撤兵，積極調兵遣將部署海防戰備，以實力挫敗日本侵略野心。日本撤兵後，沈葆楨開始強化對台灣的治理，他致力於台灣開發建設，發展經濟，整頓吏治，爭取民心等，以求從根本上解決台灣海防問題，並首倡台灣的近代化建設，為台灣興辦洋務第一人。

　　沈葆楨好學多才，尤工於書法，筆意蒼勁，法度謹嚴，間作山水。其傳世著作的有《沈文肅公政書》、《沈文肅公家書》、《夜識齋剩稿》等多部。

　　光緒元年（1875），沈葆楨奉旨撤軍內渡進京，升任兩江總督兼南洋通商大

臣，督辦南洋海防，擴充南洋水師，並參與經營輪船招商局，派船政學堂學生赴英法留學，為我國海軍建設作出了卓越貢獻。還奉命處理「皖南教案」。以「罪無所歸」折服洋人，妥善結案。任內修河堤、行海運、籌積穀、拔罌粟、減稅收、整鹽務、禁厚殮、修炮台、固防務、平冤案、選賢能。終因積勞成疾，病卒於督署。光緒五年（1879）11月在江蘇江寧病逝。

福州市政府大院烏山山南麓的沈葆楨祠

清政府追贈他太子太保，入祀京師賢良祠，諡文肅公。並恩准在福建、江西及各立功省分建

位於福州西郊梅亭村的沈葆楨墓

專祠祭奠，福州專祠故址在今福州烏山路2號烏（又稱烏石山）南麓市政府大院內，祠為清光緒十四年（1888）建造，祠內供奉沈葆楨夫婦、四兒子沈瑜慶和沈葆楨長孫沈翊清四人。為重檐歇山頂木結構建築。

二、解決「牡丹社事件」的欽差大臣

十九世紀60、70年代，外國資本主義列強紛紛從四面八方向中國邊疆侵逼，造成中國邊疆的普遍危機。尤其對於台灣，先後就有美、日、法的先後入侵，造成台澎地區和東南沿海的嚴重危機，成為當時邊疆危機的一個組成部分。尤其以

日本最為兇狠。經過明治維新後的日本迅速走上軍國主義的道路，表現出對外的極大侵略性。它首先把目光投向鄰近的中國，對台灣懷有覬覦之心。

自康熙統一台灣後，清政府就在台灣駐兵設防，實現了清中央政府對台灣地區的治理。然而由於上海洋阻隔、交通不便等原因，因此當時清政府對台灣地區的政治、經濟、軍事等方面的建設側重於「治內」，即追求維持台灣地區社會的基本穩定，從而造成統治力的相對薄弱尤其是海防建設相對滯後。當時全島僅置水陸十營，以萬名將士輪番戍衛。從兵防設置看，清廷在台、澎等處設總兵一員、水師副將一員、陸路參將二員，陸路兵8,000人，水師兵2,000人。軍隊調自福建，屬綠營兵，因三年一換班，故稱「班兵」。從水陸營制設置看，台灣方面設有陸師鎮標中營、鎮標左營、鎮標右營、南路營、北路營。水師則設中營、左營、右營。澎湖方面設水師左營、右營。雍正十一年（1733），添設台灣城守營。乾隆五十三年（1788），分設南路下淡水營；嘉慶十四年（1809），增設艋舟甲營。雖台澎兵力、營制常有增減，但孤懸海島，士兵不尊王法，軍隊又是輪番戍守，管理不善。故防禦空虛，戰鬥力低下。

同治十年（1871）12月，中國藩屬琉球派人前往廣東中山府納貢，使者攜帶回贈的禮品返國途中，遭風暴船漂流到台灣，與島上處於原始狀態下的牡丹社少數民族發生了突衝。其中54人被高士佛、牡丹兩社居民殺害，另12人逃脫得救，被中國政府由福州轉送回國，台灣史稱「牡丹社事件」。這本是中國與琉球雙方之間的問題，日本政府卻借此事件於同治十一年（1872）宣布琉球為其藩屬。

那時日本政府為了緩和日益尖銳的國內矛盾所引起的政治危機，醞釀對外發

建於屏東牡丹鄉石門戰場的牡丹社事件紀念碑

動戰爭，於是抓住這一事件作為出兵的借口。1874年4月4日，日本正式設立侵台機構——台灣都督府，並組成以陸軍中將西鄉從道、少將谷干城、海軍少將赤松則良為參軍、大藏卿大隈重信為主要成員的征台軍。5月7日，西鄉從道率3,600多人在台灣瑯嶠射寮登陸，其攻擊目標主要是牡丹、高士佛兩社。日本政府2月18日授陸軍中將西鄉從道為「台灣番地事務都督」、當天日軍開始與當地居民交鋒，戰於四重溪，日軍敗退。22日日本陸軍中佐佐久間左馬太率兵兩百人，與牡丹社、高士佛社少數民族大戰於石門（今車城鄉溫泉村東北隅，與牡丹鄉接鄰之處），攻占石門，牡丹社酋長阿祿父子及戰士16人等陣亡，附近「番社」也多投降。6月2日，日軍1,300餘人分三路掃蕩附近抗日的村社，13日進占龜仔角社。7月中，日軍已完成對各社的征討、誘降，並在龜山下（今車城鄉後灣村）建立都督府，修築醫院、營房、道路，並向後山南北各處「番社」分發日本國旗，準備久踞台灣。

此時，清政府對日本的一系列侵台活動毫無覺察，直到5月29日通過英駐華公使威妥瑪才始知此事。當日，清政府照會詰責日方，並於6月14日下令派福建船政大臣沈葆楨率領輪船兵器馳往台灣，授予他處理日本侵台事件的軍事外交大權。以巡閱為名，前往台灣「生番」一帶察看，不動聲色，相機等辦。當消息證實後，清政府深感事態嚴重。同治帝遂正式任命沈葆楨為欽差大臣東渡台灣，辦理台灣等處海防，處置日本侵台事件。同時命令所有福建鎮、道等官，歸沈葆楨節制。江蘇、廣東沿海輪船，也歸沈葆楨調用。台灣籌防所需款項由福建供給。沈葆楨接旨後，義無反顧地肩負起保衛台灣、維護領土主權的歷史使命。

沈葆楨分析了中日雙方形勢，認為日軍有可能擴大侵略範圍，台灣少數民族只憑弓箭梭標是敵不過手持洋槍洋炮、訓練有素的日軍。而台灣首要任務是加緊軍事部署。他既反對「一味畏葸，只圖置身事外，不惜貽患將來，」也反對「一味高談，昭義憤快心，不妨孤注一擲，於國家深遠計均無當焉。」經過深思熟慮，他向朝廷提出縱橫外交和實力備戰相結合的4項對日措施：一是「聯外交」，把歷年來洋船漂台事件及日本入侵台灣前後經過，分別摘要照會各國公使，戳穿日本謊言，最大限度地在國際上孤立日本。利用國際輿論逼迫日本退兵；二是「儲利器」，加強海防力量，日寇利欲熏心，未必因理屈而退兵。日本之所以如此氣焰囂張，是因為中國器械未精，兼恃美國暗中資助。因此必須速購鐵甲船、水雷、洋槍、洋炮、火藥、子彈等物，改善軍隊裝備；三是「增兵力」，抽調得力人才，協助籌辦台灣海防。福建兵力不足，請外省增援。水師輪船不夠，請將沿海各省的兵輪調到福建沿海；四是「通消息」，台灣海

億載金城中沈葆楨為加強海防而添置的火炮

峽之險，加諸海疆。如遇颶風，難通消息，請架設台南至廈門的跨海電線及廈門至福州的陸路電線，使消息儘快暢通，不至貽誤戰機。對日的四大措施反映了沈葆楨遠見卓識，對敵我態勢分析透徹。並且力主備戰，以實力威懾日本不敢輕舉妄動。清政府對沈葆楨建議讚賞有加。

沈葆楨赴台灣之前，認真做好部署福建沿海防禦工作：「福星」號泊台灣；「長勝」、「海東雲」號往來於閩台；「揚武」號巡弋澎湖；「靖遠」號往返於福、廈；「振威」號穿梭於馬尾、上海。6月16日，沈葆楨視察澎湖炮台及設

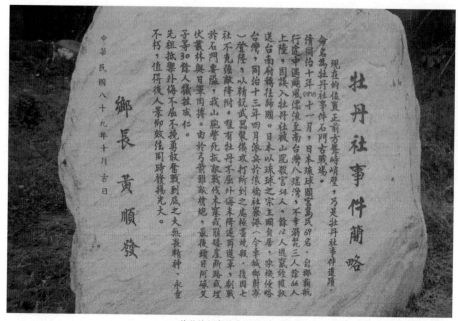

牡丹社紀念碑旁的勒石記事

防，痛感駐守班兵太弱，簡直不堪一擊，遂萌發加強海防建設、整頓守軍的想法。17日，沈葆楨抵台南安平，接見當地官員，進一步瞭解台灣局勢。他見台灣班兵太少，就從大陸抽調當時最精銳的淮軍洋槍隊武毅銘字軍13營6,500人入台，部署於鳳山；8月23日，第一批武毅軍2,000人到台，駐防鳳山（今高雄）。10月下旬，第二批增援2,500人到達。沈葆楨見台灣北部後山防禦力量單薄，且有日人覬覦，遂派福建陸路提督羅大春率部東渡，駐防蘇澳。在台期間，沈葆楨制定了「驅倭撫番」方針，依靠人民加強地方的防衛力量。他派熟悉民情的官員到各地發動群眾，組織民勇，成立鄉團，發給武器。深入少數民族村社，發動山胞抗倭。日軍入侵後，台灣少數民族同胞遭受蹂躪，因此一呼百應。「撫番」成功，為收復失地奠定了良好的群眾基礎。為加強台灣防禦力量，沈葆楨招募廣東兵勇二千多人，從天津調運新式洋炮20尊，從福建調撥數萬磅洋火藥，還先後修了鳳山縣的東港炮台、旗後炮台、基隆炮台、滬尾炮台，在澎湖修了大城北炮台，均安放了西洋鉅炮。改建了媽宮炮台，互為犄角。另外還加強了城池的修

築。他又向朝廷請調援軍。經過精密部署,台灣的防禦力量大大增強,士氣民心為之大振,敵我雙方實力發生了根本的變化。

這些措施漸次推展實施,效果顯著,形成相當的聲勢,入侵台灣的日軍開始陷入台灣人民激烈抵抗的泥淖之中,沈葆楨從大陸調來的精銳部隊又將他們團團包圍。日本侵略者見沈葆楨布防周密,在軍事上難以取勝,軍心波動,加上此時台南南部惡性瘧疾流行,侵台日軍因氣候炎熱,水土不服,疾疫流行,每日死者四、五名甚至數十名,士氣極其低落。在進退維谷、內外交困的形勢下,日本不得不尋求外交解決的途徑,派出全權代表大久保利通偕顧問翻譯李仙得於是年9月到達北京,與清政府進行談判。在前後七次談判中,日方仍堅執日本進兵的是「無主野蠻」之地,對此清政府予以嚴厲駁斥。大久保利通認識到,只有在清政府所堅持的「番地屬中國版圖」的前提下,才能和平解決日本侵台問題。當時清政府的內政外交也存在很多困難,對閩台海防缺乏信心,深恐局勢發展會把戰火引向大陸各地,談判中步步退讓。在英國駐華公使威妥瑪的調停下,於9月22日簽訂了《中日台灣事件專約》(《北京專約》),以「撫恤」及付給修道建屋費用為名賠償白銀50萬兩,日軍隨後於11月24日撤出台灣。

日本入侵台灣是對中國在台灣的主權和領土完整的一次挑戰,對中國來說,這是一次嚴重的邊疆危機。

三、對進一步治理台灣的重大貢獻

「牡丹社事件」促使清政府檢討其治台政策的利弊得失,認識到危險主要來自於外部而並不是內部。過去清政府認為,「台灣之患率由內生,鮮由外至」。外國的侵略,官員們開始重視台灣,把它稱為「七省門戶」、「南北洋關鍵」、「中國第一門戶」。總理衙門也指出「經營台灣實關係海防大局」,這是對台灣

地位的一種新認識。在這方面感受最深、變革最力的是沈葆楨。

　　在解決「牡丹社事件」、日本人撤出台灣之後，沈葆楨就上了一個奏摺，在奏摺中他說：「此次之善後與往時不同，台地之所謂善後，即台地之所謂創始也。」從這時起，他相繼提出並實施了一系列治台政策和改革措施。

　　他的第一項改革，就是請「仿江蘇巡撫分駐蘇皖之例，移福建巡撫駐台」。他說：「台地向稱饒沃，久為他族所垂涎。今雖外患漸平，旁人仍眈眈相視，未雨綢繆之計正在斯時。而山前山後，其當變革者，其當創建者，非十數年不能成功；而化『番』為民，尤非漸漬優柔不能渾然無間。與其苟且倉皇，徒滋流弊，不如先得一主持大局者，事事得以綱舉目張，為我國家億萬年之計。況年來洋務日密，偏重在於東南，台灣海外孤懸，七省以為門戶，其關係非輕。欲固地險，在得民心；欲得民心，先修吏治營政；而整頓吏治營政之權操於督、撫，（閩浙）總督兼轄浙江，移駐不如（福建）巡撫之便。……為台民計，為閩省計，為沿海等防計，有不得不出於此者。」清政府採納了他的建議，從1875年11月起定為福建巡撫冬春駐台，夏秋駐福州，總攬台灣軍、民兩政，籌辦海防，兼理學政。這一制度的設立對台灣的穩定治理有著極為重要的意義，從此，遠隔重洋、鞭長莫及的台灣在政治治理上的困境得到克服，管理得到加強。

　　他的第二項改革是廢除大陸人民渡台禁令。他認為，長期以來，清政府奉行「為防台而治台」的政策，對開發台灣有許多禁令，嚴禁大陸人民偷渡。與台灣隔海相望的福建，地少人多，漳、泉人民仍然偷渡入台。清政府禁令限制了中國人，卻限制不了外國人。鴉片戰爭後，外商抵台低價收購蔗糖、茶葉、樟腦，輸入鴉片等毒品榨取錢財。為了杜絕外國染指台灣，鞏固台防，沈葆楨上疏要求開禁，允許大陸人民自由東渡台灣，進入「番界」，開墾土地。據文獻記載，當時應招赴台者絡繹不絕，僅光緒元年（1875），福建、汕頭、廈門三處就有2,000家乘禁弛而紛紛渡海。大批大陸人民來到台灣，對台灣的的開發，經濟的發展起了很大的推動作用，同時也是杜絕外患，鞏固台灣海防的根本性措施。

　　他的第三項改革是開山撫「番」。他根據台灣東部交通不便，難以開發的實際，著手解決台灣前山（西部）、後山（東部）因中央山脈阻隔、缺乏交通道路的問題。於同治十三年（1874）6月，鑿山修路，開發台灣東部。開鑿貫通前後山的通道，開路工程分北路、中路、南路同時進行，他調兵遣將，沿途設立碉堡，派兵駐防，為築路大軍提供安全保證。又大量招徠內地人民渡台開路，共同開發台灣東部山區，這是台灣開發史上開發東部的偉大創舉。北路由噶瑪蘭廳蘇澳至花蓮奇萊，共計205里、中路由彰化林圯埔至花蓮璞石閣，共計265里，南路由屏東射寮至台東卑南，共計214里（其中中路八通關古道現仍保存，定為一級古蹟）。

沈葆楨開山道路示意圖

　　開山修路是一項十分艱鉅的工程。沈葆楨在《至陸存齋觀察》信中說：「防倭易而開山難，開山則南路難而北路尤難，愈進而需兵愈

沈葆楨開山撫番的重要措施——開通東西通道。圖為台灣中部今天尚存的八通關古道道

多。番社愈僻則愈愚而愈毒，經費滋鉅，恩威而窒矣。」而當時開山開路時，往往「進一步則需築一堡，駐一哨。」一年完工後，共耗銀20萬兩，死亡官兵達2,000餘人。可見工程之難，之鉅。這些穿越中央山脈、橫貫台灣東西兩地道路的開通，第一次使台灣東西海岸連成一片，有利於鞏固海防，同時對促進台灣東部的開發及漢民族與台灣少數民族的融合都有極其重要的意義。

他的第四項改革是加強海防。為了鞏固台防，沈葆楨改革班兵營制，加強訓練，提高軍隊的戰鬥力。加強海軍及其裝備，在澎湖訓練水軍，在台南選練洋槍隊。聘請外國工程師在安平南面設計修築「億載金城炮台」，在屏東東港建造「東港炮台」，在高雄的鼓山和旗山建造「打狗炮台」。並把台南

沈葆楨在台南創建的億載金城炮台今貌

政府所在半月城，加以重修，使之堅固。還修建台北府城等處，加強台灣的防衛力量。這些防務設施，以安平炮台為最大，沈葆楨為其取名「億載金城」，並書寫鏑刻在城門上。1895年中日戰爭時，這座規模宏大的炮台發揮了很大作用，至今它還傲然屹立在台灣西海岸上。

籌辦海防面臨的首要問題是經費，不論是購槍炮、艦船，還是修炮台、養兵軍餉都離不開經費，沒有經濟作後盾，海防建設是一句空話。因此籌辦海防，與興利、求富是一致的，沈葆楨認為要加強台灣的海防力量，應從開發台灣、建設台灣入手。只有台灣經濟繁榮、地利盡開、餉源充足，台灣的海防才能真正鞏固。台灣煤源豐富，早前已有民間採礦業，但政府對煤的稅率偏高，且進口和出口都征同樣的稅率，因此民間採煤業發展緩慢。沈葆楨認為煤礦是當時台灣經濟

的基石，必須優先發展，而優先發展必須減輕對台煤出口的稅收，為此他專門上奏了《台煤減稅疏》，該疏說：「墾田之利微，不若煤礦之利鉅，墾田之利緩，不若煤礦之利速，全台之利以煤礦為始基，而煤礦之利又以暢銷為出路。」而要暢銷，又必須減稅。所以他最後請求清政府准予台灣的煤礦減免出口稅收，清政府批准了該奏疏。從而鼓勵了民間對煤礦的開採積極性，對地方經濟的發展起了促進作用。

沈葆楨還首創官營採礦，開辦基隆煤礦，既為福建船政解決用煤問題，也為台灣增加收入，同時還可以進入上海、香港市場與洋貨競爭。後基隆煤礦每年出煤一百四、五十萬石，可得二十餘萬元。

他的第五項改革是整頓吏治，增加行政管理機構。沈葆楨痛感台灣吏治昏暗，認為要加強海防，整頓吏治是當務之急。「台灣海外孤懸，七省以為門戶，其關係非輕，欲固地險，在得民心；欲得民心，在修吏治、營政；整頓吏治、營政之權，操於督、撫。」為了適應開發台灣的新形勢，沈葆楨調整了台灣的行政區劃，與此同時，為了適應開發台灣的新形勢，沈葆楨調整了台灣的行政區劃，先是奏請在艋舺增設台北府，以平衡南北行政管理的失調。又增設恆春、淡水兩縣；改淡水廳為新竹縣，改噶瑪蘭廳為宜蘭縣。原來的台灣府轄台灣縣、鳳山縣、恆春縣、嘉義縣、彰化縣、澎湖廳、卑南廳、埔里社廳。台灣建置遂由1府4縣3廳增為2府8縣4廳。從行政管理上有效控制了台灣南北。

由沈葆楨奏請朝廷批准興建的台南鄭成功廟

沈葆楨還上奏摺提出了一些有利開發的便民改革措施：如廢除嚴禁台民私入「番界」的舊例；廢除嚴格限制「鑄戶」、嚴禁私開私

239

販鐵斤及嚴禁竹竿出口的舊例。還宣布編戶口、禁仇殺、立總目、墾荒地、設番
塾(學校)等七條約法，並奏建鄭成功祠，發揚民族正氣；修築城垣，增強防禦力
量。這些改革的實質含義是：使大陸人民得以向台島自由遷徙；打破台島西部濱
海平原所謂「山前」與東部「山後」間的人為壁壘，使漢族居民與土著居民之間
得到往來交流的自由，促進民族間族群的和諧；打破台灣島內經濟生活中的若干
桎梏，使人民的物質生產與物資流通得到自由，變防民為便民。

沈葆楨提出的這些改革，主要是為了推動台灣土地的開發、特別是後山的耕
墾。而鼓勵後山的墾殖，又與所謂「撫番」即加強對少數民族的治理密切相關。
「撫番」與所謂「開山」、「開路」相輔而行，自1875年開始，開通聯接東西海
岸的通道工程得以開始，沈葆楨調兵十九營分三路開山。南路：一由鳳山的赤山
越山至卑南（台東），一由社寮循海岸東行到卑南；中路：由彰化的林圯埔越山
至璞石閣（玉里）；北路：自蘇澳沿海岸至奇萊（今花蓮），均於一年內完成。
這些穿越中央山脈、橫貫台灣東西兩地道路的開通，第一次使台灣東西海岸聯成
一片，有利於鞏固海防，同時對促進台灣東部的開發及漢民族與台灣少數民族的
融合，對促進台灣的進一步開發都有重要的意義。

四、台灣興辦洋務第一人

台灣同胞稱沈葆楨為台灣近代化的首倡者。台灣的近代化過程就是從沈葆
楨治台開始的。他奏准建閩台水陸電線，在安平廈門間裝置海底電線；用西法在
安平、旗後、澎湖等處建設新式炮台；購買洋炮及軍火機械，並建軍裝局、火藥
局；調閩廠現造揚武、飛雲等一批兵輪供台防之用，並大力倡購鐵甲船，從此邁
出軍事近代化的步伐。1875年，沈葆楨奏准引進西洋機器，開採台北煤礦；使用
機器開採基隆煤礦，翌年開始動工鑿井，建立起第一個近代民用工業。

同時，實行開山、撫墾，在香港、廈門、汕頭等處設招墾局，招工來台開墾荒地，以促進內山的開發。

沈葆楨於光緒元年（1875）8月調任兩江總督兼南洋通商大臣，丁日昌以福建船政大臣兼福建巡撫，兼管台灣事務，繼續沈葆楨的改革。沈葆楨任兩江總督後，還不時關心著台灣的開發和建設。光緒三年（1877），丁日昌奏請在台灣興修鐵路，開辦礦務等事，沈葆楨給予全力支持。自沈葆楨始，後經丁日昌、劉銘傳等人的努力，台灣社會經濟迅速發展，邁入了近代社會的軌道。

為紀念沈葆楨的治台功績，台北市政府專門闢置了沈葆楨廳

這一切說明，沈葆楨不愧為台灣近代化之路的首倡者。可以說，沈葆楨是台灣興辦洋務第一人，也是大規模開發和建設台灣東部第一人。為紀念其功績，台北市政府大廳起名「沈葆楨廳」，至今懸掛其書寫的《禮運大同篇》以及相關生平事蹟介紹等。台灣著名史學家連橫在所著的《台灣通史·列傳》中高度評價沈葆楨：「析疆增吏，開山撫番，以立富強之基，沈葆楨締造之功，顧不偉歟。」沈葆楨對台灣的治理開發，為10年後台灣的建省打下了基礎，在台灣發展史上寫下了光輝的一頁。

五、沈葆楨故里與故居

沈葆楨故居位於福州南後街宮巷11號，因宮巷是福州著名的三坊七巷歷史街

區中一條巷子，沈葆楨自幼
在這裡生活，因此得講講三
坊七巷的歷史。

這片街區始於漢代，人
口開始在這裡聚居，商業店
肆開始在這裡出現，到唐末
已初具商業街規模。天復元
年（901），閩王王審知擴
建城垣，將這片區域也納入

修復後獲中國歷史文化名街的福州三坊七巷中軸南後街景區入口

其中。北宋開寶七年（974），增減外城，這裡已是當時福州士大夫、紳士的聚
居地。到了明清時期，發展到鼎盛。清道光年間，地方史志上開始出現「三坊七
巷」這一名稱。

三坊七巷是從北到南依次排列的十條坊巷的簡稱。這片街區地處福州市區中
心地帶，東臨繁華的八一七商業街，西靠通湖路，北接楊橋路，南達吉庇巷、光
祿坊，占地約40公頃，現居民3,678戶，人口14,000餘人。向西三片稱「坊」，
向東七條稱「巷」，自北而南依次為：「三坊」衣錦坊、文儒坊、光祿坊，「七

中國歷史文化名街南後街今貌

巷」楊橋巷、郎官巷、安民
巷、黃巷、塔巷、宮巷、吉
庇巷。由於吉庇巷、楊橋巷
和光祿坊改建為馬路（即今
北邊的楊橋路和南邊的吉庇
路），現在保存的實際只有
二坊五巷。即使如此，在這
片歷史悠久的居民區內，仍

然保留著豐富的文物古蹟，保存一批名人故居和明清時代的建築。街區內坊巷縱

橫，石板鋪地，白牆青瓦，結構嚴謹，房屋精緻，匠藝奇巧，集中體現了唐宋以來閩越古城的民居特色，是閩江文化的薈萃之所，被建築界喻為一座規模龐大的明清古建築博物館，保存較好的明清古建築計159座，其中包括全國重點保護單位9處，省級文物保護單位8處，被譽為「明清建築博物館」、「城市里坊制度的活化石」。2010年，該街區還列入「中國十大歷史文化名街」之中，「三坊七巷——朱紫坊建築群」是全國重點文物保護單位。

不少還綴以亭、台、樓、閣、花草、假山，融人文、自然景觀於一體。正房、後房窗以雙層通長排窗為多，底層為固定式，上層為撐開式或雙開式。正房的主門朝大廳啟廊，多為4開式，門上雕有豐富的圖案花飾，以增添大廳的氣派。「誰知五柳孤松客，卻住三坊七巷間」，三坊七巷人傑地靈，是出將入相的風水寶地，中國歷代眾多著名的政治家、軍事家、革命者、文學家、詩人，如林則徐、左宗棠、沈葆楨、甘國寶、陳寶琛、嚴復、林旭、謝冰心、林覺民、郁達夫、鄧拓等，都從這裡走向輝煌，有的坊名、巷名就可看出當年的風姿和榮耀。福州市三坊七巷，作為中國目前在都市中心保留的規模最大、最完整的明清古建築街區，2009年在首屆「中國十大歷史文化名街區評選」中，以高票列入「中國十大歷史文化名街區。」

福州三坊七巷不僅僅是三條「坊」和七條「巷」，還有一條聞名遐邇的南後街。南後街是三坊七巷的中軸，該街北起楊橋路口，南至吉庇路，全長1000公尺左右。它的東側有七巷，西側有三坊，是從福州三坊七巷興起至民國期間主要的商業街，街區商賈雲集。柴米油鹽、日常生活所需三十六店（各行各業）一應俱全。還有專為文化人服務的刻書坊、舊書攤、裱褙店，以及元宵、中秋兩節的燈市。「正陽門外琉璃廠，衣錦坊前南後街。客裡偷閒書市去，見多未見足開懷。」清末舉人王國瑞這道詩中將南後街比為北京正陽門外琉璃廠，體現南後街古時繁華的文化風貌。明、清時期的南後街是「粉牆黛瓦石板路」、兩旁鋪面林立的熱鬧街市。民國時路面拓寬改成柏油馬路。

在歷史的風雨中，三坊七巷古建
築年久失修，大多瀕臨坍塌的危險。
2006年，南後街三坊七巷歷史街區
的修復工程列上福州市政府的議事日
程，這項工程艱鉅浩大，修復資金甚
鉅。到2009年，三坊七巷保護修復工
程已投入38億資金，相繼完成了105處
歷史建築以及37處更新建築項目的建
設，翻修後的南後街充滿古色古香韻
味，路面的寬度達到12公尺，包括中
間寬7公尺的步行街和兩側各2～2.5公
尺的路側帶。定位於傳統與現代相結

沈葆楨故居所座落的宮巷

合的休閒文化商業街。現已選擇福州一部分著名老字號予以入住，如「米家船」
裱褙店、「聚成堂」書坊、花燈等百年老字號，市民喜愛的傳統燈市也計劃每年
定期舉辦。此外，福州著名傳統工藝品壽山石刻、脫胎漆器、軟木畫等工藝美術
大師都在南後街設置展示店，以增加傳統商業氛圍。還出現了酒吧、咖啡廳、頂
尖奢侈品等「新面孔」。這些新商業項目的出現，給傳統的南後街注入現代化的
因素。南後街沿街保護性修復工程於2009年1月全面完成，目前已再現其「正陽
門外琉璃廠，衣錦坊前南後街」的歷史風貌。

　　沈葆楨的故居就在福州南後街三坊七巷的宮巷裡面。宮巷在安民巷之南，
東西兩端分別與八一七北路和南後街相接。據清《榕場面考古略》載：「舊名仙
居，以中有紫極宮得名。後崔、李二姓貴顯，更名聚英達。」

　　宮巷裡的豪門住宅結構精巧，單是室內的木雕石刻構件就今人嘆為觀止。如
漏花窗戶採用鏤空精雕，榫接而成，而且通過木格骨骼的各種精心編排構成了豐
富的圖案裝飾。在木穿斗、插斗、童柱、月梁等部件上常飾以重點雕刻。各種精

巧生動的石刻在柱礎、台階、門框、花座、柱桿上隨處可見。可以說是福州古建築藝術集大成者。

沈葆楨的故居始建於明代天啟（1621～1627）年間，曾數次易主。清同治年間，林則徐女婿、進士出身的沈葆楨，被破格提升為九江知府後，舉債購買並修葺這個宅院，就在這裡居住。現為沈家後裔的住宅，是三坊七巷中的清代一品文官大員尤其是封疆大吏（地方總督）的典型府邸，建築基本保存完整。

國家文物保護單位、宮巷里修復一新的沈葆楨故居

該建築為建築為木結構，四面風火牆，由四進院落，一列倒朝樓，隔院三座花廳組成，面積2,747平方公尺。布局嚴謹，裝飾典雅，表現了福州古代紳宦宅第的建築特色。該建築坐北朝南，大門口上有檐樓，下有門廊，六扇開門。進門迎面屏風，兩側耳房。屏後是天井與回廊，天井寬12公尺，縱深6公尺。東西廊各寬2、3公尺。庭院陽光充足，空氣流暢。正屋全寬13公尺，三間，中為廳，旁為房。進深17公尺，分前後房。大廳為待客及舉行婚喪禮儀所在，建造高敞，梁棟描金塗朱，兩側穿斗構間架，過去曾鑲楠木板，配飾掛屏。正房門為四開式，門上部框架間用藤皮編成圖案。南向還有六扇窗子，窗門漏花，採用骨格編排，榫接成各種花飾。後廳上方放置祖先神龕。二、三、四進與一進均有隔牆，中辟石框門交通，自成院落，構成塊狀建築群。每進均有天井，天井中石鋪走道，寬2公尺，上覆瓦，稱覆龜亭，旁設美人靠。第一進為前廳，第二、三進均為七柱五間排的大廳，第四進為雙層樓閣，係藏書樓。兩側木樓梯上下，樓前為一長列花格窗。西側院與大院隔一高牆，按大院格局平行分為三座花廳，花廳全寬8公

尺，其中客廳6公尺。另2公尺靠大院一
邊為弄，辟有門，與大院相通。每個客廳
前後都有天井，置盆花和金魚缸。宅院四
周圍以高大風火牆。牆配合木構屋架的起
伏，經精工設計，形成流暢曲線。牆頭成
翹角，在翹角和牆的上部，有彩色泥塑人
像、花鳥、魚蟲、靜物，俗稱牆頭花。它
反映了明、清時代福州傳統牆頭雕塑技藝
特色。1988年列為區級文物保護單位。
2006年被列全國重點文物保護單位，也是
福州首批涉台保護文物之一。

沈葆楨故居中保存完好的舊家俱

該建築在歷史的風雨之中逐漸頹朽，
「文革」期間更遭破壞，最殘破的是第
四進「藏書樓」，牆體傾斜，牆面駁落，窗扇、門扇、樓板等木構建築大部分朽
壞，有一片披榭已倒塌，整座藏書樓用幾根木柱勉強支撐。

沈葆楨故居修復工程於2011年8月份開始啟動，屋瓦缺漏已解決，西側花廳
的修繕也在進行中。整個修復工程在與沈葆楨後裔協商後逐步分塊進行，全面竣
工後沈氏後裔仍可繼續在該故居生活。至2012年5月，該古建築已大部修復。

沈宅四面皆有風火牆，尤以各進起伏有序而別緻的馬鞍牆十分壯觀。中軸線
的西隔牆外，尚有沈葆楨的簽押房，以及三友齋、補竹齋等附屬建築。修復完工
的沈葆楨故居，成為三坊七巷一個著名的歷史文化景點，也成為兩岸文化交流的
一個窗口。

第十二章
台灣經濟文化的初步發展

　　台灣的地理和氣候條件最適宜農業生產。這裡土地肥沃，農作物種植之後，不用施肥就能收獲，所以郁永河的《裨海紀遊‧卷中》稱台灣「宜種植，凡樹菽芄芃鬱鬱，稻米有粒大如豆者；露重如雨，旱歲過夜轉潤，又近海無潦，秋成納稼倍於內地……」。儘管氣候適宜，耕彙總簡單，收獲倍於內地。但由於開發之前以前這裡的少數民族同胞的粗放種植和「計食而耕」的生產狀況，以及極少數早期進入台灣的漢人「各擇所居，耕鑿自贍」（郁永河的《裨海紀遊》卷中），故農作物每年所獲並不豐饒，千里沃土仍處於荒原狀態。直到明天啟之後，地少人多生活貧窮或苦於戰火兵燹的閩籍百姓紛紛越過海峽，趨者如鶩，這種狀態才被打破。

　　從明天啟元年（1621）顏思齊拉開大陸移民大規模開發台灣序幕開始，到光緒十一年（1885）9月台灣建省，在這260多年時間裡，以閩籍人士為主力軍的移台墾民，與台灣少數民族一起，篳路藍縷、胼手胝足，從南到北、由西而東，不斷推進墾殖範圍，並取得了顯著的開發成效。主要情況如下。

一、土地開發不斷推進

　　入台墾民開發台灣的最大成果就是土地的開墾。從明朝天啟元年開始的大

陸漢民族大量遷台墾殖，一片片的荒野被漸次開墾出來，其中經過荷據時代、明鄭政權，到康熙二十二年（1683）台灣歸清的三個時期。這三個時期裡，一些史志文獻記載反映出各個時期土地開墾的成績。

與顏思齊開發台灣稍晚幾年的時間裡，荷蘭人通過「牛皮借地」的方式占據了台灣。荷蘭人占據台灣38年，採取了許多措施誘使大陸漢人進入台灣墾殖，其中包括：「每一拉索得（荷蘭重量單位，每1拉索得等於3,000公升，約等於3噸）付給40里爾的錢幣，到後來增加至每一拉索得付50里爾的價格。驅使島上的漢人墾殖土地種植稻穀和甘蔗以牟利。」（曹永和《台灣早期歷史研究》）

據有關史料統計，至1660年，即鄭成功入台前一年，「台灣的農民們很辛勤地耕作，此時耕地總面積合計12,252摩爾亨」（荷蘭人使用的土地面積單位，一摩爾亨等於一甲，等於清畝11.3畝，約13.8萬畝)，而這些土地的開墾，大部分是由閩南籍墾民完成的，因為，「為了提高農業生產，加上此時適值我國明末清初之際，時局變動加上閩地連年旱災，於是荷蘭人便由最靠近台灣的漳、泉一帶招徠漢人農民加入生產行列，開始實行以米、糖為主的農業獎勵政策。」（台灣成功大學鄭雅方：《台灣南部農田水利事業經營之研究》）

鄭成功收復台灣之後，由於入台漢人驟增，明鄭政權大力施行軍墾和民墾相結合以解決軍餉民食的積極墾殖政策，進一步促進了台灣土地開發的快速發展，成為台灣大規模開發以來墾殖速度最快的年份。到1683年（即明鄭政權復亡鄭克塽降清之年）鄭氏政權共開發出土地30,054甲（約34萬畝），比荷據時代增加了1.5倍。

高拱乾編於康熙三十三年（1694）的《台灣府志》（台灣文獻叢刊第六十五種）卷五「賦役志」清楚記載從康熙二十二年（1683）到三十二年（1693）一府三縣十年間土地開墾的成果：

　　康熙二十二年，（台灣）地歸版圖，清查舊額，田園實在共一萬八千四百五十六甲八分六釐四毫。內田七千五百三十四甲五分七釐七毫，園一萬零九百一十九甲二分八釐六毫；

　　二十四年，新墾田園共二千五百六十五甲二分一釐。內田八百零五甲八分三釐九毫，園一千七百五十九甲三分七釐一毫；

　　二十五年，新墾田園五百八十一甲二分五釐三毫，內田七十五甲四分三釐一毫，園五百零五甲八分二釐二毫；

　　二十七年，新墾田園七百七十六甲三分三釐，內田一百七十一甲九分七釐七毫，園六百零四甲三分五釐三毫；

　　二十八年，新墾田園六百八十六甲四分四釐，內田一百二十甲二分九釐一毫，園五百五十六甲一分五釐六毫；

　　二十九年，新墾田園九百六十九甲一分零九毫，內田一百五十七甲七分八釐六毫，園八百一十一甲三分二釐三毫；

　　三十年，新墾田園三百八十八甲五分五釐二毫，內田十六甲七分九釐一毫，園三百七十一甲七分六釐一毫；

　　三十一年，新墾田園八百零二甲五分四釐，內田二十六甲五分四釐七毫，園七百七十五甲九分九釐二毫；

　　三十二年，新墾田園一百五十七甲四分三釐三毫，內田一甲六分五釐，園一百五十五甲七分八釐三毫；

　　自康熙二十四年至三十二年，新墾田園共八千零六甲一分四釐九毫，內田一千四百五十九甲五分五釐三毫，園六千五百四十六甲五分九釐五毫；

　　合計通府新墾田園共二萬六千四百六十甲，內田八千九百九十四甲一分三釐，園一萬七千四百六十五甲八分八釐二毫。

　　上述這組數字基本反映了自顏思齊開發台灣以來至台灣回歸清廷後的康熙

年間，台灣最早開發的台南地區年墾殖活動成果。

　　從台灣歸清起到雍正年間，由於海禁的開放，攜眷渡台政策的開始施行，漳籍及閩粵沿海各地移台人數劇增，墾殖大軍人數的大幅度增多，促使台灣土地開發進入快速推進時期。根據台灣學者潘英的《台灣拓殖史及其族姓分布研究》一書所述：

　　康熙時，北從諸羅、斗六門、半線、竹塹而拓至八里岔、北投一帶，南至恆春之枋山、楓港等地。雍、乾之間，台灣之西、南、北平原幾已開闢殆盡。迨至嘉慶，北部已越三貂嶺而進入噶瑪蘭，開墾宜蘭平野，中部亦向水沙連山地之埔里盆地發展。道光年間，越中央山脈而移墾後山之卑南覓。同治末，東部之寶桑、奇萊等地，亦有漢人入墾。同、光之際，清政府因受日軍侵台事件的刺激，對台政策才趨於積極，主動實施「開山撫番」政策，台地自此全辟。

　　這是從全台灣的角度概述了開發以來墾殖活動的發展情況，但具體墾殖了多少土地呢？台灣的一些史料記載不盡相同。根據廈門大學台灣研究所原所長陳孔立教授的研究，「到了雍正十三年（1735，雍正末年），台灣已墾殖土地達五萬餘甲」。從康熙至此時僅18年時間，開墾出來的土地新增了39,023甲，平均每年新開墾2,168甲（約等於24,520畝），比康熙年間每年所開墾的面積增加10倍以上，為清代領台之後墾殖事業發展

詔安廖姓開發西螺，培育出優質西螺米。圖為雲林西螺大橋下一望無際的優質西螺米稻田

最快的時期。到乾隆中期，達六萬餘甲，到清末，達36萬餘甲，陳孔立教授指出：

「由於台灣『隱田』現象十分嚴重，清末的田園面積不止三十六萬多甲，有人估計達六十六萬甲以上（約746.46萬畝）。」

台灣有關文獻記載與這些數字有些出入，台灣學者尹章義著的《台灣開發史研究》一書數字是：

「荷蘭時代末期大約是一萬甲，鄭氏結束時大約是三萬甲。清代隱田太多，繳交田賦的科（稅）田只有六萬多甲。劉銘傳為籌措建設台灣的經費而進行，結果丈得的土地有四十二萬九千餘甲，多出了三十六萬餘甲土地。日本人占據台灣後，全面實施『土地調查』，從1898年到1903年清丈完畢，台灣耕地面積達到七十七萬七千餘甲。」

這些墾田數字真實反映了明清兩代移台墾民（閩籍為主力軍）開發台灣的貢獻與成就。

二、人口急劇增多

在明末清初台灣開發活動中，隨著墾民的不斷東渡來台，在墾辟的荒埔不斷擴展的同時，漢族人口亦在不斷增加。前已述及，顏思齊、鄭芝龍先後兩次回閩南故鄉招募墾民，共招募有數萬人入台墾殖，由於早期入台墾民來來往往，有遷入有回鄉，流動性大，具體多少萬不得而知。但在曹永和的《台灣早

期歷史研究》一書中引用的人口資料卻與上述數字有些出入：

　　明永曆二年（1648），因大陸連年戰亂，饑饉甚劇，台灣的漢族人口驟增至兩萬人。但翌年饑饉現象終了後，約有八千人回歸大陸。明永曆四年（清順治七年，1650）台灣的漢族人口有一萬五千人。在荷蘭占據台灣末期，有許多漢人因（大陸）戰亂而移居台灣，壯丁有二萬五千之多。

　　以上史料數字說明，移台墾民的數量是在不斷地變化的，其出入也是實事求是的。這裡面有忍不了離鄉之愁的，有受不了墾殖之苦的，有在族群械鬥或「番害」中被殺的，有被毒蟲咬死的，有在瘟疫中病逝的。可見當時台灣墾殖環境之險惡，墾殖活動之不易。因此，墾民中來到台灣又回到大陸故鄉是經常發生的事，所以當時的台灣人口數量是上上下下地變動。

　　隨著艱苦開發活動的進展，到明鄭時期，由於鄭氏政權的努力經營，墾殖環境有所改善。至台灣歸清時，鄭氏帶去台灣的官兵眷口有七萬二千多人。加上台灣的原住民，連橫的《台灣通史》「戶役志」估計：「此時台灣之民，已近二十萬人。」

　　而在清領台灣之後，由於行政建置的設立和不斷完善，墾殖環境進一步改善，加上逐漸開放入台限制，大陸沿海居民赴台墾殖逐漸形成熱潮。到「嘉慶十六年（1811），有司彙報全台民戶計有二十四萬一千二百十七戶，男女大小凡有二百萬三千八百六十一口，而土番不計其中也。比之清初，凡增百倍。」（連橫：《台灣通史》「戶役志」）到光緒十六年（1890，台灣建省後第5年），台灣人口已達二百五十萬人。

　　其中福建籍人口占了台灣人口總數的83.1%。

　　日據時期1926年人口祖籍地調查情況表（見下頁）清楚反映出這一情況。

1926年台灣人口祖籍地情況調查表

項 目 祖籍地	人口數 （人）	占總人口的百分比 %	備 註
總 數	3751600	100	
福建省	3116400	83.1	
泉州府	1681400	44.8	
安溪縣	441600	11.8	
同安縣	553100	14.7	
三 邑	686700	18.3	指南安、惠安、晉江
漳州府	1319500	35.2	
其他州府	115500	3.1	
汀州府	42500	1.1	
福州府	27200	0.7	
永春州	20500	0.6	
龍巖州	16000	0.4	
興化府	9300	0.4	
廣東省	586300	15.6	
嘉應州	296900	7.9	
惠州府	254800	4.1	
潮州府	134800	3.6	
其他省份	48900	1.3	

三、「番社」除陋俗換新風

在台灣開發之前，這裡的「番社」世
世代代過著幾乎與世隔絕的生活，有著
許多帶原始成分的陋俗。早期到過台灣的
學者文人及仕台官員在他們的一些文獻中
都談過這方面的事情。比如：裸體文身，
無文字，結繩記事、望月虧盈以記時節，
草木枯榮以為年歲、計食而耕、溪浴治
病、鼻簫求偶、鑿齒定婚、飲鹿血、食鹿
肉不計生熟、死葬臥室底下，等等。他們
「無市肆貿易，有金錢無所用，故不知積
蓄」，「他們織麻為網，屈竹為弓，以獵
以漁，腰間一刃，行臥與俱，凡所成造，

台灣少數民族學童

皆出於此」。有一些深山裡的「野番」，「恃甚獷悍，時出剽掠，殺人輒取首
去，歸而熟之，剔其皮肉，取髑髏加以丹堊，置之當戶，同類視其髑髏多者為
雄。」（郁永河：《裨海紀遊》卷下）還有一些「番社」為了答謝上天賜給他
們好年成，在秋收之後必行「出草」——殺漢人取首級祭祀鬼神。如阿里山等
地的「番社」，直到乾隆中期仍保持這一陋俗。

「番社」的種種落後陋俗，除了阻礙本民族社會的進步，使得台灣長期處
於原始社會末期、生產力停滯不前之外，也極大阻礙了台灣大開發活動的開
展。而當頑強的墾民以百折不饒的精神，前赴後繼地把墾殖事業義無反顧地向
前推進時，漢民族的文明之風終於逐漸潛移默化地熏陶了這些桀驁不馴的「化
外之人」，他們開始接觸並學習一些他們所不熟悉的但覺得有道理、對為人處

事有好處的新習俗新知識。尤其是在明鄭政權時期，由於陳永華的重視對「番社」子弟的教育，他深感要改變千百年來「番社」形成的陋俗之不易，寄希望於「番社」子弟的未來，於是他下令各「番社」都要遍設小學，以中原文明之風教化「番社」子女，求得逐漸革除陋俗惡俗之功。因此「鄭氏來……化以禮義，風以詩書，教以蓄有備無之道，制以衣服、飲食、冠婚、喪葬之禮，使成知愛親、敬長、尊君、親上，潛消頑憨之性，風俗漸彌改觀，率循禮教。」（郁永河：《裨海紀遊》卷下）

漢族墾民及仕台官員的身教言教，以及對「番社」所做的大量工作，給「番民」帶來看得見的種種實惠，也感動了這些單純樸實的「番民」。如吳沙的弟弟死於墾殖中的「番害」，但在「番社」遭遇瘟疫襲擊時，吳沙能夠以德報怨，用家鄉的草藥偏方救活無數得病「番民」，換得漢「番」關係的和睦。又如吳鳳的力勸「番社」改革秋後「出草」殺人的惡俗，有數十年用「番社」所儲藏的以前戰爭中已死的人頭來代替，用完後又以牛頭代人頭祭鬼神，使阿里山地區的「番社」有三、四十年沒有殺人祭神，最後自己捨生成仁，以求得當地「番社」永遠革除這一惡俗，從此漢「番」和睦相處。這種以德報怨和睦民族關係的例子在台灣開發過程中實在是不勝枚舉。

因此，「番社」改陋俗換新風的文明風氣從南到北，從西到東，隨著台灣土地開發活動的推進而同步發展。

總之，台灣大規模開發活動除了帶來大量荒埔變成良田、使台灣成為魚米之鄉之外，還使得台灣的少數民族學習到了中華民族的文化知識，受到了中原文明的熏陶，革除了陋俗，擺脫了蒙昧狀態，掌握了大陸先進的文化知識與生產技術，從此躍入了封建社會高度發展的門坎，促進了台灣的經濟社會的全面進步與發展。

四、街市、港口和郡縣的產生與發展

明末清初漢民族大力開發台灣的又一結果是產生了台灣最早的一批街市，其中顏思齊開發的笨港溪兩岸（今嘉義沿海至台南北門一帶）已出現了最早的九個村莊（今「外九莊」，即10個寮寨之外的9個村莊）和一個繁華的貿易港口市鎮—笨港。今外九莊的名字為：鹿仔草（今鹿草鄉鹿草、西井、鹿東村）、龜佛山（今鹿草鄉竹山村）、南勢竹（今樸仔鎮南竹里）、井水港（今鹽水鎮井水里）、大丘田（今樸仔鎮坎後、竹林里）、大小康榔（今樸仔鎮大鄉、大萬、仁和里）、龜仔港（今樸仔鎮順安里）、水牛厝（今太保市水虞厝）、土獅（今六腳鄉土獅村）。隨著海上貿易的發展，笨港也很快發展成港口街市。

之後，隨著開發活動的向北向東漸次推進，大陸墾民的一波波湧入，台灣人口的增加，漢族村莊也在急劇增加，更多的街市集鎮則在商業發展中出現。而隨著明鄭政權的建立、台灣的歸清這一歷史發展的結果，郡縣也就隨之建立並不斷發展增多。

如前已述，明鄭政權時期，台灣開始有了政權行政機構所在地承天府兩個縣天興縣、萬年縣，還有設置於基層的坊、里、甲。

鄭氏實施軍屯所開闢出來的營盤田莊幾乎集中在今台南、高雄一帶，這些營盤都逐漸發展成村莊。其在今台南的有：本協莊（在今後壁鄉）、新營莊、後鎮莊（皆在今新營鎮）、舊營莊（在今鹽水鎮）、五軍營莊、果毅後莊、查某營莊（皆在今柳營鄉）、林鳳營莊（在今六甲鄉）、中營莊、下營莊（皆在今下營鄉）、二鎮莊、中協莊、角秀莊（皆在今官田鄉）、左鎮莊（在今左鎮鄉）、小新營莊（在今善化鎮）、後營莊（在今西港鄉）、大營莊、大社莊（在今新市）共十八莊。還有鄭氏宗黨及文武官員與士庶之豪族招佃墾耕的私田，如草山莊（在今左鎮鄉）、大目降里（在今新化鎮）、北勢洲莊、山仔頭

莊（皆在今山上鄉），等等。這是台灣開發以來村莊增加最多最快的年份。

到了台灣歸清後，郡、縣及里、保、莊的設置就更多了，而隨著經濟的發展，商業街市也從少到多地出現在各縣城、鄉鎮里保之中。據查台灣地方史料，康熙三十五年（1696）高拱乾編纂的《台灣府志·規制》「市鎮」所載一府三縣的街市總共才21條街，其中府治所在地的台灣縣（即後來的台南縣）有17條街，鳳山縣有3條街，諸羅縣僅有目加溜灣街1條街。到了乾隆六年（1741），街市數目大為增加，劉良璧編纂於此時的《重修福建台灣府志》所載清楚反映了這一情況。該志卷五《城池》「街市」載：府城的街市增加了12條，總數達29條；鳳山增加了9條街，總數達12條；諸羅增加的街市最多，有22條街，總數達23條：有十字街、太平街、鎮安街；下加冬街，急水街，鐵線橋街，茅港尾街，麻都街，灣里溪街，灣里社街，木柵仔街，新港街，蓮池潭街，蕭垅街，笨港街，土獅仔街，猴樹港街，井水港街，鹹水港街，大貓街，他里霧街，斗六門街，半線街。（劉良璧修纂《重修福建台灣府志》卷五《城池·街市》）這些街市在當時已都是較為繁華的商業活動場所。

台中市地區最早成為較大聚落的是犁頭店（今之南屯區）、大墩（今之中區）、橋仔頭（今之南區）、新莊仔（今之東區），而最早形成街市的則為犁

今天繁華的艋舺老街

頭店。在台北。自從康熙四、五十年間，大陸移民的拓殖事業在今台北地區蓬勃展開以後，艋舺甲（今萬華）首先於雍正年間（1723～1735）成為街市，八芝蘭（今士林）繼之也成為街

市，而今之關渡、劍潭、松山、南港、大龍峒、古亭、大安也陸續開墾。到乾隆末年，內湖、木柵、景美等地也已拓墾，今之台北市地區的拓殖已大體就緒。這時，今之台北地區至少已形成了艋舺甲、古亭（今古亭區）、梘尾（今景美）、大灣（今大安區）、錫口（今松山）、大龍峒（今大同區）、八芝蘭（今士林）等較大的聚落。

在宜蘭，以吳沙為首的漳人墾殖集團，在依次推進墾殖地域之時，也把以漳籍族群為主要聚落的村莊建設推向前去，依次興建的村落也按照先後順序興建，並起了非常獨特的名字：「一結至二十結，壯一至壯六，三鬮一至三鬮三，四鬮一至四鬮四」，等等。（潘英：《台灣拓殖史及其族姓分布研究》）

到了乾隆年間，隨著社會經濟的發展，海上貿易的興盛，台灣的港口市鎮也很快多了起來，此時的台灣府海防兼南路理番同知朱景英在他所著的《海東札記》中記載了各處港口的情況：

郡境通海之處，各有港澳，定例只許廈門、鹿耳港商船往來。此外台灣縣有大港；鳳山縣有茄藤港、打鼓港、東港；諸羅縣有蚊港、笨港、猴樹港；彰化縣有海豐港、三林港、鹿子港、水里港；淡水廳有蓬山港、中港、後港、竹塹港、南嵌港、八里岔港。凡十有七港，均為郡境小船出入販運其中⋯⋯。笨港列肆頗盛，士人有南港、北港之稱，大船間有至者。鹿子港則煙火數千家，帆檣麇集，牙儈居奇，竟成通津矣。中港而上，皆可泊鉅舟，八里岔港尤夥，大率笨港、海豐、三林三港為油糖所出，鹿子港以北，則販米粟私越其間⋯⋯

到光緒元年（1875），繁華的市鎮已遍布台灣全島，台灣的郡縣也從康熙年間的一府三縣增至二府七縣三廳，到了台灣建省的光緒十一年（1885），又增至三府一州十一縣三廳。

這些街市、港口和郡縣的湧現與增多，是開發活動快速發展的必然反映。

而這些早期的市鎮、街市和港口，為台灣社會後來的進一步發展奠定了紮實的基礎。

台灣各個時期行政建制發展情況一覽表

項目 / 年度	建制與隸屬	具體建制
康熙二十三年（1684年）	一府三縣 隸屬福建省	台灣府，下轄： 台灣縣、鳳山縣、諸羅縣
雍正元年（1723年）	一府四縣二廳 隸屬福建省	台灣府，下轄： 澎湖廳（雍正五年設）台灣縣 鳳山縣 諸羅縣（乾隆五十二年改稱嘉義縣）彰化縣 淡水廳
嘉慶十七年（1809年）	一府四縣三廳 隸屬福建省	台灣府，下轄： 澎湖廳 台灣縣 鳳山縣 嘉義縣 彰化縣 淡水廳 噶瑪蘭廳
光緒元年（1875年）	二府八縣四廳 隸屬福建省	台灣府，下轄： 澎湖廳 台南縣 鳳山縣 恆春縣 嘉義縣 卑南廳 埔里社廳； 台北府，下轄： 新竹縣 淡水縣 宜蘭縣 基隆廳
光緒十一年（1885年）	三府一州十一縣三廳 台灣建省，隸屬大陸清廷	台南府，下轄： 澎湖縣 安平縣 鳳山縣 恆春縣 台灣府，下轄： 台灣縣 彰化縣 雲林縣 苗慄縣 埔里社廳（光緒十四年設） 台北府，下轄： 淡水縣 新竹縣 宜蘭縣 基隆廳（光緒十四年設）南雅廳（光緒二十年設） 台東直隸州

五、中華文化和閩南區域文化在台灣的傳播和扎根

1、儒家文化和科舉制度的傳播

在台灣的大開發過程中，中華民族傳統文化的重要組成部分——儒學和科舉制度也隨著大陸移民傳入台灣，儒學的核心要義，即事君以忠、事親以孝、

做事以信、待人以誠，以及敬宗睦族、敬老愛幼等等為人之道，又是鼓勵積極進取，實現「修身、齊家、治國、平天下」的人生價值，它既與清政府管理台灣社會、促使安定的需要相適應，又與移民社會族群聚居、建功立業、光宗耀祖的倫理規範相吻合，於是，儒家文化很快被台灣社會所接受，儒家思想成為台灣文化的精神支柱與人們的道德規範。它的傳播無不與科舉考試、實現知識分子人生價值緊密聯繫在一起。從儒學在台灣傳播與發展的歷史過程來看，經歷了三個發展階段。

第一階段是明鄭政權時期。這一時期是打好基礎時期，為此作出重要貢獻的就是鄭氏政權的東寧總制使陳永華。他在台南創建起台灣第一座孔廟，設立第一所學院、第一所府學、縣學、鄉學，以及遍及轄區內的義學（提供給少數民族村社的免費教育機構），在全台各地廣泛（包括少數民族村落）推行儒學教育。在陳永華的主持下，台灣的考生經過學院三年學習，考試合格即可分派官職，實際上是以學院取士代替明朝的三級科舉考試。這是陳永華根據台灣特定情況對科舉制度所做的合理改革。

第二階段是台灣歸入清朝管轄初期。這一時期是台灣科舉考試納入全國科舉考試軌道、台灣儒學全面發展時期。清初，由於台灣轄屬福建，科舉考試按照福建的規定執行，實行三年兩次的「童試」，每次都必須經過縣試、府試、院試三級考試，院試本來要到省城參加省學政主持的考試，由於台灣的特殊情況（主要是海峽阻隔來往不便），因此台灣考生院試改在台灣府所在地，由台廈道道員負責，稱為「道試」。道試通過者，還要經過歲考（三年舉行一次）和科考（均在本島考試），通過科考者才有資格參加鄉試，參加鄉試者須到省城應考。

康熙二十二年，知府蔣毓英始設社學二所於東安坊，以教蒙童，亦曰義塾。其後各縣增設。二十三年，新建台（灣）、鳳（山）兩縣儒學。翌年，巡

道周昌、知府蔣毓英就文廟故址，擴而大之，旁置府學，由省派駐教授一員，以理學務。而縣學置教諭，隸於學政。康熙年間，知府衛台揆和巡道梁文先後創建了崇文書院和海東書院，廣招學子，於是「四民之子，凡年七歲皆入書房，⋯⋯先教三字經或千字文，既畢，乃授四子書，嚴其背誦，且讀朱注，為將來考試之資。又畢，授《詩》、《書》、《易》三經及《左傳》，⋯⋯肄業十年，可以應試」。（連橫：《台灣通史・教育志》）

當時台灣屬新開發地區，文化事業與大陸相對而言還比較落後，所以能夠通過科考獲得鄉試資格的不多，鄉試合格者更是鳳毛麟角。

康熙二十六年（1687），清政府採納福建陸路提督張雲翼的建議，對台灣科舉考試參照甘肅、寧夏生員事例，實行「一府三縣生員另編字號，額外取中舉人一名」的優惠政策，當年有5名台灣生員到福州參加鄉試，取中一名，為鳳山縣儒生蘇峨，他成為台灣科舉史上第一位舉人。到了雍正十三年（1735），朝廷對台灣鄉試生員的「額外取中」名

泉州文庫主任楊清江手持肚峨墓誌銘向記者展示

額增至二人。儘管此時台灣能參加鄉試之生員很少，但由於科舉考試納入了全國軌道，儒學教育得到清政府仕台官員的鼓勵和引導，所教內容更為全面深入，另外，社學普及到了「番社」，「番社」子女得到教育機會更多。這些措施使得儒學得以在台灣全面而普遍地傳播開來。

第三階段是乾隆至甲午戰爭前夕，是台灣儒學盛行時期。乾隆四年（1739），清政府根據巡台御史諾穆布的建議，規定在北京的會試中，只要到

北京參加會試的台灣考生達10人以上，即給予一名保障名額。道光三年（1823），台灣赴京會試的舉人達11名，「該年台灣人鄭用錫首次在台字號的名額保證下考取進士，成為（實施台灣學子優惠政策之後的）第一名台灣進士，被稱為「開台進士」。

鄭用錫祖籍漳州漳浦縣溪口村，其祖鄭懷仁明末避亂到金門定居內洋，乾隆四十年（1775），鄭懷仁之子鄭崇和，自金門遷居苗慄後壠舊溪州落腳，後又遷竹塹（今新竹）。

開台進士鄭用錫

他9歲喪母，以耕讀養志，好儒書，尤守紫陽家訓，初在竹塹設私塾授徒。用錫是鄭崇和的次子，生於乾隆五十三年（1788），自幼受父親儒家禮教的熏陶，遍讀古籍經史百家，尤其精於易經，善於吟詠。終於在道光三年中了進士。道光十四年（1834）入都供職，簽分兵部武選司。翌年授禮部鑄印局員外郎兼儀制司，每逢祭時，恪恭從事。道光十七年（1837）因厭倦官場生活，借口母親年邁，告假返鄉定居，次年在竹塹北門街營建「進士第」。他熱心社會公益事業，積極化解漳泉械鬥，寫出了膾炙人口的《勸和論》，眾人深為鄭用錫的用心所感動，械鬥由是平息，並刻石於後壠，以示後人。咸豐八年（1858）2月7日，他逝世在家中，享年71歲，留有《北郭園集》。

鄭用錫在新竹的進士第

由於清政府在科舉考試上實行對台灣學子

的傾斜優惠政策，人們學習的熱情更加高漲，「父詔其子，兄勉其弟，莫不以考試為一生大業，克苦勵志，爭先而恐後焉」。（連橫：《台灣通史》卷十一《教育志》）儒學在台灣的傳播更為普遍。從此儒家思想成為規範台灣社會的主導思想。

儒學教育的傳播和普及，促使了台灣的人才輩出。

據連橫《台灣通史》資料統計，從康熙二十二年（1683）到光緒二十年（1894），台灣府（後來增至三府）共在福建鄉試中考取舉人305人，從道光三年（1823）到光緒年間，據《福建通志》載，台灣共有進士33人。這些數字說明反映出了中華儒學文化在台灣的普及和科舉制度在台灣的發展。如今，台灣仍是全國儒家文化生態保護和保存最好的地區之一。而其源頭，無疑發端於明鄭時期的陳永華在台灣的建孔廟倡儒行科舉。

2、閩南民間宗教文化的傳播

台灣的民間宗教信仰非常盛行，村村社社皆有寺廟，山山水水都有香火，在台北的繁華街口，就有規模頗大的行天宮（供奉關帝）、芝山巖（供奉開漳聖王）、龍山寺（供奉觀音菩薩）、大龍峒保安宮（供奉保生帝）等。台灣宗教信仰的繁盛，是由於台灣艱難的自然條件和社會條件等原因使然。大陸民眾到台灣要渡過波濤洶湧的海峽黑水溝，古時台灣又是一個瘴癘肆虐之地。今人已很難理解台灣開闢之初的惡劣環境：濕熱多雨的氣候，數百里不見天日的原始森林，蚊蟲如雨，使台灣成為熱帶傳染病的溫床。陳培桂《淡水廳志》稱：「瘟疫時作，移民入墾，罹難而死者，不知凡幾。」甚至連仕台官員也不能幸免，陳文達編纂的《鳳山縣志》就說出了這一情況，該志《秩官志・巡檢》云：「淡水巡檢司署：原在下淡水東港，水土毒惡，歷任皆卒於官，甚至合家無一生還。」1864年清廷在東港設置下淡水巡檢司署以後，最早的十任巡檢，除了第五任沈翔升告老還鄉、第十任馮吉「以憂去」外，其餘八任巡檢均因疾

病大肆流行死於任內。有俸祿、生活優裕的官員尚且如此，更何況是平民百姓？此外入台墾民還要面對「番害」的猖獗及地震颱風等頻繁的自然災害，因此大陸群眾到台灣真正能活下來留下來的不多，故有「六回三死一留下」的說法。在這一惡劣的自然環境中，早期閩南移民很自然地從家鄉帶來各種保護神，頂禮膜拜。范咸《重修台灣府志》說：「台多漳泉人，建廟獨盛。」在文化科學落後的古代，面對的是人地生疏又異常艱險的環境，無助的人們只能祈求冥冥之中各種神祇的庇佑，因此宗教信仰應運而生。在台灣，宗教信眾是台灣一個十分龐大的群體，這是台灣民眾在特殊歷史和地理情況下產生的現實選擇。

顏思齊的開台活動最早在台灣傳播了家鄉的媽祖崇拜，他們在笨港所創建的媽祖廟，今天已成為台灣許多媽祖廟的分香祖廟，如今台灣共有媽祖廟1,000多座，其中僅台南一地就有116座。如今，媽祖在台灣被尊為「天上聖母」，祂早就取代了龍王爺的地位，成為觀音菩薩的化身，人稱東方的維納斯。台灣百姓家中常在神龕中掛「家常五神」，媽祖畫像位居其中。目前台灣有媽祖信仰者1,700多萬，占台灣總人口70％以上。每年農曆3月23日是天後聖母聖誕日，許多地方在媽祖廟舉行隆重的祭祀活動。從全島的媽祖廟宇

開台媽祖廟新港奉天宮

分布來看，構成了一條媽祖信仰的中心線，由南向北中心點分別為台南市的天后宮、雲林縣的北港朝天宮、嘉義縣的新港奉天宮、彰化市的南瑤宮、台中縣的大甲鎮瀾宮。台南市天后宮、彰化市南瑤宮、台中縣大甲鎮瀾宮是台灣規模最大、香火最旺的4座媽祖廟，長盛不衰。所有媽祖廟都是從福建各地的媽祖廟分香而建的，其中來自漳州的有：漳浦的烏石媽祖，東山的宮前媽祖，漳州城

區下沙的齊天宮媽祖，等等。

　　除了媽祖崇拜之外，台灣民眾還有多神崇拜的習慣，其中擁有信眾比較多的還有「保生大帝」（吳本）、關帝、「開漳聖王」（陳元光）崇拜。「開漳聖王」是唐代開發並創建漳州的大唐將軍陳元光，他在平定唐初閩南動盪不安的社會局面的過程中，帶來了中原的先進文化，為閩南漳州從「化外之地」的炎荒絕域轉變為「海濱鄒魯」、人才輩出貢獻出畢生精力，他去世後被老百姓世代相傳永為紀念，並在歷代朝廷的敕封中逐步升級為「開漳聖王」，從一個凡人轉化為地方保護神，並被漳籍渡台墾荒的鄉親把香火帶到台灣，成為台灣民間信仰的重要神祇。如今在台灣有祭祀陳元光的廟宇300多座，信眾達800多萬。

　　「保生大帝」吳本原是北宋時期龍溪縣白礁村一個民間名醫，他醫術高明，醫德高尚，曾在閩南幾次瘟疫流行時用民間偏方「活人無數」，在一次上山採藥時不慎失足跌下上崖，受傷過重去世。人們捏土塑像，建祠立廟來悼念這位為老百姓做了許多好事的醫生，之後，吳本也在歷代朝廷的敕封中不斷「升級」，明成祖永樂七年（1409年）敕封為「萬壽無極保生大帝」，從此成為庇佑眾生的「保生大帝」。朝廷還撥款在他的家鄉白礁村興建起金碧輝煌的「慈濟宮」，歷年香火不絕。據地方史料記載，鄭成功收復台灣之時，白礁村300多位青年於當年3月11日從慈濟宮裡分出一尊「保生大帝」神像跟隨鄭成功到達台灣，在台南的學甲鎮安家落戶，建起了全台灣第一座「保生大帝」廟—學甲慈濟宮，成為台灣保生大帝的開基祖廟，該廟每年農曆3月11日都要舉行「上白礁謁祖祭典」儀式，祭典當天，各地的進香團、神輿、藝陣、花燈齊集此宮進香，然後依序繞境至頭前寮將軍溪畔，恭送保生大帝晉謁白礁祖廟，信徒面向大陸白礁方向遙拜，以示對祖廟的懷念。

　　如今，全島亦有「保生大帝」宮廟370多座，信眾達700多萬。

　　台灣的關帝信仰也是隨著漳屬東山的先賢赴台開墾而把香火分靈寶島的，東山是台灣關帝信仰的發祥地。台灣的關帝宮廟，大多由東山銅陵關帝廟分靈

學甲鎮每年一度的人神共狂歡：上白礁祭典

馬英九為台北保安宮升生大帝文化祭鳴鑼開幕

渡海而興，台灣最早建祀的澎湖的主島馬公市銅陵武聖殿、紅毛城關帝廟、台南祀典武廟、台南山西宮、高雄文衡殿、高雄關帝廟、台中聖壽宮、嘉義關帝廟、宜蘭梅溪協天廟等關地宮廟，即由東山分靈過海，以後再不斷分靈延播，香火遍及全台。……絕大多數共尊東山銅陵關帝廟為祖廟，這應該就是台灣最早的關帝廟了。據上世紀台灣統計資料，全台灣現有關帝廟950餘座。

現在，媽祖、保生大帝、關帝、王爺以及開漳聖王五大神祇崇拜已成為台灣民眾最主要的宗教信仰。

3、閩南話成為台灣的主流方言

漳、泉籍墾台人士隊伍龐大，而隨著清廷禁止攜眷渡台規定的解凍，攜家帶口入台的墾民急劇增多，不僅閩南婚喪喜慶的禮俗傳入台灣，而且帶來了閩南話在台灣的大面積傳播，致使閩南話成為了今天台灣的主流方言。現台灣島內占80%多的人口講閩南話，而其中約占全島總人口一半左右的人口是講漳州腔的閩南話。

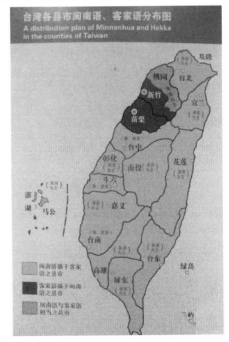

語言學家研究發現，台灣的主流方言閩南話從地域來說，主要有兩大流派，即漳州話和泉州話。兩大派系的語言影響力基本相當，但有分語言地域，台灣北部以偏泉州話居多，台灣中部和南部傾向以漳州話為主。這種情況是明末清初台灣大開發以來，進入台灣的墾民漳、泉籍為最多的緣故。

由此可見，台灣今天主流方言的根在福建，在閩南。

4、中華文明及閩南民俗文化在台灣的扎根

此外，開發活動帶來的大量移民促使了中華傳統文化及閩南區域民俗文化在台灣的傳播與扎根，這方面的內容十分豐富，本書實在難以一一枚舉，現僅講如下四個方面。

其一是婚姻儀式：根
據陳夢林編纂的《諸羅縣
志》卷之八「風俗」所
載，當時台灣漢族百姓締
結婚姻已嚴格遵循「父母
之命，媒灼之言」，並按
照如下程序進行，即：問
吉（互送甲庚卜吉）、探
家風、訂盟、納采、請

從閩南傳入台灣的古代女子美容之「挽面」習俗

期、迎親、拜堂。這不僅是漳州一帶的傳統婚嫁習俗，而且是中華民族的婚嫁
禮俗，即「六禮」。「六禮」是從西周開始形成的婚姻成立的必經程序，即：
納采、問名、納吉、納徵、請期、親迎。這一締結婚姻的程序因其相對的合理
性而受到廣泛的接受，至今仍在海峽兩岸的民間得以流傳。

其二是喪葬儀式：基本上與閩南漳州一樣，人死後要搬鋪、請水、洗淨、
飯祭、守靈、哭棺、停柩、入葬、七七轉紅收魂。這些喪儀基本與閩漳一帶無
異。

其三是歲時民俗：康熙三十四年（1695）台廈道兼理學政高拱乾編纂的
《台灣府志》「風俗」對當時台灣的歲時民俗作了詳細記載：

除夕祀先，禮神，爆竹之聲不絕，謂之「辭歲」，老少圍爐坐以待曙，謂

之「守歲」。正月元日早起，少長咸集，禮神，祭先，飯後，詣所親及朋友故舊賀歲，俗謂之「賀正」，至五日乃止，謂之「隔開」。

至今，除夕日，台灣民眾家家戶戶在操辦「圍爐飯」之前，都要先煮一桌酒菜祭拜祖先。這與漳州民俗完全一樣。

端午日，取艾懸戶，採蒲泛酒，今合蒲艾共懸之。

六月一日（農曆），各家以米粉塗紅為丸供神，俗呼為「半年圓」，亦寓團圓之意。

七月七日，是夕人家女兒羅瓜果、針線於中庭，為乞巧會。

七月十五，中元，人家各祀其先，以楮作五色綺繡之狀，焚之，雲為泉下（人）衣裳，所在為盂蘭盆會，謂之「普渡」。

中秋，制大餅，名為中秋餅，以紅朱書一「元」字，用骰子擲四紅以奪之，取「秋闈奪元」之義。

冬至，人家作米丸祀神及祖先，舉家團坐而食之，謂之「添歲」，即所謂「亞歲」也。

臘月二十四，各家拂塵，俗傳眾神將於是夕上天謁帝，凡神廟及人家各備儀供，焚而送之，謂之「送神」，至來歲孟陬（正月初）四日具儀如故，謂之「迎神」。

福建歲時民俗也與上述《台灣府志》所載之民俗毫無二致。這些歲時節俗在閩台兩地代代相傳，完整地保留至今。高拱乾的《台灣府志》就講了這些歲時民俗的來源：

凡此歲時所俗，多漳、泉之人流寓於台者，故所尚亦大概相似矣。

　　其四是飲食小吃：閩南的許多地方傳統小吃如「蠔仔煎」、「蠔仔麵線」、「魯麵」、「碗糕粿」以及肉粽、米粉、臘腸，等等，也都成為台灣的名小吃，現在，走在台灣的士林夜市、高雄六合夜市、台南市區夜市，在飲食攤前，到處可以看到這些與閩南一樣的小吃，讓人感到濃濃的福建味。

　　其五，福建鄉土戲曲傳播入台

　　這方面最突出的是歌仔戲。漳州的薌劇和台灣的歌仔戲都是由漳州錦歌發展而來的。錦歌是至今保存較好的漢唐古樂，是用漳州方言說唱的曲藝，本名「歌仔」，教習場所稱「歌仔館」，分角演唱稱「歌仔戲」。歌仔戲最先以二、三人分角演唱的形式於明末清初在漳州萌芽，其主腔與錦歌的「七字調」和「雜念調」一脈相承。台灣大開發時期，為解決艱苦的墾殖活動業餘文化生活的貧乏，開始有人把家鄉漳州這一萌芽狀態的歌仔戲帶到台灣，並

歌仔戲是台灣民眾喜歡的劇種，圖為台灣夜市街頭歌仔戲表演的熱鬧經景

於清末在漳州籍墾民最集中的宜蘭成型。因此，台灣文藝界認為：宜蘭是台灣歌仔戲的誕生地，其開基祖、著名歌仔戲藝人「歌仔助」祖籍就在漳州漳浦，其唱腔道白，無一不是地道的漳州錦歌調。

　　1928年，台灣歌仔戲班「三樂軒」回白礁祭祖演出，並在漳州的石美、石碼等地授徒傳藝。於是，九龍江薌江兩岸的廣大鄉鎮掀起了學唱歌仔戲的熱潮，在台灣歌仔戲藝人的傳帶下，一時間成立的戲班多達200多個。後來，歌仔戲藝人大膽改良歌仔戲曲調，成為「改良戲」，迅速在薌江兩岸廣泛傳播，成

為今天福建重要的一個劇種——「薌劇」。

　　大陸改革開放以來，兩岸民間文化交流逐漸熱絡，薌劇與歌仔戲這對同根同源的姐妹花，也在這一時期得到新的合作與交流的機會。1995年6月6日，漳州市薌劇團率先跨過了海峽，實現了雙向交流。在台期間，兩岸歌仔戲界進行了多種形式的交流比較，最引人注目的是，漳州薌劇團與蘭陽歌劇團聯袂演出了邵江海的力作《謝啟娶妻》。許多台灣觀眾匯集到宜蘭的文化中心廣場，觀看隔絕46年後具有歷史意義的第一次合演。

　　歌仔戲是全國300多個地方戲中唯一跨海而生的劇種。300年間，它從海峽西岸唱到東岸，又從東岸唱回西岸，其發展史就是兩岸文化交流的一個縮影。

　　二是提線木偶戲。傳入台灣的福建地方戲種還有泉州的提線木偶戲。提線木偶戲在晉唐時隨中原士族南遷入，大約唐末五代即已在泉州地區流行。南宋是泉州提線木偶戲盛行的時期。台灣大開發時期，因墾民娛樂與娛神之需，提線木偶戲開始被泉籍墾民傳入台灣墾點。

　　此外，還有漳州的布袋木偶戲，也在明末清初傳如

千年古戲種泉州提線木偶戲

台灣，成為台灣社會各界尤其是青少年喜歡的劇種。

　　閩南文化對台灣的影響是多方面的，上述五個方面的影響只是其中比較重要的元素。此外，還有如歲時民俗、婚喪喜慶等方面的諸多程序，也無不是閩南的翻版。

　　綜上所述，經過閩籍移台墾民及其後裔的代代傳承、熏陶與發展，中華民族傳統文化及其子文化——閩南文化已經完全在台灣扎下了根，成為了如今台灣的主流文化。而它的源頭，正是起於明末清初以閩籍人士為主力軍的台灣大開發活動。

　　持續260多年的大開發活動，經過諸多閩籍開台治台先賢、其他省籍墾民以及台灣少數民族同胞的固體努力，不僅使台灣成為我國東南海疆重要的米糧倉，而且使其從原先人口稀少、人跡罕至、瘴癘橫行的荒陬，變成人煙密集、市鎮密布、物產豐饒的一大都會，成為了「天子南庫」，也成為我國東南海防的重要屏障。光緒十一年（1885）初，欽差大臣左宗棠奏請在台灣建省的上疏中可以看出上述情況，他這篇寫於巡視台灣之後的奏疏中稱：

　　台灣雖係島嶼，綿亙亦一千餘里，為七省門户……每年物產關稅，較之廣西、貴州等省有盈無絀，居然為海外一大都會也。

後 記

　　因台灣同胞祖籍多在漳州，歷史上漳籍墾民曾經是開發台灣的主力軍，因此作為漳州籍的筆者甚感榮幸。從本世紀初開始，筆者的研究課題從地方開發史轉而開始對漳州先賢開發台灣所作貢獻的研究，期間為搜集史料多次到台灣，在台灣鄉親和諸多文史同仁的支持下，每次都滿載而歸。於是，2年前，在市政協的支持下，拙作《漳州人與台灣開發》成為市政協出版的八卷本的「漳州與台灣關係叢書」之其中一卷。

　　之後，隨著研究的深入，深感雖然漳州籍墾民是開發台灣的主力軍，但是，大陸的其他許多地區（主要是閩籍）的許多先賢也曾經為台灣的開發，台灣的收復、台灣的回歸、台灣的保留、台灣的建設等方面付出了鉅大心血和汗水，作出了重要而卓絕的貢獻。可以說，其他地區的許多涉台名人也都為台灣今天的繁榮打下了堅固的基礎。因此，反映其他地區重要涉台名人為台灣的收復與回歸、治理和建設，逐漸成為筆者研究的新課題。在進一步搜集資料的基礎上，加上許多同仁的鼓勵、台灣同行的支持，筆者開始嘗試對閩籍涉台名人為開發台灣、收復台灣、統一、保留、建設台灣所建立的豐功偉績作通俗性、普及性的敘述。在這過程中，筆者一方面吸納近年來一些專家學者的研究成果，一方面深入這些閩籍涉台先賢的故里做細緻田野調查，瞭解其故里今天的新變化新發展，並插入了二百多幅相關圖片，力求圖文並茂，能直觀地反映書中的內容，惟望以之慰藉這些先賢的在天之靈，並為這些先賢在台灣、在海外的後裔提供尋根謁祖的線索，同時也能夠使兩岸青少年瞭解先輩開發建設台灣所做出的鉅大貢獻。於是就有了這本從漳州一地擴展到全面記敘閩籍傑出先

賢在明清時期為大規模開發台灣、收復台灣、統一台灣、保留台灣、建設台灣
等方面所作貢獻的通俗普及性讀物。其間多次徵集專家意見，幾經修改而最後
定稿付梓，了斷了從研究漳州先賢開台事蹟到研究閩籍先賢開台治台功績的夙
願。

　　本拙作全書12章篇幅，涉及台灣土地墾殖、農業開發、文化啟蒙、台灣收
復、台灣歸清、台灣保留、社會治理、民族融合，台灣近代化建設，以及開台
治台的顯著成效等諸多方面內容，時間跨度長達200多年，地理空間遍及全島。
資料內容浩瀚繁雜。其間對史料的甄別、深入田野的調查，謀劃框架的構思、
所付出的勞累，所耗費的心力，個中辛苦，只有親歷者方能體味。不過，這一
切已經過去，「生米」也已經煮成「熟飯」，由於自己才能的淺陋，這「飯」
煮得有些「夾生」。作者自信勤能補拙，因此竭盡了全力，盡力把歷史文獻、
族譜資料、最新研究成果、田野調查、圖片資料五者有機融合起來，儘量做到
有一點學術性、更多的通俗性和知識性，因為，它面對的是兩岸廣大的青少年
讀者。

　　本書在寫作過程中得到台盟中央副主席黃志賢以及兩岸史界學者同仁的厚
愛，對出版工作予以幫助，對拙著內容提出許多非常寶貴的修改意見，使拙著
及時得以糾謬和完善。其中對本拙著提出指導性幫助的有：許雪姬，林永安、
湯漳平、張育閩、塗志偉、鄧文金、何綿山、劉子明、陳自強、盧國能、張大
偉、鄭美華、黃鶴泉等。書中所涉之開台治台名人故里的領導和鄉親也都熱情
幫助提供許多寶貴資料。作者原供職的漳州市委黨校、現應聘的閩南師範大學
黨委書記林曉峰等領導、辦公室張惠萍主任、以及本校所屬的閩南文化研究
院、漳州市台辦領導等都予以幫助、鼓勵和支持。值得一提的是，福建省原副
省長、全國台台灣同胞聯誼會會長汪毅夫先生，廈門大學台灣研究中心原主
任、博導林仁川教授撥冗為本書賜序。

　　在本書即將在台灣出版繁體字版之際，謹向兩岸所有幫助、支持和關心本

拙著、為之提供資料和新研究成果、進行指導的各部門領導、各界學者、史界同仁、開台治台名人故里的領導及鄉親，以及大龍樹（廈門）文化傳媒有限公司總經理張叔言，台灣龍圖騰文化有限公司等兩岸的出版社同仁，表示衷心的感謝！

因為時間倉促，水平有限，資料所囿，書中錯訛難免，敬請指正。

2013年春節於漳州天福園補拙齋

參考文獻

1、明張燮著，謝方校注《西洋朝貢典錄校注・東西洋考》。中華書局2000年4月出版。

2、《鹿洲全集》（上、下）。廈門大學出版社1995年1月出版。

3、朱景英《海東札記》。周憲文編台灣文獻叢刊第19種。（台北：台灣銀行，1957年）。

4、陳第：《東番記》，載《台灣少數民族研究論叢》第IV卷，民族出版社2009年4月14日出版。

5、連橫《台灣通史》。華東師範大學出版社2006年4月出版。

6、《萬歷實錄》卷五六〇。

7、《台灣文獻叢刊》・泉州府志選錄。台灣文獻委員會1993年9月出版。

8、林殿閣主編《漳州姓氏》。中國文史出版社2007年9月出版。

9、郁永河《裨海紀遊》。台灣省文獻委員會1950年合校本。

10、劉子民《漳州過台灣》。海風出版社1995年12月出版。

11、《雲林縣鄉土歷史—雲林縣耆老口述歷史》。台灣文獻委員會採集組1998年11月編印。

12、《南靖縣志》。方誌出版社1997年出版。

13、《雲霄縣志》，方誌出版社1999年出版。

14、李安邦著《漢族開台基地笨港舊跡及其歷史文物流落考》，光緒二十年刻印，1966年明久印刷廠翻印本。

15、印鑾章編《清鑒》。上海書店1985年出版。

16、《東山縣志》，中華書局出版社1994年出版。

17、《薌城區志》，方誌出版社1999年出版。

18、《詔安縣志》，方誌出版社1999年出版。

19、《漳浦縣志》，方誌出版社1998年出版。

20、吳密察《台灣通史：唐山過台灣的故事》。時報文化出版企業股份有限公司1987年1月出版。

21、潘英《台灣拓殖史及其族姓分布研究》。台北南天書局有限公司2000年3月出版。

22、《台灣歷史文獻叢刊》載光緒四年《漳州府志》選錄。台灣省文獻委員會1993年9月出版。

23、連震東題《新港奉天宮開台媽祖簡介》。1976年印製。

24、《島夷志略校釋》。元汪大淵著，蘇繼廎校釋，中華書局2000年4月第二版。

25、曹永和《台灣早期歷史研究》。台灣聯經出版股份有限公司1979年7月出版。

26、（清）張廷玉編於乾隆四年的《明史》第二十八冊。中華書局1974年出版。

27、陳易洲主編《漳州與台灣關係史稿》。1997年1月編印。

28、黃富三著《霧峰林家的興起》，台灣自立晚報社1987年10月出版。

29、《平和縣志》，群眾出版社1994年4月出版。

30、《林氏族譜》第101頁，林獻堂《太高祖石公家傳》。

31、《欽定平台紀略》（台灣歷史文獻從刊），台灣省文獻委員會1999年6月第2版。

32、《漳州市志》。中國社會科學出版社1999年11月出版。

33、陳碧笙著《台灣地方史》，中國社會科學出版社1982年8月出版。

34、李林昌《漳浦與台灣關係史》。漳浦旅台同胞家屬聯誼會1995年編印。

35、尹章義《台灣開發史研究》。台灣聯經出版股份有限公司1999年10月第3版。

36、《清一統志·台灣府志選錄》台灣歷史文獻叢刊，台灣省文獻委員會1999年6月第2版。

37、康熙《龍溪縣志》。漳州圖書館印製。

38、光緒丁丑年《漳州府志》。漳州市地方誌編纂委員會1994年縮印本。

39、江日升《台灣外志》。台灣省文獻委員會1995年3月。

40、周鐘瑄修、陳夢林纂《諸羅縣志》（康熙五十六年刻本影印本）。

41、《南投縣志》。台南市政府2002年8月印。

42、吳錫璜纂《同安縣志》。民國十八年（1929年）。

43、黃叔璥《台海使槎錄》。台灣文獻叢刊第四種，台灣省文獻委員會1950年合校本。

44、《龍海縣志》。東方出版社1993年6月出版。

45、何綿山主編《閩台區域文化》。廈門大學出版社2004年3月出版。

46、高拱乾纂《台灣府志》（康熙三十五年）。台灣文獻叢刊第六十五種。

47、台灣文獻第42卷第三、四期，白長川博士著《宜蘭先賢陳輝煌協台評傳》。

48、2008年1月13日，全國人大常委、台盟中央常務副主席、福建省原副省長汪毅夫在漳州博物館參觀漳台族譜對接成果展後與市文化出版局、市台辦、市博物館、圖書館負責人的談話記錄稿。

49、2008年11月18日，中國國民黨主席吳伯雄給第十屆海峽兩岸（漳州）花卉博覽會大會發來賀電電文。

50、台灣學者洪麗完：從平埔原住民世界到漢人優勢社會之形成。2005.03.09。收載於《尹章義還歷論文集》，台北輔仁大學，2005年。

51、台南市政府編纂《陳永華》簡傳。2005年12月編印。

52、（日）村上直次郎原譯、郭輝中譯：《巴達維亞城日記》。台灣省文獻委員會，1970年6月出版。

53、漳州《漳浦營里鄭氏族譜》。

54、蔡智明著《水林思齊》。雲林縣文化局出版。

55、百度福州網http://baike.baidu.com/view/993065.htm。

56、中國台灣網。

57、晉江新聞網。

58、福建論壇 bbs 66163 com：董瑞婷等：晉江人王世傑開發了台灣新竹縣。

59、《新竹市志》卷七‧人物志。新竹市政府，1997.12。

60、《新竹縣採訪冊‧上》。(清)陳朝龍纂輯，台灣文獻叢刊第145種。

61、季雲飛：沈葆楨「治台」政策述論。海峽兩岸台灣史學術研討會論文集。

62、馬尾船政博物館、泉州南安鄭成功紀念館、晉江施琅紀念館等單位，漳州漳浦赤嶺、湖西畬族鄉、石榴鎮、赤湖鎮，平和大溪鎮、五寨鄉，龍海角美鎮等閩籍開台治台名人故里提供的資料。

他們改變了臺灣：13位閩籍墾臺先驅的傳奇事蹟

作　　者　何　池
責任編輯　李　鋒
特約校稿　朱　維

發 行 人　陳滿銘
總 經 理　梁錦興
總 編 輯　陳滿銘
副總編輯　張晏瑞
編 輯 所　萬卷樓圖書股份有限公司
整體設計　鄭薇
印　　刷　維中科技有限公司

發　　行　萬卷樓圖書股份有限公司
　　　　　臺北市羅斯福路二段 41 號 6 樓之 3
　　　　　電話 (02)23216565
　　　　　傳真 (02)23218698
　　　　　電郵 SERVICE@WANJUAN.COM.TW
大陸經銷　廈門外圖臺灣書店有限公司
　　　　　電郵 JKB188@188.COM
香港經銷　香港聯合書刊物流有限公司
　　　　　電話 (852)21502100
　　　　　傳真 (852)23560735

ISBN 978-957-739-866-6
2016 年 7 月初版四刷
2014 年 4 月初版一刷
定價：新臺幣 350 元

如何購買本書：

1. 劃撥購書，請透過以下郵政劃撥帳號：
　帳號：15624015
　戶名：萬卷樓圖書股份有限公司

2. 轉帳購書，請透過以下帳戶
　合作金庫銀行　古亭分行
　戶名：萬卷樓圖書股份有限公司
　帳號：0877717092596

3. 網路購書，請透過萬卷樓網站
　網址 WWW.WANJUAN.COM.TW

大量購書，請直接聯繫我們，將有專人為
您服務。客服：(02)23216565 分機 10

如有缺頁、破損或裝訂錯誤，請寄回更換

國家圖書館出版品預行編目資料

他們改變了臺灣：13 位閩籍墾臺先驅的傳奇
事蹟 / 何池著.
-- 初版.-- 臺北市 ：萬卷樓, 2014.04
面 ；公分
ISBN 978-957-739-866-6(平裝)

1.臺灣傳記 2.臺灣開發史

783.31　　　　　　　　　　103006133